الفقه الحنفي بإفريقية في القرن 3هـ/ 9م
رواية أسد بن الفرات لكتاب الأصل عن محمد بن الحسن الشيباني

الفقه الحنفي بإفريقية في القرن 3هـ/ 9م

رواية أسد بن الفرات لكتاب الأصل
عن محمد بن الحسن الشيباني

ثلاث مخطوطات
من المكتبة العتيقة برقّادة - القيروان
منسوبة إلى **الأسدية**:
كتاب الصلاة
كتاب العتق والتدبير
كتاب السرقة وقطع الطريق

دراسة وتحقيق
نجم الدين الهنتاتي

توطئة
جونتان بروكوب

بريل

فهرس المحتويات

القسم الأوّل

الدراسة والتقديم

القسم الثاني

النصّ المحقّق

القسم الأوّل

الدراسة والتقديم

الإطار التاريخي

عرفت إفريقية في الوسيط الأعلى اتّجاهات ومذاهب مختلفة، مثل المذهب الإباضي والمذهب الإسماعيلي. إلّا أنّ المذاهب التي تمكّنت من الانتشار هناك بتوسّع هي المذهب الحنفي والمذهب المالكي. وقد مرّ تاريخ هذين المذهبين بإفريقية بمراحل:

- مرحلة الازدواجية المذهبية، حيث يجمع الفقيه بين المذهبين في نفس الوقت.
- مرحلة انتصار المذهب الحنفي بين بداية القرن 3 هـ/ 9 م، ومنتصفه.
- مرحلة انتصار المذهب المالكي ابتداء من منتصف القرن 3 هـ/9م.

وما يهمّنا هنا هو المرحلتان الأُوليان، بما أنّهما توافقان مسيرة أسد بن الفرات (ت. 213/828)، الذي ترتبط باسمه المخطوطات الثلاث محلّ الدرس.

خلال القرن 2هـ/8م، كان العلماء يجمعون بين البعض من المذاهب في نفس الوقت، لاسيما المذهب الحنفي والمذهب المالكي، وأحسن مثال عن ذلك، يقدّمه كلٌّ من عبد الله بن فرّوخ (ت. حوالي 185/801)، وعبد الله بن غانم (ت. 190/805).[1] فقد أخذا العلم عن مالك بن أنس، وعن أبي حنيفة وأصحابه، كما أفتيا بالقيروان حسب المذهبين المالكي والحنفي، وأسمعا فقهيهما في نفس الوقت. وهو ما يقابل مرحلة الازدواجية المذهبية، التي تواصلت إلى أواخر القرن 2 هـ/8م. وهي مرحلة كان مرّ بها أسد بن الفرات في الأوّل، حيث أخذ أساسا عن مالك بن أنس، وكذلك عن صاحبي أبي حنيفة، أبو يوسف ومحمّد بن الحسن الشيباني، وأسمع بالقيروان كتبهم في نفس الوقت. ثمّ انتهى أسد بالانتقال إلى المذهب الحنفي.[2]

في المرحلة الثانية، رجحت الكفّة لفائدة المذهب الحنفي، لأسباب منها، مناصرة الأغالبة، حُكّامُ إفريقية في القرن 3هـ/9م، له، ودور أسد بن الفرات في ذلك. فقد سيطر ذلك المذهب على الأرجح هناك على امتداد النّصف الأوّل من القرن 3هـ/9م. ومن الأدلّة على ذلك، وجود علماء أحناف مشهورين آنذاك، من أبرزهم أسد بن الفرات، الذي ولي قضاء القيروان بعد سنة

1 استنتج جونتان بروكوب نفس الظاهرة بالنسبة إلى مصر في القرن 2هـ/8م
(Jonathan Brockopp, *Early Maliki Law : Ibn Abd al-Hakam and his Major Compendium of Jurisprudence*, Leiden 2000, p. 206).
على أنّ حضور تلك الظّاهرة تخصّ صغار تلاميذ الأئمّة، وليس الأئمّة ذاتهم، لأنّنا عندما نعود إلى مؤلّفات هؤلاء، نلاحظ فوارقا معتبرة، وسنتبيّن ذلك من خلال عملية تحقيق هذه المخطوطات الثلاث ومقارنتها بنصّ **مدوّنة** سحنون (ت. 240/854).

2 حول ظروف هذا الانتقال، انظر أسفله ترجمة أسد بن الفرات.

 | DOI:10.1163/9789004546646_002

818/203،[3] إلى جانب أبي محرز. وقد ساهم أسد في تدوين المذهب الحنفي بالمغرب، بعد أن كان عبد الله بن فرّوخ أدخل إليه نحو عشرة آلاف مسألة غير[4] مدوّنة، رواها عن أبي حنيفة. وعلى يديه تخرّج الرعيل الأوّل من علماء الحنفية بالمغرب. وقد نقل المالكي في هذا الصدد أنّ أسدا «سمع عليه كلّ معروفٍ بصحبته مثل مُعمَّر (بن منصور)، ومحمّد بن وهب، ومحمّد بن قادم، وأبي المنهال، وسليمان بن عِمران، وسائر من يقول بقول الكوفيين».[5] وبذلك تكوّنت على يديه مدرسة حنفية نشيطة بالقيروان ساهمت في تركيز المذهب الحنفي هناك.

على أنّ هذا المذهب أخذ في التراجع شيئا فشيئا، إلى أن رجحت الكفّة لفائدة المذهب المالكي، ابتداء من منتصف القرن 3هـ/9م، وقد كان لسحنون (ت. 854/240) دور في ذلك.[6]

3 Miklos Muranyi, *Beiträge zur Geschichte*, Wiesbaden 1997, p. 22.

4 رجّح ميكلوش موراني، واعتمادا على بعض المعطيات، حذف عبارة «غير»، لاسيما أنّ مخطوطا آخر تحدّث عن كتاب مدوّن لابن فرّوخ (**دراسات في مصادر الفقه المالكي**، نقله عن الألمانية جماعة من الأساتذة، دار الغرب الإسلامي - بيروت 1988، ص 33-34).

5 المالكي، أبوبكر، **كتاب رياض النفوس**، تحقيق البشير البكوش، بيروت دار الغرب الإسلامي، 1983، ج 1، ص 266؛ **تراجم أغلبية مستخرجة من مدارك القاضي عياض**، تحقيق محمد الطالبي، تونس، 1968، ص 64.

6 لمزيد التوسّع، انظر كتابنا **المذهب المالكي بالغرب الإسلامي إلى منتصف القرن 5 هـ/11 م**، تبر الزمان تونس 2004، ص 19-22، 45 وما يليها.

وصف المخطوطات

كنتُ اطّلعتُ على هذه المخطوطات الثلاثة أيّام إعداد رسالة الدكتوراه في أواخر الثمانينات من القرن الماضي، واكتفيتُ - اضطرارا - آنذاك بأخذ بعض فقرات منها وتحليلها، ثمّ عدتُ إليها ثانية لأنشر مقالا حولها سنة 2015، حيث درستُها بالاعتماد على المنهج المعتمد فيها، وانتهيتُ إلى الشكّ في صحّة نسبتها إلى **الأسدية**.[1] وللتّثبّت من هذا الاستنتاج، قرّرتُ دراسة مضمونها، عن طريق تحقيقها وإعدادها للنّشر. كان ذلك بمناسبة دعوة تلقّيتُها من جامعة هامبورغ بألمانيا قصد المشاركة في ورشة عمل نظّمها مركز دراسة ثقافات المخطوط Centre for the Study of Manuscript Cultures، حول موضوع The Raqqada Manuscripts: New Perspectives بإشراف الدكتور جونتان بروكوب Jonathan Brockopp، أيّام 16 - 17 - 18 جوان 2022.[2]

واتّصلتُ بالمدير العامّ بالمعهد الوطني للتّراث، الدكتور فوزي محفوظ، قصد تمكيني من نسخ مصوّرة من تلك المخطوطات. فوافق مشكورا، وقد سهّل لي، مشكورا، حافظُ مكتبة دراسات الحضارة والفنون الإسلامية برقّادة، الأستاذ صالح المهدي حمّودة، عملية النسخ.

واعتمادا على فهرس مخطوطات المكتبة العتيقة برقّادة - القيروان، وَصَلَنا من **الأسدية** ثلاثة كتب أو أجزاء، نصفُها مستأنسين بما ورد فيه:

1 [كتاب الصلاة، من الأسدية]

الفنّ: فقه حنفي
العدد الرتبي: 513.
المؤلّف: محمّد بن الحسن الشيباني.
المقاس: 29.2 × 17.5 عدد القطع: 2 من مجموع 11.[3]

---

1 «من الأسدية إلى المختلطة فالمدوّنة»، ضمن **دراسات حضارية حول القيروان**، جمع النصوص وأعدّها للنّشر نجم الدّين الهنتاتي، تونس 2015، ط 2، ص 39-52.

2 كان موضوع مداخلتي حول:
"On the Relationship Among the *Asadiyya*, the *Mukhtalita* and the *Mudawwana*".
ستُنشر هذه المداخلة، ضمن أعمال تلك الورشة تحت عنوان:
"La relation entre l'*Asadiyya*, la *Mukhtalita* et la *Mudawwana*".

3 توجد قطع أخرى من كتاب الصلاة، وقد اكتفينا بتحقيق هتين الورقتين. وقد وصف كليمون صالح بقية القطع في:

 DOI:10.1163/9789004546646_003

المادّة: الرقّ الحبر: بُنّي.

المسطرة: 41 الخطّ: مغربي،[4] ذو حروف كبيرة نسبيا، غير منقّطة في جلّها.

أوّله: «الصلاة ببعض وضوئها، وكان عليها أن تستقبل الوضوء لصلاة أخرى...»

آخره: «وصفّ... الكعبة... المسلمين».

حالة المخطوط: تآكل في الأطراف، ومحو خاصّة في الأسطر السفلية.

السماع: منعدم، لأنّ المخطوط مقتطع من كتاب آخر.

التبويب: خمسة أبواب:

- [باب المستحاضة][5]
- [باب غسل الميّت من الرجال والنساء]
- باب صلاة الكسوف.
- باب الاستسقاء.
- [باب الصلاة بمكّة وفي الكعبة]

Clément Salah, "Le madhab hanafite d'Ifriqiya (IIe-IVe/VIIIe-Xe siècle) : Asad b. al-Furat (m. 213/828) et la transmission du *Kitab al-Asl* d'al-Saybani (m. 189/805)", *Etudes Asiatiques* 2022, 76 (4) : 853–921, 865–868.

ونشكر المؤلّف الذي مدّنا بنسخة من مقاله.

4 من الأدلّة على كون الخطّ مغربيا، أنّ حرف القاف يُكتب بنقطة من فوق، وحرف الفاء بنقطة من الأسفل. وهو ما لاحظناه في هذا المخطوط. وحول الخطّ المغربي، انظر:

Déroche, F., "Deux fragments maghrébins anciens au musée des arts turcs et islamiques d'Istanbul", *Revue des études islamiques*, vol. 59, 1991, pp. 229–235 ; Rammah, Mourad, "Quelques remarques sur la genèse de l'écriture maghrébine", dans *Campagnes et archéologie rurale au Maghreb et en Méditerranée, Actes du 6ème colloque international du département d'archéologie F.L.S.H. Kairouan* 2017, pp. 269–280; Umberto Bongianino, *The origin and development of Maghribi round scripts, Arabic palaeography in the islamic West* (*4th/10th–6th/12th centuries*), Thesis for the degree of philosophy in Oriental Studies, Oxford 2017, 2 Vol.

نشكر الأستاذ لطفي عبد الجواد الّذي مدّنا بنسخة إلكترونية من هذه الأطروحة، التي نُشرت خلال هذه السنة.

يؤيّد من جهة أخرى مراد الرمّاح ما ذكره ف. ديروش حول الخطّ المغربي الذي بدأ في الظّهور بإفريقية منذ منتصف القرن 4هـ/10م (Rammah, art. cit., p 277, 279–280) وهذا بخلاف ما ذكره ابن خلدون. فقد تحدّث عن الخطّ الإفريقي الذي تراجع أمام الخطّ الأندلسي، إثر هجرة الأندلسيين إلى إفريقية منذ حوالي القرن 6هـ/12م (**المقدّمة**، تحقيق درويش الجويدي، المكتبة العصرية – صيدا بيروت 1431/2010، ص 389–390).

5 [...]: إضافة من المحقّق.

2 كتاب العتق والتدبير، من الأسدية.

الفنّ: فقه حنفي
العدد الرتبي: 265.
المؤلّف: محمّد بن الحسن الشيباني.
المقاس: 25.8 × 16.5. عدد القطع: 24
المادّة: الرقّ. الحبر: بُنّي.
المسطرة: 29. الخطّ: مغربي على الأرجح،[6] ذو حروف متوسّطة الحجم، منقّطة لكن بصفة محدودة.
أوّله: «حدّثنا أسد بن الفرات عن محمّد بن الحسن عن أبي يوسف عن إسماعيل بن مسلم المكّي عن الحسن...»
آخره: «منها الثلاثة الألف الباقية من قبل أنّ العبد اكتسبها، وهو...»
حالة المخطوط: عدد من الأوراق أصابها الاهتراء والمحو، لذلك يصعب نسبيا قراءتها.
السماع: غير مؤرّخ، ورد أوّله كما يلي: «سمعتُ هذا الكتاب من أحمد ا...، وقابلته بكتاب أسد بن الفرات».
المالك: محمد بن أحمد بن تميم التميمي المعروف أبو العرب (ت. 944/333).
التّبويب: 11 بابا:
باب عتق ذوي الأرحام.
باب العتق عند الموت وعليه ديْن، والعتق والوصية، وعتق المسلم النصراني، وعتق ولد الزنى.
- باب لوجوه من العتق.
- باب الشهادة في العتق.
- باب عتق الرقيق بين اثنين.
- باب كتاب العتق إذا كان المملوك بين اثنين أو ثلاث[ة].
- باب الشهادة في العبد بين اثنين إذا أَعتقا[ه].
- كتاب عتق ما في البطن.

---

6 هذا اعتمادا على ما لاحظناه في حرفي القاف والفاء، واعتمادا على ما ذكره سعد غراب (Ghrab, Saad, *Ibn Arafa et le malikisme en Ifriqiya au VIIIe/XIVe siècles*, Publications de la Faculté des Lettres de la Manouba 1992, T 1 p. 173 note 352).
وانظر ترجمة الكتاب إلى العربية: **ابن عرفة والمذهب المالكي بإفريقية في القرن 8 م/14 هـ**، ترجمة نجم الدين الهنتاتي، معهد تونس للترجمة – تونس 2022، ص 145 هامش 7.

- باب عتق ما في البطن بين اثنين.
- باب العتق بالمال ممّا يُعتق قبل أداء المال، والشهادة في ذلك.
- كتاب العتق بمالٍ ممّا لا يُعتق حتّى يؤدّي المال، والشهادة في ذلك.

3 كتاب السرقة وقطع الطريق، من الأسدية

الفنّ: فقه حنفي
العدد الرتبي: 264
المؤلّف: محمّد بن الحسن الشيباني
المقاس: 31 × 17.5 عدد القطع: 12
المادّة: الرقّ الحبر: بُنّي
المسطرة: 41 الخطّ: مغربي،[7] ذو أحرف صغيرة جدّا، خالية من التنقيط.
أوّله: «قلت: أرأيت القوم يقطعون الطريق، وهم من الإسلام».
آخره: «خاتمة كتاب السرقة وقطع الطريق، والحمد لله ربّ العالمين». ثمّ نجد حديثا نبويا وأثرا منسوبا إلى عثمان بن عفّان، وكلاهما يهمّان السرقة. ومن الورقة 11 أ، تبدأ **مسألة**[8] مطوّلة في أصول الفقه لمحمّد بن الحسن الشيباني، تمكّنّا من تحقيق فقرة صغيرة منها كنموذج، وسنواصل تحقيقها في عمل لاحق مستقلّ.[9]
حالة المخطوط: أغلب الأوراق أصابها الاهتراء والمحو، لذلك يصعب قراءتها.
الصفحة الأخيرة مفسوخة، يستحيل قراءتها.

---

7 حسب الفهرس المذكور، بينما يرجّح محمد البهلي النيّال، أنّ خطّ هذا المخطوط هو نسخي قديم كوفي (**المكتبة الأثرية بالقيروان**، تونس 1963، ص 30–32).

8 هكذا تمّت تسميتها، إذ ورد في آخرها: «تمّت مسألة محمّد بن الحسن في أنّ الحقّ واحد»، (ورقة 11 ب من المخطوط).

9 هذه **المسألة** هي بالغة الأهمّية، لأنّه من الممكن اتّخاذها منطلقا للشكّ في الرأي المتداول والذي يفيد أنّ الشافعي هو رائد في كتابة رسالة في أصول الفقه. فبتلك **المسألة**، يمكن تسجيل أسبقية الأحناف، لاسيما محمّد بن الحسن الشّيباني، في هذا المجال. بل إنّ بعض الباحثين نسبوا إليه كتبا في أصول الفقه لم تصلنا، ثمّ إنّ الشّافعي تتلمذ على الشيباني (انظر أسفله، ترجمة محمّد بن الحسن الشيباني).

السماع: سماعان: الأول سنة 891/278، والثاني سنة 912/300. [10]
المالك، على الأرجح، علي بن محمّد الربعي، أبو الحسن المعروف اللّخمي (ت. 1085/478).
الرواية: رواية الكتاب عن محمد بن أبان عن المُعَمّر بن منصور عن أسد بن الفرات عن محمد بن الحسن عن أبي يوسف عن أبي حنيفة.
التبويب: ثلاثة أبواب:
[باب قطع الطريق]
-باب الحدّ في السرقة.
- [باب الإقرار]

تحتوي المخطوطات الثلاثة على فقه حنفي خالص، بأسانيد حنفية، تتكرّر فيها أسماء الثالوث الحنفي، أبو حنيفة، وأبو يوسف، ومحمّد بن الحسن الشيباني. وتعتمد في الأحاديث والآثار على أعلام ينتمون إلى المدرسة الكوفية، من صنف عبد الله بن مسعود، وإبراهيم النخعي، مع عناية خاصّة بآثار علي بن أبي طالب.

اطّلعنا أيضا في سماعات كتاب السرقة وقطع الطريق، وكتاب العتق والتدبير، على أسماء حنفية معروفة. فإلى جانب الثالوث الحنفي، نجد أسد بن الفرات الذي انتهى بالانتقال إلى المذهب الحنفي، وتلميذيه المشهورين: مُعَمَّر بن منصور، وسليمان بن عمران. كما نجد اسم تلميذ مُعمَّر، وهو محمّد بن أبان. وفيما يلي تعريف سريع بعدد من هؤلاء الأعلام.

10 لئن تصدّر محمّد بن أبان السماعَ الأوّلَ، الذي سنعرّف به لاحقا، فإن أحمد بن محمّد بن ال... تصدّر السماع الثاني، وهو اسم يمكن افتراض تقريبه من أحمد بن ا... الذي نجده في سماع كتاب العتق والتدبير. وقد صعب علينا تحديد هويته، أو هويتهما، رغم وجود 14 من أعلام القيروان يحملون اسم أحمد بن محمّد. ويمكن تقديم افتراض باعتبار 3 من بينهم، بحكم قرب تواريخ وفاتهم من سنة 912/300، مع التذكير بأنّه يصعب تفضيل هذا على الآخر ضمن هؤلاء الثلاثة:
-أحمد بن محمّد القرشي، توفّي بعد سنة 912/300.
-أحمد بن محمّد، أبو جعفر القصري (ت. 933/322) (**تراجم أغلبية مستخرجة من مدارك القاضي عياض**، ص 408-409، 411).
-أحمد بن محمّد بن نزار الجزري (ت. 942/331) (لطفي عبد الجواد، **الفهرس العامّ للنقائش العربية القيروانية**، تونس 2020، غير منشور، ص 28، 67).
إن صحّ هذان الافتراضان، يمكن لنا تحديد تاريخ مخطوط العتق والتدبير بأواخر القرن 3 هـ/9م

ترجمة بعض الأعلام الحنفية

محمد بن الحسن الشيباني (حوالي 132/750-189/804)

إمام بالفقه والأصول، أحد مؤسّسي المدرسة الحنفية، أصله من غوطة دمشق، وهو من موالي بني شيبان. كان أبوه في جند أهل الشام، فقدم واسط في أواخر الدولة الأموية، وهناك وُلد محمد.[1] وبالكوفة نشأ محمد فسمع من أبي حنيفة على امتداد حوالي سنتين، وغلب عليه مذهبُه، وعُرف به.

وبعد وفاة أبي حنيفة، تتلمذ محمد لأبي يوسف، وهو يدين له بثقافته الفقهية. كما سمع سماعا كثيرا من مسعر بن كدام، ومالك بن مغول، وعمر بن ذرّ، وأخذ أيضا عن زفر بن الهذيل. وسمع الحديث، فسمع من مالك بن أنس سبعمائة حديث،[2] ولازمه حوالي ثلاث سنين، وأخذ عنه **الموطّأ**.

اتّخذ مجلسا للتّدريس بأحد مساجد الكوفة، وهو ابن عشرين سنة، كما درّس ببغداد، وأقام بها. وعلى يديه تخرّج العديد من التلاميذ، نذكر من أبرزهم عيسى بن أبان (ت. 221/836)، وأسد بن الفرات، وخاصّة الشافعي الذي قال في شيخه: «جالستُه عشر سنين، وحملتُ من كلامه حمل جمل».[3]

مَيْلُ محمد بن الحسن إلى العناية بالعلم، جعله لا يقلّد أباه في اتّخاذ الخدمة العسكرية موردا للعيش. وقد ورث عن أبيه ثلاثين ألفا أنفقها على العلم.[4] وهذا يعني أنّ محمدا تربّى في وسط اجتماعي موسر نسبيا. ويبدو أنّ توسّع شهرته ساهمت في إثرائه. وربّما ساهم في ذلك أيضا قُربه من السلطان. فقد كان جليس هارون الرشيد ومشاوره. ولي قضاء الرقة، ثمّ عُزل سنة 187/803، وعاد إلى بغداد. ويبدو أنّ الرشيد ولّاه القضاء مرّة أخرى، كان ذلك بخراسان عندما صحب محمدٌ الخليفةَ إلى هناك.[5]

---

1 ابن حجر العسقلاني، **لسان الميزان**، بيروت 1390/1971، ط. 2، ج 5 ص 121.

2 ابن حجر، **لسان**، ج 5 ص 121.

3 ابن البزاز الكردري، محمد، **مناقب الإمام الأعظم**، على هامش **مناقب الإمام الأعظم أبي حنيفة** للموفّق المكّي، حيدراباد 1321/1903، ج 2 ص 155.

4 الشكعة، مصطفى، **الأئمّة الأربعة**، القاهرة 1411/1991، ط 3، ج 1 ص 219.

5 فؤاد سيزكين، **تاريخ التراث العربي**، نقله إلى العربية محمود فهمي حجازي، المملكة العربية السعودية

 | DOI:10.1163/9789004546646_004

ومن مظاهر ثرائه، أنّه كان «من أحسن النّاس لباسا»، هذا إلى جانب كرمه. فقد ساعد تلميذه أسد بن الفرات، وأعطاه 80 دينارا عندما اكتشف أنّه «ابن السبيل».[6] وعندما أفلس الشافعي، كان محمد خير مساعد له وذلك عن طريق تسديد ديونه.[7] بل يُقال إنّه كان سببا في إنقاذ الشافعي من سيف مسرور، سيّاف الرشيد. كان ذلك عندما جُلب الشافعي من الحجاز صحبة جماعة من العلويين اتُّهموا بالطعن في الرشيد.[8]

بلغتنا أخبار تخصّ صفاته البدنية والذهنية، إذ يقول فيه الشافعي: «ما رأيتُ سمينا ذكيا إلّا محمد بن الحسن».[9] وفعلا فقد تميّز محمد بحدّة الذكاء والفطنة، إلى حدّ أنّه فاق شيخَه أبا يوسف. وكان هذا من بين أسباب الوحشة التي قامت بين الرجلين. ومن مظاهر ذلك، أنّ أبا يوسف كان مرّة يُثني على محمد ومرّة يقع فيه».[10] بل يبدو أنّه أراد إبعاده عن العاصمة عن طريق تعيينه على قضاء مصر أو الشّام، غير أنّ محمّدا امتنع عن ذلك.[11]

وصفه الشافعي أيضا بالفصاحة. أمّا أحمد بن حنبل، فعندما سئل عن مصدر المسائل الدقائق الّتي يعرفها ؟ أجاب قائلا: «من كتب محمّد بن الحسن الشيباني».[12] فيما نعته ابن عبد البرّ بأنّه «راوية أبي حنيفة وأبي يوسف القائم بمذهبهما»، وأنّ له في ذلك مصنّفات.[13]

فأهمّية محمد في الفقه الحنفي تتمثّل في أنّه توسّع في تدوين الفقه الحنفي، لاسيما أنّ مؤلّفات أبي حنيفة وأبي يوسف كانت محدودة العدد، مقارنة مع مؤلّفات محمد. لهذا السبب نسب إليه بعض المستشرقين لاسيما يوسف شاخت وإ. سَشُو دورا محوريا في نمو الفقه الحنفي، والفقه الإسلامي بصفة أعمّ.[14] وهنا يمكن أن نقارن أهمّية شخصية محمّد في الفقه الحنفي بأهمّية شخصية عبد الرحمن بن القاسم (ت. 806/191) في الفقه المالكي. فكلاهما ساهم في تدوين المذهب الذي ينتمي إليه،

1403/1983، ج 3 (الفقه) ص 55.

6 المالكي، **رياض**، ج 1 ص 258.

7 ابن البزّاز الكردري، **مناقب**، ج 2 ص 150.

8 ابن العماد الحنبلي، **شذرات الذهب**، بيروت د. ت.، ج 1 ص 323.

9 ابن خلّكان، **وفيات الأعيان**، تحقيق إحسان عبّاس، بيروت د. ت.، ج 4 ص 185.

10 ابن البزّاز الكردري، **مناقب**، ج 2 ص 152، 154.

11 هفننك، «الشّيباني»، في **دائرة المعارف الإسلامية**، نقلها إلى العربية محمد ثابت الفندي وآخرون، ج 13 ص 450–451، ص 450.

12 الشكعة، مصطفى، **الأئمّة**، ج 1 ص 223.

13 ابن عبد البرّ، **الانتقاء في فضائل الثلاثة الأئمّة الفقهاء**، القاهرة 1350/1931 ص 174–175.

14 ذكر إيريك شومان أنّ هذا الرأي ربّما فيه مبالغة، انظر
*EI*², IX, Al-Shaybani (E. Chaumont), pp. 405–407, p. 406

وكلاهما قام بدور جوهري في نشر مذهبه. وقد التقيا في هذا الشأن في إسهامهما في تأليف **المدوّنة الكبرى** المنسوبة إلى سحنون بن سعيد (ت. 854/240).

لاحظ إ. شومون من جهة أخرى أنّه كان لمحمد أيضا دور هامّ في بلورة الفقه الإسلامي. يظهر ذلك من خلال تتلمذ الشافعي له. فإلى هذا الأخير يَنسب الباحثون الكشف عن أصول الفقه، وإليه ينسبون أيضا اتّخاذ طريقة معيّنة في التعامل مع الحديث النبوي. على أنّه من الممكن أنّه تعلّم ذلك عن محمّد. فقد نسبت المصادر إلى محمّد بعض المؤلّفات التي لم تصلنا، والتي تهتمّ بعلم أصول الفقه،[15] وهذا يعني أنّ محمّدا كان أصوليا.[16] ومن الممكن أنّ **المسألة** المنسوبة إليه، والتي وردت في آخر مخطوط كتاب السرقة، الّذي نحقّقه، يؤكّد ذلك، ومن الممكن أيضا أنّها تقابل كتابا آخر في أصول الفقه لمحمد، أو جزءا منه، جلبه أسد معه إلى إفريقية.

ذكر الكردري من جهة أخرى أنّ الشافعي «كان يأخذ بمذهب أصحاب الحديث حتّى جالس محمدا وأصحابه، فأخذ المذهب عنهم».[17] يعني أنّه أخذ عنهم طريقة التعامل مع الحديث. فقد كان محمد وكذلك تلميذه الشافعي يقدّم في الفتوى الأحاديث المروية عن الرسول على الآثار المروية عن الصحابة أو غيرهم.[18]

كلّ هذا يعني أنّه كانت لمحمّد عناية بالحديث. فقد ذكر البزدوي أنّ محمّدا ملأ كتبه بالحديث.[19] ربّما لهذا السبب صنّف هفننك محمّدا ضمن أهل الرأي المعتدلين، الذي سعى إلى الاعتماد في دروسه على الحديث ما استطاع إلى ذلك سبيلا؛[20] بل يُنسب إليه القول إنّه لا يستقيم الحديث إلّا بالرأي، ولا يستقيم الرأي إلّا بالحديث.[21] وفي هذا الإطار ذكر يوسف شاخت أنّ محمّدا برّر فتاويه بأحاديث، ويمكن تفسير هذه الظاهرة لديه بأسباب منها تعاظم نفوذ أتباع مدرسة الحديث

15 نسب إليه إيريك شومون في هذا المجال كتاب **اجتهاد الرأي** (نفس المقال المذكور، ص 406)، ونسب إليه كارل بروكلمان كتاب **أصول الفقه** (**تاريخ الأدب العربي**، تعريب عبد الحليم النجّار، القاهرة دار المعارف 1977، ج 3 ص 256). على أنّ محمد بوينوكالن يرى أنّ ذلك الكتاب يقابل **كتاب الأصل** للشيباني (محمّد بن الحسن الشيباني، **كتاب الأصل**، تحقيق محمّد بوينوكالن، قطر وزارة الأوقاف 2012، المقدّمة، ص 46).

16 إيريك شومان، نفس المقال، ص 406.

17 ابن البزّاز الكردري، **مناقب**، ج 2 ص 151.

18 إيريك شومان، نفس المقال، ص 406.

19 ذكر ذلك إيريك شومان في مقاله المذكور، ص 406.

20 هفننك، الشيباني، ج 13 ص 450.

21 ذكر ذلك إ. شومان، في مقاله المذكور، ص 406.

آنذاك.[22] على أنّ فؤاد سيزكين ذهب إلى رأي مغاير في هذه المسألة. فقد ذكر أنّ محمّدا «كان في أحكامه الفقهية لا يرفض الرّأي، ولكنّه كان يقدّم الحديث على الرأي».[23]

ومهما يكن من أمر، فقد ليّنه النسائي وغيره في الحديث. بل إنّ ابن عدي ذكر أنّ محمّدا «لم تكن له عناية بالحديث، وأنّ أهل الحديث استغنوا عن تخريج حديثه».[24] ربّما يؤيّد هذا الرّأي أنّ عددا من الأحاديث المذكورة في كتابي السرقة والعتق لم ترد في الصّحاح. ورغم ذلك فقد وثّقه البعض لاسيما في روايته الحديث عن مالك بن أنس (ت. 795/179).

توفّي محمّد في رَمْبويه أو على الأرجح بالرّي، عندما صاحبِ الرشيد إلى خراسان. وقد خلّف 17 أثرا فيما ذكر كارل بروكلمان،[25] بينما نسب إليه فؤاد سيزكين 34 أثرا.[26] وقد شكّ نورمان كالدار في صحّة نسبتها إليه، وشاطره إيريك شومان هذا الرأي الذي لا يخلو من شذوذ.[27] كما ذكر كارل بروكلمان، أنّه كان لمصنّفات محمد أكبر الفضل في نشر مذهب أبي حنيفة.[28]

وقد قسّم فقهاء الحنفية كتبه إلى صنفين: كتب ظاهر الرواية، وهي التي رُويت عنه برواية الرواة الثقاة، ومن ثمّ فلا شكّ في كونها ثابتة النسبة إليه، وتسمّى أيضا الأصول، وهي ستّة، وهي: **المبسوط** أو **كتاب الأصل في الفروع**، **والزيادات**، **والجامع الصغير**، **والجامع الكبير**، **والسير الصغير**، **والسير الكبير**. والصنف الثاني: الكتب غير ظاهرة الرواية، لأنّ روايتها غير ظاهرة الإسناد، ومن ثمّ فإنّ درجة ثبوتها أقلّ درجة من ثبوت الصنف الأوّل.

أسد بن الفرات (حوالي 759/142–828/213)

أبو عبد الله، أصله من خراسان، انتقل به أبوه إلى إفريقية، في جيش ابن الأشعث، حوالي سنة 761/144، وعمره سنتان، فأقام بالقيروان 5 سنين، ثمّ رحل إلى مدينة تونس، وبقي بها نحو 9 سنين. ولمّا بلغ ثماني عشرة سنة، علّم القرآن في قرية على وادي مجردة.[29] وهو يُعتبر من أقدم من

22 Schacht, J., *Introduction au droit musulman*, trad. Paul Kempf et Abdel Magid Turki, Paris 1983, p. 46.

23 فؤاد سيزكين، **تاريخ التّراث**، ج 3 ص 55.

24 ابن حجر، **لسان**، ج 5 ص 121، 122.

25 كارل بروكلمان، **تاريخ الأدب**، ج 3 ص 247–257.

26 فؤاد سيزكين، **تاريخ التّراث**، ج 3 ص 56–78.

27 *EI*², IX, "Al-Shaybani" (E. Chaumont), p. 405–406.

28 كارل بروكلمان، **تاريخ الأدب**، ج 3 ص 247.

29 المالكي، **رياض**، ج 1 ص 254–255.

عرفناهم من مقرئي القرآن بإفريقية.[30] ثمّ اختلف إلى علي بن زياد بتونس، فلزمه، وأخذ عنه **موطّأ** مالك بن أنس، وتفقّه بفقهه. ثمّ رحل إلى المشرق، حوالي سنة 788/172، فسمع من مالك **الموطّأ**. وبسبب ميله إلى التشقيق في المسائل، وكثرة أسئلته لمالك، نهره هذا الأخير، فذهب إلى العراق، قبل سنة 795/179.[31] وهناك أخذ عن بعض المحدّثين مثل يحيى بن أبي زائدة، وهشيم، وأبي بكر بن عيّاش.[32] وربّما أخذ عنه أبو يوسف **موطّأ** مالك.[33] وبالمقابل، سمع أسد من أبي يوسف مسائلا كثيرة في الفقه الحنفي، إلّا أنّه لزم في هذا المجال محمّد بن الحسن الشيباني.

روى عنه كتبه، وسمع منه مسائلا عراقية كثيرة. بل يبدو أنّ العلاقة توطّدت بينهما، إلى حدّ أنّ الشيباني كان يساعد أسدا ماليا،[34] بل خصّه بدروس ليلية، إلى جانب ما كان يأخذه عن أسد مع بقية الطّلبة في النهار،[35] وزامله إلى مكّة، وكان أسد يسأله، «وهو في الصلاة»، «فيقطع صلاته ليجيبه».[36]

وفي سنة 795/179، وصل نعيُ مالكٍ أهلَ العراق، فجزعوا لذلك، فانتبه أسد إلى ما فاته من علم مالك، فقرّر الالتحاق بأشهر تلاميذه بمصر،[37] نعني الثالوث المصري: عبد الله بن وهب، وأشهب بن عبد العزيز، وخاصّة عبد الرّحمن بن القاسم الذي روى عنه أسد مدوّنةً، سُمّيت لاحقا ب**الأسدية**. فقد جرّد أسد رواياته عن محمّد بن الحسن الشيباني، من أجوبتها الحنفية، وجمع أسئلتها في فنداق، أي قائمة مضبوطة بأرقام،[38] وطلب من ابن القاسم أن يجيب عنها حسب فقه مالك، وهو ما فعله ابن القاسم،[39] فظهرت **الأسدية** الّتي ينسب إليها فهرس المكتبة العتيقة برقّادة، المخطوطات الثلاث الّتي نحن بصددها.

---

30 هند شلبي، **القراءات بإفريقية من الفتح إلى منتصف القرن الخامس الهجري**، الدار العربية للكتاب - تونس - ليبيا 1983، ص 42.

31 المالكي، **رياض**، ج 1 ص 256-257؛ **تراجم أغلبية**، ص 52-53.

32 **تراجم أغلبية**، ص 63؛ ابن فرحون، **الديباج المذهّب في معرفة أعيان علماء المذهب**، تحقيق مأمون بن محيي الدين الجنّان، دار الكتب العلمية - بيروت 1996/1417، ط 1، ص 161.

33 أبو العرب، **طبقات علماء إفريقية وتونس**، تحقيق علي الشابّي ونعيم حسن اليافي، الدار التونسية للنشر - تونس 1968، ص 164؛ وربّما كذلك محمّد بن الحسن الشيباني (**تراجم أغلبية**، ص 53).

34 المالكي، **رياض**، ج 1 ص 258-259.

35 المالكي، **رياض**، ج 1 ص 258.

36 **تراجم أغلبية**، ص 56.

37 **تراجم أغلبية**، ص 56.

38 انظر تفسير تلك العبارة حسب محقّق **تراجم أغلبية**، ص 57 هامش 11.

39 **تراجم أغلبية**، ص 57.

عاد أسد إلى القيروان سنة 797/181، وتربّع لتدريس كتب الفقه الحنفي، و**موطّأ** مالك **والأسدية**. وقد لقي هذا الكتاب قبولا كبيرا بالقيروان، بل حتّى بمصر ذاتها، إذ طلب أهل مصر من أسد أن يمكّنهم من نسخة منه، كما طلب منه ابن القاسم أن يرسل إليه نسخة منه إثر عودته إلى القيروان، وهو ما فعله. لقي هذا الكتاب نجاحا أيضا بالأندلس، وقد أدخله إليها عيسى بن دينار (ت. 827/212) الّذي كان حاضرا على تأليفه بمصر.[40]

ورغم ذلك، لاحظ أحد تلاميذ أسد، نعني سحنون بن سعيد، بعض الهنات في هذا الكتاب. فانتسخه، وتوجّه به إلى ابن القاسم بهدف إصلاحه، حوالي سنة 802/186، وهو ما تمّ فعلا، فظهرت **المختلطة**، الّتي تُنسب إلى ابن القاسم، ثمّ **المدوّنة** الّتي تنسب إلى سحنون. وفي نفس الإطار، طلب ابن القاسم من أسد أن يُصلح **الأسدية** على **مدوّنة** سحنون، فنصحه أحد تلاميذه الأحناف، نعني مُعمّر بن منصور، بالامتناع عن ذلك. وهو أمر جعل ابنَ القاسم يتبرّأ من **الأسدية**، فترك أسد ذاته تدريسها، ليتفرّغ لإسماع كتب الحنفية، إذ أنّه قرّر الانتقال إلى المذهب الحنفي، وترْك المذهب المالكي. هذا بعد أن كان أسد، في مرحلة أولى، يدرّس كتب المذهبين.[41]

وبذلك ساهم أسد في تركيز مدرسة حنفية نشيطة بالقيروان، فتخرّج على يديه جملة من التلاميذ، ورد أسماء بعضهم في سند رواية أحد مخطوطاتنا، نعني أساسا سليمان بن عمران، ومُعمّر بن منصور، وغيرهما.[42] وبحكم توسّع شهرة أسد، كان القاضي عبد الله بن غانم يستفتيه في بعض المسائل،[43] بل إنّه ولي خطّة قضاء إفريقية، إلى جانب أبي محرز الكناني، بعد سنة 818/203، ثمّ قاد حملة ضدّ صقلّية سنة 827/212، وهناك توفّي في حصار سرقوسة سنة 828/213، ودُفن.[44]

---

40 القاضي عياض، **ترتيب المدارك وتقريب المسالك لمعرفة أعلام مالك**، تحقيق أحمد بكير محمود، بيروت – طرابلس، 1967/1387، ج 3 ص 19؛ ابن فرحون، **ديباج**، ص 280. انظر أيضا Talbi, M., "Kairouan et le malikisme espagnol", dans *Etudes d'histoire ifriqiyenne et de civilisation musulmane médiévale*, Publications de l'université de Tunis 1982, pp. 295–318, p. 304.

41 المالكي، **رياض**، ج 1 ص 266–267.

42 المالكي، **رياض**، ج 1 ص 266؛ **تراجم أغلبية**، ص 64.

43 المالكي، **رياض**، ج 1 ص 267.

44 **تراجم أغلبية**، ص 65–66.

مُعَمَّر بن منصور (ولد حوالي 160/7-776)

أبو سليمان، فقيه قيرواني حنفي، من تلاميذ عبد الله بن فرّوخ، وعبد الله بن غانم، وأسد بن الفرات. ذكر الخشني أنّ والده كان صقلبيا، مولى لبعض الأندلسيين من إشبيلية. وهو قريب من سحنون في المولد، أي أنّه وُلد حوالي سنة 160/7-776، وقد عاش طويلا، ولا نعرف تاريخ وفاته.

له رواية عن عبد الله بن غانم، إذ ذكر أنّ ابن غانم كان يقرأ لهم كتب أبي حنيفة في كلّ أسبوع يوما.[45] وله سماع كثير من أسد، وهو من أصحّ أصحاب أسد سماعا عنه. وقد ورد اسمه في رواية كتاب السرقة، وهو ما يُضفي على هذا الكتاب أصالة. كان فقيرا، وكان البعض من علماء المالكية يساعدونه ماليا، مثل سحنون بن سعيد وعبد الله بن طالب (ت. 275/888).[46]

اُتّهم بالإرجاء، وبالتشيّع، إذ كان يَشْتُم معاوية بن أبي سفيان وعمرا بن العاص، ويقول فيما يبدو بأفضلية علي بن أبي طالب على أبي بكر وعمر بن الخطّاب. وكان يقول بتحليل النبيذ ما لم يُسكر، وبذلك كان يقول شيخُه عبد الله بن فرّوخ وجلّ الأحناف. وقد نسب إليه أبو إسحاق الرقيق كتابا في **تحليل شرب النّبيذ**.[47] ترك مُعمّر ولدا، اسمه خَلَف (ت. 303/915)، اشتهر بالفقه، كان يروي عن أبيه عن أسد بن الفرات. وقد تشرّق خَلَف عند دخول عبيد الله الشيعي إفريقية، ربّما «ليعتصم بذلك من مطالبة الشيعة لوَلَده بمال كان غمس يده فيه عند هرب زيادة الله من رقّادة».[48]

سليمان بن عِمْران (183/799-270/883)

سليمان بن عمران بن أبي هاشم، أبو الربيع، لُقّب خروفة. قاضي القيروان وفقيهها على المذهب الحنفي. تعلّم أساسا بالقيروان. ومن شيوخه نذكر عبد الله بن المغيرة الكوفي الحنفي الذي قدم إلى إفريقية من الشرق، وخاصّة أسد بن الفرات الذي انتهى بالتحوّل إلى المذهب الحنفي. لُقّب

---

45 **تراجم أغلبية**، ص 10.

46 الخشني، **طبقات علماء إفريقية**، تحقيق محمد بن أبي شنب، الجزائر 1332/1914، ص 113.

47 نقلا عن حسن حسني عبد الوهاب، **كتاب العمر**، مراجعة وإكمال محمد العروسي المطوي وبشير البكّوش، الدار العربية للكتاب - تونس ليبيا 2001، مجلّد 2 ص 500.

48 ابن عذاري المرّاكشي، **البيان المُغرب في أخبار الأندلس والمغرب**، تحقيق ج. س. كولان وإ. ليفي بروفنسال، الدار العربية للكتاب - تونس ليبيا 1983، ط 3، ج 1 ص 173.

سليمان خروفة نتيجة لكثرة ملازمته أسد.[49] وهو يُعتبر وريث علم أسد، ووريثه في زعامة المدرسة الحنفية. لم تعرّفنا المصادر بتلاميذه، ربّما باستثناء ما يهمّ أحمد بن تميم بن تمّام أب أبي العرب صاحب **الطّبقات**، وأبي المهلّب هيثم بن سليمان القيسي (ت. حوالي 275/888). والرّاجح أن عددا من أتباع المدرسة الحنفية الأفارقة قد أخذوا عنه مثل أبي العباس بن عبدون، ويحيى بن محمد بن قادم، وكاتبه في القضاء أبي عقال سعيد بن محمد بن جرير، وابن أبي الحواجب الذي عيّنه سليمان على الصلاة والخطبة. تتلمذ له أيضا محمد بن الأغلب، إذ كان لسليمان «يوم في الجمعة أو يومان يقرأ عليه فيه العلم، تفسير القرآن وغيره».[50]

لم يخصّه القاضي عياض بترجمة بخلاف ابن ناجي، والخشني الذي وضعه في «باب ذكر الرجال العراقيين». ولم تذكر المصادر أنه كانت له رحلة إلى الشرق. ولكن من خلال إشارة غير مباشرة أوردها القاضي عياض، نستنتج أن سليمان حجّ واتّصل بالعلماء، على الأقلّ علماء مصر. وفي ترجمتها له، ركّزت المصادر أساسا على ولايته القضاء، وعلى نوعية علاقته بعلماء المالكية.

اتخذه القاضي سحنون كاتبا. ثم عيّنه قاضيا على بجاية وباجة والأربس. وقد عرفنا ابن أبي زيد القيرواني في **النوادر والزيادات** ببعض الأسئلة التي كان توجّه بها سليمان، أيام قضائه هناك، إلى القاضي سحنون.[51] وإثر وفاة سحنون (240/854)، ارتقى سليمان إلى خطّة قضاء القيروان، ثم عزل سنة 257/870 ليلي مكانه عبد الله بن طالب المالكي المذهب. ثم عُزل ابن طالب سنة 259/872 ليعود إليها سليمان بن عمران. وظل قاضيا إلى سنة 267/880، تاريخ عزله وعودة ابن طالب إلى القضاء.[52] فقد ظلّت هذه الخطّة عموما متداولة بين الأحناف والمالكية في العهد الأغلبي.

كان سليمان يتّصف بالإيثار، من ذلك أنه قدّم على نفسه سحنون في ولاية قضاء القيروان.[53] فمنزلة سليمان العلمية ربما لا تقلّ أهمية عن منزلة سحنون، بما أنّ هذا الأخير قدّمه على نفسه. ولمّا ولي سحنون القضاء، « قال لسليمان: ابتليتني، فوالله لأبتلينّك، فولّاني القضاء وقال لي: عليك يا أبا الربيع بالمجازية، فقلت: القاضي مُفْتٍ، فما كنتُ أفتي به، فبه أقضي. فسكت عني».

49 الخشني، **طبقات**، ص 180.

50 الخشني، **طبقات**، ص 181.

51 ابن أبي زيد القيرواني، **النوادر والزيادات**، تحقيق جماعي، دار الغرب الإسلامي - بيروت 1999، ط. 1، ج 4، ص 627-628، ج 8 ص 193...

52 الخشني، **طبقات**، ص 237؛ **تراجم أغلبية**، ص 210، هامش 1؛ ابن عذاري، **البيان**، ج 1 ص 112، 115-117، 119.

53 **تراجم أغلبية**، ص 99.

وهذا يعني أن سليمان كان يقضي بالمذهب الحنفي.[54]

أَوَّل محمد الطالبي استعانة القاضي سحنون بسليمان برغبته في تركيز سلطته.[55] ويمكن تأويله أيضا بسعي سحنون إلى تقوية صفوف الاتجاه السنّي لمواجهة الاعتزال والمذاهب «المبتدعة». يؤيّد هذا أن المصادر المالكية أكّدت أن سليمان كان على «مذاهب السنّة»، وأنه «لم يكن يقول بخلق القرآن».[56]

وإثر وفاة سحنون، سعى علماء المالكية إلى تولية محمد بن سحنون القضاء، إلا أنّ الأمير ابن الأغلب قدّم سليمان بن عمران عليه. وبذلك توجّهت العلاقات بين المالكية والحنفية نحو مزيد التوتّر. فقد ضايق القاضي سليمان، ابنَ سحنون وأهانه، مما أجبره على التخفّي. فتدخّل له الأمير ليرفع عنه يد القاضي.[57]

ومهما يكن من أمر، فإن المصادر أثنت على سليمان بن عمران. فهو ثقة، نقل عنه أصحاب كتب طبقات المالكية، خاصّة أبو بكر المالكي في **الرياض**، أخبارا تخصّ ابن غانم وسحنون وخاصة أسد بن الفرات. وهو يُعتبر، إلى جانب مُعمَّر بن منصور، أبرز سند بإفريقية في رواية علم أسد.

ورغم أن أبا عبد الله بن زرزر الفقيه، كان «يستخفّ بسليمان لقصر فهمه في العلم»،[58] فإنّ الدبّاغ وابن ناجي كانا يثنيان عليه. أكّد الدبّاغ «فضله وعلمه»، بينما وصفه محمّد مخلوف نقلا عن ابن ناجي بأنه «من أهل الفضل وقضاة العدل ومن أعلام العلماء ومن أحضر فقهاء إفريقية جوابا وألطفهم حسّا وأحدّهم ذهنا».[59] وربّما لهذا السبب ضجّ الناس عندما عُزِل سليمان عن القضاء. فقد قالوا: «إنّا لله وإنا إليه راجعون، عُزِل سليمان عن القضاء، وأين مثلُ سليمان؟».[60] كان أيضا «كثير النادر، وكثير التحكّك بالناس في التعريض بعيوبهم وألقابهم».[61] وكان

---

54 الخشني، **طبقات**، ص 180؛ **تراجم أغلبية**، ص 102؛ ابن ناجي، **معالم الإيمان في معرفة أهل القيروان**، تحقيق محمد الأحمدي أبو النور ومحمد ماضور، المكتبة العتيقة – تونس 1993/1413، ط 2، ج 2 ص 152.

55 محمد الطالبي، **الدولة الأغلبية**، نقله إلى العربية المنجي الصيادي، بيروت، دار الغرب الإسلامي، 1985، ط.1، ص 257.

56 الخشني، **طبقات**، ص 181؛ ابن ناجي، **معالم**، ج 2 ص 156.

57 **تراجم أغلبية**، ص 178–179؛ ابن ناجي، **معالم**، ج 2 ص 131.

58 المالكي، **الرياض**، ج 1 ص 514.

59 محمد مخلوف، **شجرة النور الزكية**، دار الفكر، د. ت.، ص 70–71؛ ابن ناجي، **معالم**، ج 2 ص 156.

60 ابن ناجي، **معالم**، ج 2 ص 156.

61 الخشني، **طبقات**، ص 183.

كذلك متّصفا بالورع. من ذلك أنه رفض تمكين الأمير أحمد بن محمد من رخصة. فقد تكلّم الأمير في حال سكره بكلام يُشعر بالكفر، فندم وسأل علماء المدنيين والعراقيين بما فيهم سليمان، هل من توبة؟ «فصعّبوا عليه»، بينما مكّنه منها محمد بن يحيى بن سلام قائلا: «فتُب وتصدّق».[62]

توفّي سليمان مفلوجا، وعمره 87 عاما. وصلّى عليه القاضي عبد الله بن طالب مكرها.[63] وقد رثاه كاتبه أبو عقال سعيد بن محمد بن جرير. ومن جملة ما ورد في تلك المرثية أن سليمان ولي القضاء 56 سنة. وفي هذا مبالغة واضحة، بما أنه يصعب أن تكون فترات ولايته تجاوزت 32 سنة. ودفن بباب سلم من القيروان. وقد عرّفنا ابن ناجي أن قبره أصبح مزارا «يعرفه الخاصّة والعامّة».[64]

لم تنسب المصادر إلى سليمان بن عمران مؤلّفات، وهذا لا يعني بالضرورة أنه لم يهتمّ بالتأليف. وبالمقابل فقد أكثر من الرواية عن أسد بن الفرات. فالروايات التي أخذها أبو المهلّب هيثم بن سليمان القيسي (ت. حوالي 888/275) عن سليمان بن عمران، في **كتاب أدب القاضي والقضاء**،[65] ترجع كلّها تقريبا إلى أسد، هذا الذي يروي عن أبي يوسف وغيره. روى أيضا كتابا لعبد الله بن المغيرة الكوفي الذي يذكره أبو العرب مصدرا لعبد الملك بن حبيب في **الواضحة**.[66] روى أيضا كتاب السرقة وقطع الطريق من **الأسدية**، الّذي نحن بصدده.

62 ابن ناجي، **معالم**، ج 2 ص 146.

63 **تراجم أغلبية**، ص 222.

64 ابن ناجي، **معالم**، ج 2 ص 157–158.

65 تحقيق فرحات الدشراوي، الشركة التونسية للتوزيع - تونس د. ت.، انظر مثلا ص 17، 18، 28، 55، 87، 88...

66 ميكلوش موراني، «رواية كتب أهل المشرق بالقيروان في القرن الثالث للهجرة»، **محاضرات ملتقى القيروان مركز علمي مالكي بين المشرق والمغرب حتّى نهاية القرن الخامس للهجرة**، مركز الدراسات الإسلامية بالقيروان - القيروان 1995، ط 1، ص 205 - 228، ص 214. يبدو أنّ كتاب ابن المغيرة هذا غير مذكور في القطع التي وصلتنا من **الواضحة**، انظر **كتاب الواضحة قطع مستخرجة من كتاب منتخب الحكّام**، تأليف ابن أبي زمنين (ت. 1008/399)، تقديم وتحقيق وترجمة ماريا أركاس كامبوري، المجلس الأعلى للأبحاث العلمية - مدريد 2002.

محمّد بن أبان الحميري (ت. 897/284)، أبو جعفر

انفرد الدبّاغ، في **معالم الإيمان**، بتخصيصه بترجمة. سمع من المدنيين مثل سحنون، ومن الأحناف مثل معمّر بن منصور كما يشهد لذلك مخطوطنا. وقد صلّى على يحيى بن محمّد بن يحيى بن سلّام المولود سنة 813/198. وأراد إبراهيم بن الأغلب أن يولّيه القضاء فرفض وخرج إلى مكّة حاجًّا.[67] وقد افترض ميكلوش موراني أنّه لم يكن قيروانيا، إنّما كان أندلسيا، رابِطًا إياه بأبان بن عيسى بن دينار.[68] وقد سمع أبان هذا (ت. 875/262) من سحنون بالقيروان، وتولّى أبوه عيسى (ت. 827/212) قضاء طليطلة.[69]

---

67 أبو العرب، **طبقات**، ص 114؛ ابن ناجي، **معالم**، ج 2 ص 200.

68 Miklos Muranyi, *Beiträge*, p. 24.
ميكلوش موراني، **المكتبة العتيقة بالقيروان**، نقله إلى العربية محمّد فؤاد نعناع، مكتبة نظام يعقوبي الخاصّة – البحرين، 2018/1439، ط. 1، ص 56.

69 القاضي عياض، **ترتيب المدارك**، ج 3، ص 16–20، 150–151.

منهج التحقيق

وصلتنا هذه المخطوطات في حالة سيّئة جدّا، لاسيما أنّ الاهتراء والمحو أصابا كلّ أوراقها، ممّا جعل قراءتها عسيرة جدّا، وأحيانا مستحيلة، خاصّة بالنسبة إلى الصفحات الأخيرة من كتاب السرقة، هذا إلى جانب أنّها مكتوبة بأحرف صغيرة جدّا، لاسيما هذا الكتاب بالذات، وممزّقة في أطرافها، وأحيانا في وسطها.

ولفكّ طلاسمها، بادرنا بالبحث عن نسخ أخرى منها، فلم نتمكّن من الوصول إليها لسبب بسيط، وهو أنّنا لا نعرف طبيعتها. وللتعرّف على ذلك، قمنا بمقارنتها ب**مدوّنة** سحنون بن سعيد، بما أنّ **الأسدية** تُعدُّ منطلقا لل**مدوّنة**، حيث أصلحها سحنون مع ابن القاسم ليحصل على **المختلطة**، ثمّ **المدوّنة**. ورغم حضور بعض وجوهٍ للشّبه بين الكتابين، في جوانب سنتعرّف عليها عند متابعة النصّ المحقّق، فإنّ وجوه الاختلاف كانت أهمّ: العلماء المذكورون في **الأسدية** كلّهم أحناف (محمّد بن الحسن الشيباني، أبو حنيفة، أبو يوسف...)، والأسانيد فيها كلّها تقريبا كوفية (عبد الله بن مسعود، إبراهيم النخعي...)، بخلاف **المدوّنة**: العلماء المذكورون فيها كلّهم من المالكية (مالك بن أنس، عبد الرحمن بن القاسم، عبد الله بن وهب...)، بينما الأسانيد فيها فهي أساسا مدنية (عبد الله بن عمر، نافع مولى ابن عمر...).

وجوه الاختلاف هذه، دعّمت شكّا في صحّة نسبة هذه المخطوطات الثلاث إلى **الأسدية**، لأنّ هذا الكتاب، واعتمادا على كتب طبقات المالكية، يحتوي على أسئلة توجّه بها أسد بن الفرات إلى عبد الرحمن بن القاسم الذي أجاب عنها. واسم هذا العالم غائب تماما في مخطوطاتنا. وهذا يعني أنّ مخطوطاتنا لا تنتسب إلى **الأسدية**،[1] بما أنّها تحتوي على فقه حنفي خالص.

هذا الوضع جعلنا نتّجه إلى مصادر حنفية منسوبة إلى محمّد بن الحسن الشيباني، مثل كتاب **الأصل**، وقارنّا محتواه بمحتوى مخطوطاتنا، فلم نجد كذلك تطابقا بينهما، على الأقلّ بالنسبة إلى طبعة بيروت، من تحقيق أبو الوفاء الأفغاني.[2] في هذه الطبعة، نتوزّع مثلا مسائل العِتق، بين عدّة فصول، مثل فصل الاستحسان (ج 3)، فصل الولاء (ج 4)، وفصل البيوع والسلم (ج 5)،

1 من الباحثين الذين صدّقوا بنسبة هذه المخطوطات إلى **الأسدية** نذكر يوسف شاخت، محمد الطالبي وسعد غراب، انظر:

J. Schacht, "On some manuscripts in libraries of Kairouan and Tunis", *Arabica*, T XIV fasc. 3, 1967, p. 238–239 ; M. Talbi, "Kairouan et le malikisme espagnol", dans *Etudes d'histoire op. cit*, pp. 295–318, p. 306 ; Le même, "Droit et économie en Ifriqiya au IIIe/IXe siècle. Le paysage agricole et le rôle des esclaves dans l'économie du pays", dans *Etudes d'hitoire op. cit*, pp. 185–229, p. 215 ; S. Ghrab, *Ibn Arafa*, T 1 p . 173.

2 صدرت بعالم الكتب – بيروت 1410/1990، ط. 1.

 | DOI:10.1163/9789004546646_005

وهو ما يوحي بغياب باب خاصّ بالعِتق والتدبير، وبالتالي يوهم بعدم انتساب مخطوطاتنا إلى كتاب **الأصل**.

لكن وبالعودة إلى طبعة **الأصل** الصادرة بقطر، تبيّن فعلا انتساب تلك المخطوطات إلى **الأصل**، إذ نجد في الجزء 1 منه باب الصلاة، وفي الجزء 5 باب العِتق والتدبير، بينما نجد في الجزء 7 منه باب السرقة وقطع الطريق. ربّما يعود ذلك الاختلاف بين الطبعتين إلى أنّ الأولى ناقصة بخلاف الثانية، وربّما يعود كذلك إلى اختلاف القدامى فيما بينهم، وكذلك اختلاف الباحثين في تحديد محتوى **الأصل**، وبالتالي الاختلاف في نسبة هذا الكتاب أو ذاك إلى **الأصل**.[3] ويبدو أنّ محمد بوينوكالن، محقّق الطبعة الثانية، نطق بالقول الفصل وتوسّع في نسبة عدّة كتب حنفية إلى **الأصل**. والمهمّ، أنّ ما يقابل مخطوطاتنا الثلاثة موجود في تلك الطبعة.

لذلك سيقوم تحقيقنا على مقارنة محتواها بما ورد في **الأصل**، من طبعة قطر، وهو الذي نعنيه فيما يأتي عند التحقيق. ولإثراء التحقيق، استعملنا أيضا كتاب **المبسوط** لمحمّد بن أحمد السرخسي (ت. 483/1090)، إذ لاحظنا تشابها بينه وبين مخطوطاتنا. على أنّ السرخسي ذكر في المقدّمة أنّ كتابه هو شرح **للكافي في الفقه** لأبي الفضل محمّد بن محمّد الشهير بالحاكم الشهيد (ت. 334/945). وذكر السرخسي أيضا أنّ الحاكم الشهيد عاد إلى كتب الشيباني الستّة، وهي كتب ظاهر الرواية، واستخرج منها موادّا رتّبها حسب أبواب ليتحصّل على كتاب **الكافي**.[4] وبالمقارنة بين **الكافي** ومخطوطاتنا الثلاث، بدا لنا أنّ **الكافي**[5] هو اختصار لمخطوطاتنا، أو هو اختصار لكتاب **الأصل**، فيما قام السرخسي، في **المبسوط**، بشرح كتاب **الكافي**.

والسؤال المطروح، هل فقَدت مخطوطاتُنا أهمّيتَها بما أنّ ما يقابلها قد نُشر؟

لن ننكر مدى الاستفادة التي جنيناها من العودة إلى كتاب **الأصل**. فبفضله تمكّنّا من قراءة عدّة كلمات غامضة، بل أحيانا أسطر، إن لم تكن فقرات، بما أنّ مخطوطاتنا كانت في حالة سيّئة. على أنّ محقّق هذا الكتاب لم يستعمل مخطوطاتنا، بل استعمل مخطوطات موزّعة أساسا بين القاهرة واسطنبول، وكلّها متأخّرة، أقدم واحدة فيها تعود إلى سنتي 637/1239–639/1241،[6] فيما تعود مخطوطاتنا إلى القرن 3 هـ/9م. وقد لاحظ المحقّق أنّ تحريفات أُدخلت على المخطوطات

3 هذا يخصّ مثلا كتاب السير (محمّد بن الحسن الشيباني، **الأصل**، مقدّمة المحقّق، ص 56).

4 السرخسي، **المبسوط**، دار المعرفة – بيروت 1414/1993، 31 ج، ج 1 ص 3–4.

5 الحاكم الشهيد، **الكافي في الفقه**، مخطوط رقم 922، المكتبة العمومية (Millet Genel Kutuphanesi)، اسطنبول تركيا، ج 1، نسخة من الأنترنات.

6 محمّد بن الحسن الشيباني، **الأصل**، مقدّمة المحقّق، ص 175، 296.

التي اعتمد عليها،[7] وذلك بحكم تأخّرها، وهو ما ساهم في جعل نورمان كالدار يشكّ في أصالة كتاب **الأصل**، ويذهب إلى القول إنّ تأليفه أتى على أيدي أجيال من العلماء بعد وفاة الشيباني.[8] وهنا تكمن أهمّية مخطوطاتنا، إذ أنّها تمكّننا من الوصول إلى النصّ الأصلي لذلك الكتاب، كما صدر عن الشيباني.

قدّم كالدار جملة من البراهين لتبرير نظريته، منها أنّ الأحاديث والآثار الموجودة في **الأصل**، هي من إضافات المتأخّرين. وبالمقارنة بين ذلك الكتاب ومخطوطاتنا يمكن اختبار مدى صحّة تلك النظرية.[9] وعموما، واعتمادا على تلك المقارنة، استنتجنا أنّ تلك النظرية لا تصحّ في بعض الجوانب، مثلا فيما يتعلّق بالأحاديث، إذ لم نلاحظ فرقا بين المصدرين، وتصحّ في جوانب أخرى.[10]

لهذه المخطوطات أهمّية أخرى تهمّ اختبار ما ورد في كتاب **الأصل** المحقَّق، وبيان نسبة التصحيف الذي أُدخل عليه، وتحديد الإضافات المتأخّرة. وقد ألحقنا هذه الإضافات بمتن نصّ مخطوطنا، ووضعناها بين معقّفين، وهذا في صورة أنّها تقتصر على كلمات محدودة العدد. أمّا إن كانت مطوّلة، فإنّنا نضعها في الهامش، وننبّه إلى ذلك. حاولنا أيضا تصحيح بعض الجوانب، أو إثراءها، مثلا لم يهتدِ محقّق **الأصل** إلى عبارة «كارة»، رغم أنّها وردت في كتاب السرقة في مناسبتين. ولا يُعدّ هذا قدحا في عمل المحقّق، ونعترف أنّه قام بمجهود كبير في التحقيق، لكنّ هذا المقام يستوجب مثل هذه الملاحظات.

تكتسي هذه المخطوطات أهمّية كبيرة من جوانب أخرى. فهي تتجاوز في قيمتها **الأسديةَ** ذاتَها، لأنّ هذه الأخيرة تخصّ الفقه المالكي،[11] وقد تحوّلت عندما أصلحها سحنون مع ابن القاسم إلى **المختلطة**، التي أصبحت بدورها **المدوّنة**، مع حضور بعض فوارق جزئية.

هي هامّة أيضا لأنّ جلّ مخطوطات مكتبة رقّادة العتيقة تهمّ الفقه المالكي، فيما اندثرت مؤلّفات المذاهب الأخرى، سواء كانت سُنّية أو غير سُنّية. وهذا ناتج عن الرقابة التي كان أتباع المذهب المالكي يسلّطونها على أتباع المذاهب الأخرى وعلى مؤلّفاتهم، بل يمكن الحديث عن عملية

---

7 محمّد بن الحسن الشيباني، **الأصل**، مقدّمة المحقّق، ص 149، 169، 172...

8 Norman Calder, *Studies in early muslim jurisprudence* (Oxford 1993), pp.39–66, p. 49, 51.

انظر أيضا مقال كليمون صالح، ص 887–888.

9 سبقنا إلى هذه الفكرة كليمون صالح في مقاله المذكور، ص 887–888.

10 لمزيد التوسّع حول هذه الجوانب، انظر مقال كليمون صالح المذكور أعلاه، وانظر مقالنا الخاصّ بالعلاقة بين الأسدية والمختلطة والمدوّنة، وهو تحت الطبع للنشر.

11 ولا نقصد من هذا استنقاص المذهب المالكي وجعله أقلّ شأنا من المذهب الحنفي.

تصفية لتراث المخالفين.

هي هامّة أيضا لأنّها تمثّل وثيقة أساسية لدراسة التطوّر المذهبي بإفريقية خلال العهد الأغلبي، وبالتالي دراسة تأثير كتاب **الأصل** في الفقه المالكي، بل حتّى في الفقه الإسماعيلي، فيما ذهب إليه كليمون صالح.[12]

كلّ هذا لا يمنعنا من الاعتراف بحضور بعض هنات في هذه المخطوطات، مثل التكرار في بعض المواطن. وهو جانب يؤيّد أصالة مخطوطاتنا، وقلّة أصالة المخطوطات المتأخّرة، التي لا نلاحظ فيها هذا التكرار، فهو من تأثير التهذيب الذي أُدخل عليها لاحقا. تجنّب أيضا الحاكم الشهيد، في **الكافي**، هذا التكرار، كما حذف هذا الفقيه الحنفي بعض الأسانيد االمطوّلة، وعددا من العقود والوثائق المرتبطة بعتق عبد أو جارية. وحضور مثل هذه العقود في مخطوطنا، وقد بلغ عددها ثمانية،[13] يؤكّد أسبقية الأحناف في التّأليف في هذا الفنّ، لاسيما أنّ حاجّي خليفة نسب إلى محمّد بن الحسن كتابا في الوثائق والشروط.[14]

وعند ترتيب المخطوطات الثلاثة، أخذنا بعين الاعتبار الترتيب المتّبع في **الأصل**، فوضعنا في الأوّل كتاب الصلاة، فكتاب العِتق والتّدبير، ثمّ كتاب السرقة وقطع الطّريق. وذيّلنا كلّ ذلك بفهارس، لتسهيل الرجوع إلى هذه النّصوص.

بالنسبة إلى ترتيب أوراق هذه المخطوطات، اضطررنا أحيانا إلى إعادة النظر فيه، لأنّ بعض الأوراق لم تكن في مكانها، ويخصّ هذا الجانبُ الكتبَ الثلاثة، وبصفة خاصّة كتاب السرقة وقطع الطريق، وقد نبّهنا القارئَ إلى ذلك في الهامش.

وعند نقل النصّ المخطوط، احترمنا مسألة الانتقال من سطر إلى آخر، بحيث نعود إلى السطر عندما تقع العودة إلى السطر في المخطوط، وهذا لتسهيل رجوع الباحث إلى النصّ المخطوط، إن رغب في ذلك.

تسرّبت بعض الأخطاء في بعض الكلمات، نكتُبها كما هي في المرّة الأولى وننبّه إلى ذلك الخطأ في الهامش ثمّ نصلحها مباشرة عندما تُذكر من جديد في الصفحات الموالية، وهذا تجنّبا لكثرة الهوامش، مثلا توضّأت، تُكتب توضّت؛ أو القراءة، تُكتب القراه؛ أو شهادة، تُكتب شهدة؛ أو لم ينْوِ، تُكتب لم ينوي؛ أو أُتي (بالسارق)، تُكتب أُوتي؛ أو هؤلاء، تُكتب هاولا أو هاولى؛ أو شَهِدَتَا امرأتان. وهي أخطاء تعبّر عن تسرّع في تأليف مخطوطاتنا، بخلاف كتاب **الأصل** الذي

12 انظر مقاله المذكور، ص 897–901.

13 انظر أسفله فهرس الوثائق.

14 حاجي خليفة، **كشف الظنون عن أسامي الكتب والفنون**، دار الفكر بيروت 1410/1990، وهي إعادة طبع لطبعة اسطنبول 1947، ج 2 ص 1430.

كُتب نصُّه بلغة سليمة خالية من الأخطاء. ويقدّم هذا الجانب دليلا آخر على التهذيب الذي أُدخل على ذلك الكتّاب، وهو أمرٌ لم يهتدِ إليه نورمان كالدار.

شرحنا كلّ الألفاظ الصعبة بالاعتماد على المعاجم المعروفة.

حرصنا على المقارنة بين النصّ المخطوط، وبين ما يقابله في **الأصل**، **ومدوّنة** سحنون، **والكافي في الفقه** للحاكم الشهيد، **والمبسوط** للسرخسي، وهو ما يفسّر طول الهوامش، وبدون هذا فسيكون عملنا منقوصا. على أنّ عنصر المقارنة بين الفقه الحنفي والفقه المالكي خاصّة في مجالي الجنايات وعتق العبيد فرض نفسه في عملية التحقيق، ممّا مكّننا من مزيد التعرّف على بعض نقاط الاختلاف بين الفقهين.

فلئن تميّز المالكية بالتصلّب في التعامل مع مرتكب السرقة أو قاطع الطريق، وربّما بنوع من التسرّع في إقامة الحدود على الأقلّ في بعض الحالات، فإنّ الأحناف اعتبَروا عدّةَ جوانب قصد مراعاة مرتكب السرقة، مثل الظروف المخفّفة، أو منفعة الجنس حيث لا تُقطع يد السارق الثانية إن أعاد السرقة، حتّى يتمكّن من الأكل أو من التّطهّر، أو اعتبار قيمة العمل في المسروق في صورة استرجاعه، أو اتّخاذ مخارج أخرى تحفظ حرمة جسد الإنسان وكرامته.

الرموز المعتمدة

[ ]: ما أضفناه، وجلّ الإضافات مأخوذة من كتاب **الأصل** للشيباني، تحقيق محمّد بوينوكالن.

(...): ما انفردت به مخطوطاتنا دون كتاب **الأصل**، تحقيق بوينوكالن.

الأصل: كتاب **الأصل**، تحقيق بوينوكالن.

1: بداية الورقة 1

أ: وجه الورقة من المخطوط

ب: ظهر الورقة من المخطوط.

نماذج من صور من المخطوطات

صفحة الأولى والثانية من مخطوط كتاب الصّلاة

الصّفحة الأولى والثانية من مخطوط كتّاب العتق والتدبير

صفحة الأولى والثانية من مخطوط كتاب السّرقة

القسم الثاني

النّص المحقّق

.:

[كتاب الصلاة]

[باب المستحاضة] [1]

1 أ ...الصلاة،[2] انتقض وضوءُها، وكان عليها أن تستقبل الوضوء، لصلاة أخرى؟ قال: [نعم. قلتُ: فإن كان عليها صلوات قد نسيتها، أو جعلت لله على نفسها] أن تصلّي أربع ركعات، أتصلّيها [بوضوء واحد]،[3] ما لم يذهب الوقتُ ؟ قال: نعم، تصلّي ما شاءت من فريضة، أو تطوّع، ما دامت في وقت تلك الصلاة، فإذا ذهب الوقتُ، فإنّ عليها أن تُعيد الوضوء لصلاة أخرى.[4] قلتُ: أرأيتَ إن كان [بها جرح، أو قرحة، فسال منها دمٌ، أو قيح؟] قال: هذا ينقض وضوءَها.[5] قلت: وكذلك الرجل الذي [به جرح سائل لا ينقطع؟][6] قال: نعم. قلت: وكذلك المبطون الذي لا ينقطع استطلاق بطنه ؟ قال: نعم.

---

1 هنا يبدأ باب المستحاضة (**الأصل**، ج 1 ص 286؛ الحاكم الشهيد، **الكافي**، ج 1 ص 19 أ؛ السرخسي، **المبسوط**، ج 2 ص 14). وفي **مدوّنة** سحنون (نشر محمّد ساسي المغربي التونسي، مطبعة السعادة مصر 1323/1905، ج 1 ص 49–52)، نجد العنوان التالي: «ما جاء في الحائض».

2 لتغطية النقص، نورد المسألة التالية بالاعتماد على **الأصل**، ج 1 ص 290–291: «**قلتُ**: أرأيتَ المستحاضة تتوضّأ لكلّ صلاة، وتحتشي؟ قال: نعم. قلتُ: وتصلّي المكتوبة؟ قال: نعم. قلت: وما شاءت من التطوّع، مادامت في وقت تلك الصلاة؟ قال: نعم. قلت: فإن ذهب وقت تلك الصلاة...»؛ انظر **الكافي**، ج 1 ص 19 أ؛ **المبسوط**، ج 2 ص 14.

3 إضافة من **الأصل**، ج 1 ص 291.

4 تفاصيل هذه المسائل نجدها في **المبسوط**، ج 2 ص 14–15.

5 مسألة غائبة في مخطوطنا، نسوقها من **الأصل**، ج 1 ص 291: «فإن سال الدم من حيضها، أو من الجرح بعدما توضّأت؟ قال: الدم الذي سال من جرحها ينقض وضوءها، وأمّا ما سال من حيضها، فإنّه لا ينقض وضوءها».

6 الأصل، ج 1 ص 291. ويضيف صاحب **المبسوط**، ج 2 ص 15: «وكذلك لو أُغمي على الرجل بعد دخول الوقت...»

 | DOI:10.1163/9789004546646_006

[قلتُ: أرأيت امرأة] حاضت في أيّام [حيضها الخمسة]، ثمّ طهرت يوم[7] أو يومين أ[و ثلاثة أيّام؟]
قال: [هي حائض]، وعليها أن تدَعَ الصلاة. فإن انقطع عنها الدم، صلّت.
قلتُ: لِمَ ؟ قال: أرأيتَ لو [رأت] الطهر ساعة، [ثمّ عاودها، ألم تكن] حائضا؟ قلت؟ بلى. قال: فهذا
وذاك سواء. قلتُ: فإن [رأت] الدم، يوما أو يومين، ثمّ انقطع عنها الدم، يوما،[8] ثمّ ر[أت] الدم يومين، ثمّ انقطع عنها، ثمّ
رأت الدم، ثلاثة أيّام، (ثمّ انقطع عنها، أربعة أيّام)،[9] وهذا كلّه في عشرة أيّام ؟ قال: هذا حيض، وعليها أن تدع الصلاة.
قلتُ: فإن رأت الدم ثلاثة أيّام، ثمّ انقطع عنها أربعة أيّام، ثمّ عاودها الدم، يوما؟[10] قال: هذا حيض. قلت: فلو رأت
الدم سبعة أيّام، ثمّ انقطع عنها، يومين، ثمّ رأت الدم، في اليوم العاشر، بعض النهار، ثمّ انقطع ؟ قال: هذا كلّه
حيض، وعليها أن تدع الصلاة، فإذا طهرت، اغتسلت، ولم يكن عليها القضاء في شيء [من] ذلك. قلتُ:
أرأيت امرأة، كان حيضها خمسة أيّام، فحاضت ستّة أيّام، ثمّ حاضت حيضة أخرى، سبعة أيّام، ثمّ حاضت حيضة
أخرى، ستّة أيّام، كم حيضها ؟ قال: ستّة أيّام.[11] قلتُ: فإن كان حيضها، خمسة أيّام، فحاضت ستّة أيّام،
ثمّ حاضت ثمانية أيّام، ثمّ حاضت [حيضة] أخرى، سبعة أيّام، كم حيضها ؟ قال: سبعة أيّام. قلت: فإن حاضت سبعة[12] أيّام،

7 هكذا، والأولى يومًا.
8 في **الأصل**، ج 1 ص 292: «يومين».
9 ما بين قوسين غائب في **الأصل**.
10 في **الأصل**، ج 1 ص 292: «ثلاثة أيّام».
11 **الأصل**، ج 1 ص 292؛ **الكافي**، ج 1 ص 19 ب.
12 في **الأصل**، ج 1 ص 292: «ستّة».

[ثمّ] حاضت [حيضة أخرى]، عشرة أيّام، ثمّ حاضت [حيضة] أخرى، ثمانية أيّام ؟ قال: حيضها ثمانية أيّام، كلّما عاودها الدم، مرّتين،
في يوم واحد، لحيضها ذلك. قلتُ: أرأيت المرأة، ترى في أيّام حيضها الصفرة، أو الكدرة ؟ قال: هذا حيض
كلّه، بمنزلة الدم.[13] قلت: فإن رأت الدم [ثمّ رأت الطهر]، في نفاسها، فرأت صفرة، أو حمرة، أو كدرة، أيكون
هذا طهرا ؟ قال: لا يكون هذا طهرا حتّى ترى بياض[14] خالصا.[15] قلتُ: أرأيت امرأة كان حيضها خمسا ف[حاضت]
[خم]سة أيّام، في أيّام إقرائها، ثمّ طهرت، فاغتسلت (يوما)، [ثمّ صامت] ثلاثة أيّام، وصلّت، ثمّ عاودها الدم، يومين في
العش[ر]، هل يُجزيها ما صلّت، وصامت؟[16] قال: لا، وفي القضاء[17] أن تُعيد الصوم. قلتُ: فإن حاضت خمسة أيّام، ثمّ طهرت،
فصامت يومين، أو ثلاثة،[18] ثمّ عاودها الدم، في اليوم العاشر، يوما تامّا ؟ قال: عليها أن تُعيد الصوم، ولا يجزيها.

13 نفس الرأي لدى مالك (**المدوّنة**، ج 1 ص 50).

14 هكذا، والأوْلى بياضا. وفي **الأصل**، ج 1 ص 293: «البياض».

15 «وقال أبو يوسف، رضه: لا تكون الكدرة حيضا إلّا بعد الحيض....» (**المبسوط**، ج 2 ص 18؛ **الكافي**، ج 1 ص 19 ب). وعند الحديث عن البياض الخالص، في **المدوّنة**، نلاحظ استعمال عبارتي القَصّة البيضاء، والجفوف، (ج 1 ص 50–51).

16 نلاحظ هنا، في مسائل الحيض، جمعا بين ما يخص الصلاة وما يخصّ الصوم، بينما نرى في **المدوّنة** فصلا بينهما، إذ أتى الحديث مثلا عن الوضوء والصلاة في فقرة تحمل عنوان «ما جاء في الحائض»، ج 1 ص 53–54، وهي تدخل في كتاب الوضوء. بينما أتى الحديث عن الصوم في فقرة أخرى تحمل عنوان: «في الجنب والحائض في رمضان»، ج 1 ص 206–207، وهي تدخل في «كتاب الصيام والاعتكاف وليلة القدر»، ج 1 ص 191–239. فنصّ **المدوّنة** هنا يظهر أكثر تبويبا ممّا هو عليه بالنسبة إلى مخطوطنا.

17 في **الأصل**، ج 1 ص 293: «وعليها أن»

18 في **الأصل**، ج 1 ص 293: «أربعة أيّام».

قلت: فإن حاضت خمسة أيّام، وطهرت، فصامت، يومين أو ثلاثة، وعاودها الدم، فا[ستمرّ بها] شهرا؟ قال: هذه مستحاضة، ويجزيها صومها وصلاتها. قلتُ: فإن حاضت خمسة أيّام، ثمّ طهرت، وصامت
[وصلّت] عشرة أيّام، ثمّ عاودها الدم ؟ قال: هي مستحاضة، ويُجزيها ما صامت، وصلّت في ال[عش]ر، وبعد ذلك.
قلتُ: [وكلّ شيء جعلتها فيه حائضا، فليس عليها فيه صلاة]، وليس ينبغي لزوجها أن يقربها، حتّى تطهر، و[تغتسل]، وإن [كانت] رأت الطهر بين تلك الأيّام، [ف]صا[مت
فيها، لم] يُجْزِها صومُها ؟ قال: نعم.[19] قلتُ: أرأيت [امرأة كان] حيضها، ستّة أيّام، فحاضت [خمسة
أيّام]، فرأت الطهر، فاغتسلت في اليوم الخامس، [هل ترى] لزوجها أن يقربها، قبل تمام الستّ؟
[قال: أحبّ إليّ أن] لا يقربها، حتّى تمضي أيّامها التي كانت تحيض فيها. فإن فعل، لم يُضرّه. قلتُ:
[فهل] تدع الصلاة والصوم، في ذلك اليوم [السادس]؟ قال: لا تدع الصلاة ولا الصّوم، ولكنّها [تصوم وتصلّي، فإن] كانت طاهرة، [أجزأها]. وإن عاودها الدم، فعليها أن تُعيد الصوم، وينبغي [لها أن تأخذ بالثقة]،[20] فتصوم وتصلّي. قلتُ: أرأيت امرأة نفساء، ولدت، أوّل ما ولدت، [فاستمرّ بها الدم أشهرا]، كم تدَع الصلاة ؟ قال: أربعين يوما.[21] فإذا بلغت الأربعين، اغتسلت، و[هي
بمنزلة المستحاضة، فيما] بعد ذلك، تصوم، وتصلّي، وتقرأ القرآن، ويأتيها زوجها. [قلت:
فهل تنظر إلى وقت نفاسها؟]،[22] قال: لا. قلتُ: فإن طهرت في ثلاثين يوما ؟ قال: تغتسل، وتص[لّي وتصوم]، وتكون طاهرة.

19 في هذا الموضع، نلاحظ غياب مسألة في مخطوطنا، وهي: «قلت: وكلّ شيء جعلتها فيه مستحاضة، فإنّها تصوم فيه، وتصلّي، ويأتيها زوجها؟ قال: نعم. قلت: فإن تركت فيه الصلاة والصوم، كان عليها أن تقضي؟ قال: نعم» (**الأصل**، ج 1 ص 293).

20 **الأصل**، ج 1 ص 294.

21 بالنسبة إلى مالك، «أقصى ما يمسكها الدم ستّون يوما، ثم رجع عن ذلك...» وقال: «أرى أن يُسأل عن ذلك النساء، وأهلُ المعرفة» (**المدوّنة**، ج 1 ص 53).

22 **الأصل**، ج 1 ص 294؛ **الكافي**، ج 1 ص 19 ب.

[قلت: فإن اغتسلت وصلّت وصامت]، خمسة أيّام، ثمّ عاودها الدم، خمسة أيّام، في الأربعين؟
[قال: لا يُجزيها صومها وصلاتُها، وعليها أن تقضي][23]
1 ب الصوم. قلت: أرأيت إن كان وقتها ثلاثين يوما، ثمّ طهرت في عشرين يوما، فمكثت خمسة أيّام [طاهرة]، وصامت
فيها، وصلّت، ثمّ عاودها الدم، حتّى استكملت أربعين (يوما) ؟ قال: هي بمنزلة الحائض، وعليها أن تقضي الصوم.
قلت: فإن طهرت، في عشرين يوما، وصامت وصلّت، عشرة أيّام، ثمّ عاودها الدم، فاستمرّ بها شهرين؟ قال:
هذه مستحاضة، فيما زاد على ثلاثين يوما. قلتُ: فهل تقضي الصوم والصلاة، فيما تركت [من الأيّام، بعد]
الثلاثين؟ قال: نعم. قلت: فهل يُجزيها صومُها، العشرة الأيّام [التي] صامت، قبل الثلاثين ؟ قال: لا.[24]
قلت: أرأيت النفساء ترى الحمرة، أو الصفرة، أو الكدرة ؟ قال: هذا [كلّه] بمنزلة الدم.[25] قلت: أرأيت امر[أة ولدت]
ولدا، وفي بطنها آخر، هل تصلّي وتصوم، حتّى تضع الآخر ؟[26] قال: لا، إنّما النفاس [من] الولد الأوّل، حتّى [تتمّ]
أربعين يوما. قلت: فإن صلّت وصامت، بعدما ولدت الأوّل، قبل أن تلد الآخر ؟ قال: لا يُجزيها، لأنّها
نفساء، وكذلك قال أبو يوسف [وأبو حنيفة].[27] وقال محمّد: النفاس [من] الولد الآخر، [ولا تكون نفساء، وفي بطنها ولد، كما لا تكون حائضا، وهي حامل]، وهو قول زُفر. قلتُ: أرأيت

---

23 **الأصل**، ج 1 ص 294.

24 «هذا على مذهب أبي يوسف مستقيم، وفيه على مذهب محمّد نظر» (**الكافي**، ج 1 ص 19 ب).

25 مسألة غائبة في مخطوطنا، نقلها من **الأصل**، ج 1 ص 295: «قلت: أرأيت امرأة حاملا، حاضت كلّ شهر، وهي حامل؟ قال: ليس ذلك بحيض، ولا نفاس».

26 **الأصل**، ج 1 ص 295؛ انظر **المدوّنة**، ج 1 ص 54.

27 **الأصل**، ج 1 ص 296؛ **الكافي**، ج 1 ص 19 ب؛ **المبسوط**، ج 1 ص 20.

السِقْط[28] الذي استبان خَلْقه، هل يكون بمنزلة الولد، وتكون فيه المرأة، بمنزلة النفساء؟
قال: نعم. قلت: أرأيت المرأة، كم أقلّ ما يكون حيضها، وأكثر ما يكون طهرا؟[29]
قال: أكثر ما يكون الحيض، عشرة أيّام،[30] وأقلّ ما يكون ثلاثة أيّام. وأقلّ ما يكون الطهر، خمسة
عشر يوما. فإذا رأت الدم، في أقلّ من ذلك، فهي مستحاضة. قلت: أرأيت إن كانت تحيض في كلّ شهر حيضتين؟ قال: هذه مستحاضة. قلت: أرأيت إن حاضت خمسة أيّام، ثمّ طهرت، خمسة عشر يوما، ثمّ حاضت خمسا، هل يكون هذا حيضا، وتدعِ فيه الصلاة، والصوم؟ قال: نعم. قلت: فقد حاضت الآن في الشهر حيضتين، وقد زعمتَ أنّه لا يكون الطهر، أقلّ من خمسة عشر يوما؟ قال: إذا حسبتَ أيّام طهرها، وأيّام حيضتها، كان أربعون[31] يوما. قلت:
أرأيت إن قعدت بين كلّ حيضتين ثلاثة عشر يوما، أو أربعة عشر يوما؟ قال: هذه مستحاضة، لأنّه لا
يكون بين كلّ حيضتين، أقلّ من خمسة عشر يوما. قلت: أرأيت امرأة، أسقطت سقطا، لم يستبن شيئا[32] من خلقه، أتُعدّها نفساء؟ قال: لا. قلت: وكم تدع الصلاة؟ قال: أيّام حيضها، حتّى تستكمل،
ما [بينها] وبين العشرة الأيّام. قلت: فإن استمرّ بها الدم أكثر من ذلك؟ قال: هي مستحاضة، فيما زاد على أيّام إقرائها، وعليها أن تقضي ما تركت من الصلاة. قلت: فإن كانت صامت، فيما زاد على [أيّام] إقرائها، في العشر[ة]؟ قال: يجزيها. قلتُ: وكذلك الصلاة ؟ قال: نعم. وإذا توضّت[33]
المستحاضة، في وقت العصر، والدم منقطع، فغربت الشمس، وهي طاهر، ثمّ رأت الدم، فإنّها تتوضّأ، [والدم ينقض طهرها]، في وقت المغرب. [فإن سال الدم، في صلاة]

28 السِقْط والسَقْط والسُقْط: الولد يسقط من بطن أمّه قبل تمامه (ابن منظور، **لسان العرب**، دار صادر - بيروت 1997، ط. 1، ج 3 ص 302، مادّة سقط).

29 في **الأصل**، ج 1 ص 296، طُرح السؤال بطريقة أخرى: «كم أقلّ ما يكون بين حيضها؟»

30 **الأصل**، ج 1 ص 296. قال ابن القاسم: «أكثر ما يحبس له النساء الحيض خمس عشرة ليلة (**المدوّنة**، ج 1 ص 49-50).

31 هكذا، والأَولى أربعين.

32 هكذا، والأولى شيءٌ.

33 هكذا، والأولى توضّأت، كما في **الأصل**، ج 1 ص 297.

المغرب، انصرفت، فتوضّأت، ثمّ بنت على صلاتها. قلتُ: أرأيت لو لم ترى[34] الدم، حتّى الغد، وهي
على وضوئها، ثمّ رأت الدم [من الغد، حين زالت] الشمس، أتصلّي بذلك الوضوء، وقت الظهر [كلّه]؟ قال: [لا و] قد
نقض الدم طهرها، وعليها [الوضوء]. [ولو كانت لبست الخفّين] قبل المغرب، ثمّ لم ترَ الدم، حتّى صلّت ركعتين، من المغرب، [ثمّ رأت الدم، كان عليها أن] تنصرف، وتتوضّأ، وتمسح، وتبني على صلاتها.
ولو لم ترَ الدم، ولم تدخل في المغرب، حتّى توضّأت من غير حَدَث، ثمّ دخلت [في] المغرب، ورأت
الدم، فإنّ عليها أن تنصرف، وتتوضّأ، وتبني على صلاتها. ولو أحدثت قبل المغرب، ف[توضّأت، ثمّ دخلت في المغرب، فرأت]
الدم، كان عليها الوضوء أيضا. ولكنّه لو سال منها الدم، أجزأها في ذلك [الوقت]
الوضوء الذي كان بعد الدم. وإذا توضّأت، للدم، أجزأها من الدم الحادث، ولا [يُجزيها من] الحدث. وإذا توضّأت من حدث، ولم ترَ الدم، ثمّ رأت الدم، لم يُجْ[زِها وضوءُ][35]
الحدث من الدم. ألا ترى لو أنّ رجلا رعف، من أحد منخريه،[36] رعاف[37] لا [لا ينقطع]، فتوضّأ، أنّه يجزيه لوقت الصلاة كلّها. ولو سال من المنخر الآخر [دم، نقض وضوءه].[38]
وهذا يبيّن لك، أنّ الحدث ينقض وضوء المستحاضة، وأنّ دم الم[ستحاضة ينقض وضوء] الحدث. ولو توضّأت المستحاضة،...[39]

---

34 هكذا، والأولى لم ترَ.

35 **الأصل**، ج 1 ص 298؛ **المبسوط**، ج 2 ص 17، 21.

36 في **الأصل**، ج 1 ص 298: «الأنفين».

37 هكذا، والأوْلى «رعافا».

38 **الأصل**، ج 1 ص 298؛ **المبسوط**، ج 2 ص 21. ويلخّص الحاكم الشهيد هذه المسألة كما يلي: «وإذا سال الدم من أحد المنخرين، فتوضّأ له، ثمّ سال من المنخر الآخر، فهو حدث جديد، وعليه الوضوء. وإن سال منهما جميعا، فتوضّأ لهما، ثمّ انقطع أحدهما، فهو على وضوء» (**الكافي**، ج 1 ص 19 ب).

39 بَتْرٌ في النصّ، نغطّيه بما ورد في **الأصل**، ج 1 ص 298: «ولو توضّأت المستحاضة، قبل المغرب، ولم ترَ الدم، بعد الوضوء، حتّى صلّت المغرب، ثمّ رأت الدم، فإنّها تُعيد الوضوء، والمغرب تامّة. ولو كانت لبست الخفّين، قبل أن ترى الدم، أجزأها أن تمسح عليهما، يوما وليلة»، وانظر **الكافي**، ج 1 ص 19 ب.

[باب غسل الميّت من الرجال والنساء]

يجزيها ذلك ؟[40] قال: نعم.[41] قلتُ: والخلَقُ والجديد، في ذلك سواء، إذا غُسلا ؟ قال: نعم. قلتُ: فالبُرْدُ[42] أحبّ 2 أ

اليك أم البياض؟ قال: كلّ [ذلك] حسن. بلغنا عن رسول الله صلّى الله عليه وسلّم، أنّه كُفّن في حلّة، وقميص.

وبلغنا عن أبي بكر [الصدّيق، رضه] أنه أوصى أن يُغسل ثوباه، ويكفَّن فيهما. وقال: الحيّ أحوج إلى الجديد من الميّت،[43] فأيّ ذلك ما فعل، فحسن. قلتُ: فإن كُفّن الرجل في ثوب واحد؟ قال: ما أحبّ [له] أن ينقص من ثوبين.[44]

قلت: فإن فعلوا، فكفّنوه في ثوب واحد ؟ قال: يجزيه، وقد أساؤوا.[45] قلت: والمرأة لا تنقص

---

40 في **الأصل** و**الكافي** و**المبسوط**، يأتي بعد «باب المستحاضة»، «بابُ صلاة الجمعة»، ثمّ «باب حمل الجنازة" (**الكافي**، ص 22 أ-22 ب)؛ بينما نجد في هذه الصفحة، ما يقابل «باب غسل الميّت من الرجال والنساء" (ص 22 ب - ص 23 ب؛ وفي **الأصل**، ج 1 ص 346-362). ويعود هذا الاختلاف إلى أنّه لا يوجد تواصل في مخطوطنا بين الورقة 1 والورقة 2، فهما مقتطعتان من وسط كتاب. أمّا في **المدوّنة**، فنجد كتاب الجنائز (ج 1 ص 174-191)، وفيه دمج بين مسائل الجنائز، ومسائل غسل الميّت.

41 نورد ما يقابل هذه المسألة المبتورة في مخطوطنا، بنصّها الكامل، بالاعتماد على **الأصل**، ج 1 ص 358: «قلتُ: أرأيتَ إذا ماتت المرأة، فكُفّنت في ثوبين وخمار، ولم تُكفّن في درع، هل يُجزيها ذلك؟ قال: نعم».

42 البُرْد: ثوب مخطّط / كساء من الصّوف الأسود يُلتحف به، وهو المعنى الأقرب (**المنجد في اللغة والأعلام**، دار المشرق - بيروت 1998، ط 37، ص 33، مادّة برد). وفي **الأصل**، ج 1 ص 358، **والكافي**، ج 1 ص 23 أ، **والمبسوط**، ج 2 ص 72: البُرُود، وهو جمعُ بُرْد.

43 **الأصل**، ج 1 ص 359؛ **المبسوط**، ج 2 ص 72. وقد ورد في **المدوّنة**، ج 1 ص 188، «أنّ أبا بكر كُفّن في ثلاثة أثواب، أحدهما ملبوس غسيل».

44 وقال مالك: «أحبّ إليّ أن لا يُكفّن الميّت في أقلّ من ثلاثة أثواب» (**المدوّنة**، ج 1 ص 187).

45 **الكافي**، ج 1 ص 23 أ. وهذا «إلّا عند الضرورة»، وهو مكروه (**المبسوط**، ج 2 ص 73). يذكر السرخسي أيضا، ج 2 ص 60: «والمذهب عندنا، أنّ القميص في الكفن، سنّة، وقال الشافعي، رضه: ليس في الكفن قميص، إنّما الكفن، ثلاث لفائف عنده».

من ثوبين، وخمار؟ قال: نعم.[46] قلت: أرأيت الصبي، إذا كان صغيرا، لم يتكلّم، ولم يعقل، في أيّ شيء يكفّن ؟

قال: إن كُفّن في خرقتين، إزار ورداء، فحسن. وإن كان إزار واحد،[47] أجزأه. قلت: فإن كان غلام،[48] قد راهق، ولم يحتلم، إلّا أنّه قد صلّى، وصام، ولم يحتلم مثلُه؟

قال: هذا يكفّن كما يُكفّن الرجلُ. قلت: أرأيت الرجلين يُدفنان في قبر واحد؟ قال: إن احتاجوا إلى ذلك، فعلوا، فإن فعلوا ذلك، فليقدِّموا في اللحد، أفضلَهما،[49] وليجعلوا بينهما حاجزا من الصعيد.[50] قلت: أرأيت الصبي الصغير الذي لم يتكلّم، هل تغسله المرأة ؟ قال: نعم.[51] قلت: أرأيت الصبية الصغيرة، التي لم تتكلّم، هل يغسلها الرجل، وهو غير ذي رحم محرّم منها، ولا زوج لها؟ قال: نعم. قلت: فإن كانت قد كبرت، ومثلُها يُجامع ؟ قال: لا يغسلها الرجال. قلتُ: وكذلك الغلام، إذا كان مثلُه يُجامع، لم يغسله أحد من النساء، ما خلا امرأته ؟ قال: نعم.[52] قلت: أرأيت الميّت

إذا وُضّئ وضوءه للصلاة، أتُغسل[53] رجلاه ؟ قال: نعم.[54] قلت: أرأيت المرأة، إذا أُسدل عليها خمارُها،

46 «وتُكفّن المرأة في خمسة أثواب، والرجل في ثلاثة أثواب، هكذا قال علي، رضه». ويجوز الاكتفاء بثلاثة بالنسبة إلى المرأة (**المبسوط**، ج 2 ص 72).

47 هكذا، والأولى إزارا واحدا، كما ورد في **الأصل**، ج 1 ص 359. وانظر **الكافي**، ج 1 ص 23 أ.

48 هكذا، والأوْلى غلاما.

49 الأفضلية تهمّ الأكثر «أخذا للقرآن» (**المبسوط**، ج 2 ص 65).

50 **الأصل**، ج 1 ص 360. والصعيد هو التراب/ ما ارتفع من الأرض (**المنجد**، ص 424، مادّة صعد). وقد تحدّث السرخسي في هذا الإطار عن «حاجز من التراب، ليصير في حكم قبرين» (**المبسوط**، ج 2 ص 65).

51 «لأنّه ليس لفرجه حكم العورة، حتّى لا يجب ستره، في حال حياته، ويجوز النظر إليه» (**المبسوط**، ج 2 ص 73). نفس الرأي لدى مالك، على أن يكون «الصبيّ ابن سبع سنين وما أشبهه» (**المدوّنة**، ج 1 ص 186).

52 حول غسل المرأة لزوجها، والعكس، انظر **المبسوط**، ج 2 ص 71؛ **المدوّنة**، ج 1 ص 185–186.

53 في **الأصل**، ج 1 ص 360 : «هل تغُسل»؟

54 **المبسوط**، ج 2 ص 59.

أتحت الكفن، (أم فوق الكفن)؟ قال: فوق الدرع،[55] كذا الإزار، واللّفاف.[56] قلت: أرأيت قوما صلّوا
على ميّت، قبل أن يُغسل،[57] ثمّ ذكروا بعدما صلّوا عليه، كيف يصنعون ؟ قال: يُغسل الميّتُ، ويعيدوا [58]
الصلاة عليه. قلت: فإن لم يذكروا غسله، حتّى دفنوه، هل يُنبش القبرُ، ثمّ يُغسل، ويُصلّى عليه؟ قال: لا.[59] قلتُ: فلِمَ أمرتهم بغسله، وقد صلّوا عليه؟ قال: أمرتُهم بغسله، ما دام في أيديهم، فإذا دُفن، فلا آمرهم أن ينبشوا القبر.[60] قلتُ: أرأيت رجلا مات، فدُفن، ووجهُه لغير القِبلة، أو
وُضع على شِقّه الأيسر، ممّا يلي[61] موضع الرِجْلين، ثمّ ذكروا ذلك، بعدما فرغوا من دفنه، هل ينبشون قبره، فيدفنونه على ما ينبغي له، أن يُدفن ؟ قال: لا، ولكنّهم يَدَعُونه كما هو. قلتُ: فإن كانوا وضعوا اللبِن، فلم يُهَال[62] الترّابُ عليه بعد ؟ قال: يُنزع اللبِن، ثمّ [يُهيّئ على ما ينبغي][63] له. قلتُ: فهل يغسلونه، إن لم يكن غُسل ؟ قال: نعم. قلتُ: فإن كانوا أهالوا التراب عليه ؟ قال:
يتركونه على حاله، كما هو. قلتُ: أرأيت القوم يسقط منهم الثوب، في القبر، أو الشيء،
من متاعهم، هل ترى بأسا أن يحفروا من التراب شيئا، من غير أن ينبشوا الميّت ؟ قال: لا بأس بأن يحفروا

55 درع المرأة: قميصها، أو ثوب تلبسه في بيتها (**المنجد**، ص 213، مادّة درع).

56 ورد في **الأصل**، ج 1 ص 360: «وتحت الإزار واللفافة». وفي **الكافي** (ج 1 ص 23 أ): «وإن لُفّت المرأةُ في ثوبين، وخمار، ولم تُكفّن في درعٍ، جَازَ».

57 أو حتّى عضوا من الميّت، لم يُغسل، أو قدر لمعة، فهو يُخرج من الكفن ليُغسل «بالاتّفاق» (**المبسوط**، ج 2 ص 73).

58 هكذا، والأوْلى: «يُعيدون».

59 «لأنّه خرج من أيديهم، فسقط فرضُ غسله» (**المبسوط**، ج 2 ص 73).

60 **المبسوط**، ج 2 ص 73.

61 هكذا، والأوْلى: «أو جُعِل رأسه في»، كما ورد في **الأصل**، ج 1 ص 361 **والمبسوط**، ج 2 ص 73.

62 هال الرملَ: دفعه فانهال، كذلك هيّله فانهال (**لسان**، ج 6 ص 379، مادّة هيل). في **الكافي** (ج 1 ص 23 ب): «يُهيّل».

63 قراءة بالاعتماد على **الكافي** (ج 1 ص 23 ب).

من التراب شيئا، فيُخرجوا متاعهم.[64] قلت: أرأيتَ اللحد، هل يُكره أن يُجعل عليه رفوف خشبة ؟ قال: نعم،[65]
أكره ذلك. قلتُ: أرأيت الميّت، إذا وُضع في لحده، ولم يُغسل، ولم يُهال[66] التراب عليه ؟ قال: ينبغي
لهم أن يُخرجوه، فيغسلوه، ويصلّوا عليه. قلت: فإن كانوا قد نصبوا اللبِن عليه، وأهالوا التراب، عليه؟ قال: ليس ينبغي لهم أن ينبشوا الميّت، من قبره. قلت: وكذلك لو كانوا وضعوا [رأسه مكان رجليه] ،[67] أو وضعوه على شقّه الأيسر، كان لهم أن يُخرجوه، فيهيّئوه، [كما ينبغي له]، ما لم يهيلوا التراب عليه.
[فإذا أها]لُوا التراب، لم يكن لهم أن يُخرجوه ؟ قال: نعم. قلتُ: أرأيت المرأة تموت مع الرجال، [أو الرجل مع]
النساء، ليس معهنّ من يغسله ؟[68] قال: يُؤمّم[69] كلّ واحد منهما بالصعيد الوجهَ، والذراعين [من وراء الثوب][70].

64 **الأصل**، ج 1 ص 361. وقد برّر السرخسي ذلك بما يلي: «لأنّ لِمال المسلم حرمة...وفي إبقاء المتاع في القبر إضاعة المال» (**المبسوط**، ج 2 ص 74).

65 **الأصل**، ج 1 ص 361. «ويُكره أن يُجعل على اللحد رفوف الخشب، لأنّ ذلك يُستعمل في الأبنية للزينة، أو لإحكام البناء، وقد بيّنّا أنّه لا بأس بذلك، في ديارنا، لرخاوة الأرض» (**المبسوط**، ج 2 ص 74). كما ذكر السرخسي أنّ القبر «يُسنّم ... ولا يُربّع. وعلى قول الرّوافض، السُنّة التربيع في القبور، ولا تُجصّص» (**المبسوط**، ج 2 ص 62). ويكره مالك تجصيص القبور والبناء عليها (**المدوّنة**، ج 1 ص 189).

66 هكذا، والأولى: يُهَلْ، كما في **الأصل**، ج 1 ص 362.

67 **الأصل**، ج 1 ص 362.

68 في **الكافي** (ج 1 ص 23 أ)، ذُكرت مسألة غَسْل امرأة توفّيت، في السفر، ومعها رجال. وفي المبسوط (ج 2، 69–71)، ذُكرت أيضا مسألة غسل الرجل من قبل النساء. ومن أطرف ما ذكره السرخسي فرضية وجود رجل كافر مع النساء، فهنّ يعلّمنه «غسل الميّت ليغسله، لأنّ نظر الجنس إلى الجنس أخفّ، وإن لم يكن بينهما موافقة في الدين (**المبسوط**، ج 2 ص 71). ومن جهته، منع مالك، على المسلم، غَسْل والده الذي مات كافرا (**المدوّنة**، ج 1 ص 187).

69 هكذا، والأولى: ييمّم، كما في **الأصل**، ج 1 ص 361، و**المبسوط** (ج2 ص 71) و**المدوّنة** (ج 1 ص 186). ويَمَّمَ المريضَ: مسح يديه ووجهه بالتراب (**المنجد**، ص 926، مادّة يمّ).

70 إضافة من **الأصل**، ج 1 ص 362.

باب صلاة الكسوف[71]

[قال]: أخبرنا [محمّد]، قال: [أخبرنا] أبو حنيفة، عن حمّاد، عن

[إبراهيم][72] عن [رسول الله صلّى] الله عليه وسلّم، أنّه صلّى ركعتين، في الكسوف،[73] [ثمّ كان الدعاء حتّى انجلت الشمسُ]،[74]

[وإنّما الصلاة ركعتان لـ]صلاة التطوّع، فإ[ن شئتَ طوّلتَهما][75]

2 ب [وإن شئتَ قصّرتهما]،[76] ثمّ الدعاء حتّى تنجلي الشمس. قلتُ: والذي ذُكر من الصلاة فيهما، أيركع ركعتين قبل أن يسجد ؟ قال الصلاة

فيهما كصلاة الناس المعروفة.[77] قلتُ: وترى في كسوف القمر،[78] صلاةً ؟ قال: نعم، والصلاة فيه

حسنة. قلتُ: فهل تُصلّى في جماعة، كما يصلّون في كسوف الشمس؟ قال: لا.[79] قلت: فهل تُكره الصلاة في

---

71 نجد هذا العنوان في **الأصل** (ج 1 ص 362) و**الكافي** (ج 1 ص 23 ب)، و**المبسوط**، (ج 2 ص 74). بينما نجد في **المدوّنة** (ج 1 ص 163) العنوان التالي: «في صلاة الخسوف».

72 إضافة من **الأصل** (ج 1 ص 362) و**الكافي** (ج 1 ص 23 ب).

73 لم يرد هذا الحديث في أ. ي ونسنك، **المعجم المفهرس لألفاظ الحديث النبوي**، دار الدعوة – اسطنبول، دار سحنون – تونس، 1987، ط. جديدة.

74 قراءة بالاعتماد على **الأصل**، ج 1 ص 362 و**الكافي**، ج 1 ص 23 ب.

75 في **الأصل**، ج 1 ص 363 و**الكافي**، ج 1 ص 23 ب: «وإنّما الصلاة ركعتان لصلاة التطوّع، إن شئتَ قصّرتَها، وإن شئت طوّلتها، ثمّ الدعاء، حتّى تنجلي الشمس».

76 **الأصل**، ج 1 ص 363.

77 «كلّ ركعة بركوع وسجدتين. وقال الشافعي، رضه: كلّ ركعة بركوعين وسجودين» (**المبسوط**، ج 2 ص 74).

78 هكذا، والأولى استعمال عبارة خسوف، وخسف القمرُ: ذهب ضوؤُه (**المنجد**، ص 178، مادّة خسف). وقد علّق على ذلك السرخسي، وذكر أنّ «أهل الأدب عابوا على محمّد» الشيباني استعمال الكسوف عوضا عن الخسوف (**المبسوط**، ج 2 ص 75–76). وفي **المدوّنة** (ج 1 ص 163–164)، يستعمل سحنون على السواء عبارة خسوف بالنسبة إلى القمر والشمس.

79 يبرّر السرخسي هذا الرأي بكسوف «القمر بالليل، فيشقّ على الناس الاجتماع» (**المبسوط**، ج 2 ص 76). ويرى مالك أيضا أنّ صلاة خسوف القمر لا تُصلّى جماعة، بخلاف صلاة كسوف الشمس (**المدوّنة**، ج 1 ص 164).

جماعة، [في] التطوّع، ما خلا قيام رمضان، وصلاة كسوف الشمس؟ قال: نعم، وليس ينبغي أن يصلِّي في صلاة كسوف
الشمس، جماعة، [إلّا][80] الإمام الذي يصلّي الجمعة.[81] قلت: أرأيت الصلاة في غير كسوف الشمس، في الظلمة
تكون، أو في الريح الشديدة ؟[82] قال: الصلاة حسنة في ذلك كلّه، وحدانا. [محمّد عن][83] أبي يوسف عن أبان بن أبي عيّاش،
عن الحسن البصري، عن رسول الله صلّى الله عليه وسلّم، [أنه قال]: إذا رأيتم من هذه [الأهوال][84] شيئا فافزعوا
إلى الصلاة.[85] قلت: فإن صلّوا في كسوف الشمس وحدانا؟ قال: إن صلّوا وحدانا أو في جماعة، كيف ما صلّوا، فحسن. قلت: فإن صلّوا جماعة، فهل يُجهر بالقراه؟[86] قال: لا، ولكنّهم يُخفون القراءة فيها،
وليست هذه كصلاة العيد. بلغنا عن النبي عليه السلام، أنّه صلّى فيها، ولم يبلغنا أنّه جهر فيها بالقراءة.[87] [وهو قول محمّد، قال:][88] بلغنا عن علي بن أبي طالب، أنه صلّى في كسوف الشمس، وجهر فيها بالقراءة.
وقال أبو يوسف: يُجهر فيها بالقراءة، ويصلّي الإمام الذي يصلّي الجمعة خاصّة. قلت:

---

80 **الأصل**، ج 1 ص 363. ويضيف صاحب **الكافي**، ج 1 ص 23 ب، عبارة «مع».

81 «فأمّا أن يصلّي الناس في مساجدهم، جماعة، فإنّي لا أحبّ ذلك، وليصلّوا وحدانا.“ (**الأصل**، ج 1 ص 363؛ **المبسوط**، ج 2 ص 75).

82 يضيف السرخسي صلاة الفزع (**المبسوط**، ج 2 ص 75).

83 إضافة من **الأصل**، ج 1 ص 363.

84 عبارة غامضة، وصّحناها بالاعتماد على **المبسوط**، ج 2 ص 74–75؛ بينما ورد في **الأصل**، ج 1 ص 364: «الأفزاع».

85 انظر في **معجم ونسنك**، أحاديثا أخرى مشابهة (ج 5 ص 140، ج 6 ص 15).

86 هكذا، والأولى: القراءة.

87 نفس الرأي لدى مالك، إذ قال: «لو جهر فيها النبي، صلّى الله عليه وسلّم، بشيء... لَعُرف ما قرأ» (**المدوّنة**، ج 1 ص 163).

88 إضافة من **الأصل**، ج 1 ص 364، وانظر **الكافي**، ج 1 ص 23 ب و**المبسوط**، ج 2 ص 76.

أرأيت النساء، أيرخّص لهم[89] في أن يحضرون[90] ذلك ؟ قال: لا يُرخّص للنساء في شيء من الخروج
إلّا العجوز الكبيرة،[91] فإنّي أرخّص لها في الخروج في العيد، وفي صلاة الفجر والعشاء،
وقال أبو يوسف: أمّا أنا فأرخّص لها في الخروج، في الصلوات كلّها، وفي صلاة الكسوف،
وفي الاستسقاء، إذا كانت عجوزا، فلا بأس بأن تخرج في ذلك كلّه، وأكره للنساء[92] ذلك، [وهو قول محمّد].

باب صلاة الاستسقاء[93]

قلت: فهل في صلاة الاستسقاء صلاة ؟ قال: لا صلاة في الاستسقاء، إنّما فيه الدعاء.[94] قلت: و لا
ترى أن يُجمع فيه للصلاة، ويجهر الإمام بالقراءة ؟ قال: لا أرى ذلك.[95] إنّما بلغنا عن النّبي عليه السّلام، أنّه خرج، فدعا. وبلغنا عن عمر بن الخطّاب، أنه صعد المنبر، فدعا، واستسقى
ولم يبلغنا في ذلك صلاة،[96] إلّا حديثا واحدا شاذّا[97] لا يؤخذ به.[98] قلت: فهل يُستحبّ

89 هكذا، والأولى: لهنّ.

90 هكذا، والأولى: يحضرن.

91 نفس الرأي لدى مالك مع استعمال عبارة «المُتجالّات من النساء» اللاتي من الممكن لهنّ الخروج لصلاة كسوف الشمس (**المدوّنة**، ج 1 ص 164). والمتجالّة، هي التي «لا أرب للرّجال فيها» (الشرنوبي، عبد المجيد، **تقريب المعاني على متن الرسالة لابن أبي زيد القيرواني**، دار الفكر - بيروت 1401/1981، ص 312).

92 في **الأصل**، ج 1 ص 365: «للشابّة».

93 هذا العنوان موجود في **الأصل**، ج 1 ص 365، **والكافي**، بخلاف **المبسوط**. ونجد في **المدوّنة** العنوان التالي: «في صلاة الاستسقاء» (ج 1 ص 165)، وهو يأتي، مثل مخطوطنا، بعد باب صلاة الخسوف.

94 عند مالك، تُقام في الاستسقاء صلاةٌ: يُصلّي الإمام بالناس ركعتين، ثمّ يخطب عليهم خطبتين، يفصل بينهما بجلسة (**المدوّنة**، ج 1 ص 166).

95 يذهب مالك إلى الجهر في القراءة في تلك الصلاة (**المدوّنة**، ج 1 ص 166).

96 هذه الكلمة غير موجودة في **الكافي** (ج 1 ص 23 ب)، بخلاف **الأصل**، ج 1 ص 366.

97 هكذا، والأولى حديث واحد شاذّ.

98 **الأصل**، ج 1 ص 366. وفي **الكافي**: «لأبي حديه"، وهو فيما يبدو خطأ.

إن قلب الإمام، أو أحدٌ من القوم، رداءه [في] ذلك ؟ قال: لا،[99] [وهذا قول أبي حنيفة]؛
وقال محمّد بن الحسن: [أرى أن يصلّي] الإمام في
صلاة الاستسقاء [نحوا من] صلاة العيد، [يبدأ بالصلاة قبل الخطبة، ولا يكبّر فيها، كما يكبّر في العيدين،][100] لأنّه بلغنا عن النبي، عليه السلام، أنّه صلّى في الاستسقاء.[101]
وبلغنا عن ابن عبّاس، أنّه أمر بذلك،[102] وقَلَب الإما[مُ] رداءَه. وقَلْبُه أن يجعل الجانب الأيسر على
الجانب الأيمن، والأيمن على الأيسر، وإنّما نتبع في هذا السنّة والآثار المعروفة.
[ليس يجب على] من [خلف الإمام][103]، [قلب] الرداء. قلتُ: أفتُحبّ أن يخرج أهلُ الذمّة مع أحد من أهل
الإسلام، في ذلك ؟ قال: لا أحبّ ذلك، ولا ينبغي لأهل الإسلام أن يتقرّبوا إلى الله بأحد من أهل

99 **الأصل**، ج 1 ص 366؛ **الكافي**، ج 1 ص 23 ب. وقال مالك إنّ الإمام يحوّل «رداءه، قائما، يجعل الذي على يمينه على شِماله، والذي على شِماله على يمينه...، ولا يقلبه، فيجعل الأسفل الأعلى، والأعلى الأسفل، ويحوّل الناس أرديتهم، كما يحوّل الإمام»، وهم جلوس (**المدوّنة**، ج 1 ص 166).

100 الإضافة من **الأصل**، ج 1 ص 366. وفي **الكافي** (ج 1 ص 23 ب): «يصلّي الإمام في الاستسقاء، نحوا من صلاة العيد، قبلَ الخطبة، ولا يكبّر فيها، كما يكبّر في العيد...». وفي **المبسوط**، ج 2 ص 76: «قال محمّد، رحه، يُصلّى فيها ركعتين بجماعة، كصلاة العيد، إلّا أنّه ليس فيها تكبيرات كتكبيرات العيد».

101 ونسنك، **معجم الأحاديث**، ج 2 ص 485.

102 يضيف السرخسي (**المبسوط**، ج 2 ص 76): «حديث ابن عبّاس رضي الله عنهما أنّ النبيّ، صلّى الله عليه وسلّم، صلّى بالجماعة في الاستسقاء ركعتين».

103 إضافة من **الأصل**، ج 1 ص 367 **والكافي** (ج 1 ص 23 ب). وهذا بخلاف قول مالك الذي يجيز للنّاس قلب أرديتهم (**المبسوط**، ج 2 ص 77).

الكفر.[104] بلغنا عن عمر بن الخطّاب، أنّه نهى أن يحضر أحد من أهل الكفر عند المسلمين، لأنّ النبيء
نهى عنه.[105] فكيف أُحضرهم دعاء المسلمين. قلتُ: أرأيتَ الإمام إذا خطب في [الاستسقاء]، أفتُحبّ على القوم أن يستمعوا وينصتوا ؟ قال: أحبّهم أن يستمعوا، وينصتوا،[106] [وليس بواجب]،[107]
مثل الجمعة والعيدين. قلتُ: فهل يُخرج المنبرُ في العيدين، وفي الاستسقاء ؟ قال: لا.[108] قلتُ: فهل [في ذلك أذان وإقامة؟][109]
قال: لا.[110] قلتُ: فهل تخرج النساءُ في ذلك ؟ قال: لا.[111]

104 في **الأصل**، ج 1 ص 367: «أهل الذمّة». وهذا بخلاف قول مالك (**المدوّنة**، ج 1 ص 166؛ **المبسوط**، ج 2 ص 77).

105 في **الأصل**، ج 1 ص 367: «لأنّ السخطة تنزل عليهم».

106 في **الكافي** (ج 1 ص 23 ب): «ويُنصت القوم لخطبة الاستسقاء».

107 **الأصل**، ج 1 ص 367.

108 نفس الرأي لدى مالك، ويتوكّأ الإمام على عصا (**المدوّنة**، ج 1 ص 166)

109 **الأصل**، ج 1 ص 368. وفي **الكافي**، ج 1 ص 23 ب: «وليس فيه أذان وإقامة»؛ وانظر **المبسوط**، ج 1 ص 78.

110 ويذكر السرخسي أنّ الاستسقاء، عند محمّد، فيه صلاة بالجماعة، بخلاف أبي حنيفة (**المبسوط**، ج 2 ص 78). ويرى مالك فيه صلاة جماعة (**المدوّنة**، ج 1 ص 166).

111 لا يمنع ابن القاسم النساء والصبيان من الخروج إلى تلك الصلاة، ويستثني الحيض (**المدوّنة**، ج 1 ص 166).

[باب الصلاة بمكّة وفي الكعبة][112]

...لنع هل يبدأ الصلاة بمكّة في الكعبة

...وصفّ ...

...الكعبة...

...المسلمين...[113]

---

112 هنا يبدأ «باب الصلاة في الكعبة»، في **الكافي** (ج 1 ص 23 ب)، بينما في **الأصل** (ج 1 ص 368) و**المبسوط** (ج 2 ص 78) نجد: «باب الصلاة بمكّة في الكعبة"، وهو آخر باب في **الأصل**. أمّا في **المدوّنة**، فلا يصادفنا نفس الترتيب، إذ لا يأتي باب «الصلاة بعرفة»، إلّا بعد بابين، وهما: «في صلاة العيدين»، و«في التكبير أيّام التشريق». وفي باب «الصلاة بعرفة»، نلاحظ اهتماما بالصلاة بعرفة دون الصلاة بمكة (**المدوّنة**، ج 1 ص 172–174).

113 لتغطية هذا النقص، نسوق الفقرة المقابلة الواردة في ذلك الباب في **الأصل**، ج 1 ص 368: «قلتُ أرأيتَ الإمام إذا صلّى بمكّة، وصُفّ الناس حول الكعبة، فقامت امرأة بحذاء الإمام؟ قال: إن كانت تأتمّ من الكعبة بالجانب الذي يأتمّ به الإمام، ونوى الإمام الذي تأتمّ به أن يؤمّها، ويؤمّ الناس، فصلاة الإمام وصلاة الناس كلّهم فاسدة. قلتُ: فإن كانت تأتمّ بالجانب الآخر، وكانت إلى الكعبة أقرب من الإمام؟ قال: صلاتُها، وصلاة القوم، وصلاة الإمام كلّهم تامّة. قلتُ: فإن قامت بحذاء الإمام من الجانب الآخر، وصُفّ معها النساء، مقابل صفّ الإمام؟ قال: صلاة الإمام وصلاة الناس كلّهم تامّة، إلّا من كان مع النساء في ذلك الجانب. قلت: فمن كان بحذائهنّ، أو خلفهنّ؟ قال: صلاته فاسدة.»

ويقابل هذه الفقرة في **الكافي** (ج 1 ص 23 ب – ص 24 أ) ما يلي: «قلتُ: أرأيتَ إذا صلّى الإمام بمكّة، وصَفُّ النّاس حول الكعبة، فقامت امرأة بحذاء الإمام. فإن كانت تأتمّ من الكعبة، بالجانب الّذي يأتمّ به الإمام، ونوى الإمامُ إمامتها، فصلاة الإمام والنّاس فاسدة. وإن كانت تأتمّ بالجانب الآخر، وهي أقرب إلى الكعبة من الإمام، فصلاتهم، وصلاتها جائزة. وإن كانت قامت بحذاء الإمام، من الجانب الآخر، فصلاتُهم كلّهم تامّة، إلّا من كان إلى جنبها، أو بحذائها [أو] خلفها...» وانظر أيضا **المبسوط**، ج 2 ص 78.

كتاب العتق والتّدبير[1]

عن أبي يوسف
عن أبي حنيفة.
لمحمّد بن أحمد بن تميم التميمي،[2] نفعه الله به.

سمعت هذا الكتاب من أحمد بن ا...
وقابلتُه بكتاب أسد بن الفرات.

1 في **الأصل**، ج 5 ص 64 و**الكافي**، ج 1 ص 110 ب، و**المبسوط**، ج 7 ص 60، نجد كعنوان: كتاب العتاق.

2 كلّ هذا الاسم مفسوخ، اهتدينا إليه بالاعتماد على قراءة محمّد البهلي النيّال (**المكتبة الأثرية**، ص 30). وهذا يعني أنّ مالكَ هذا الكتاب هو محمّد بن أحمد بن تميم التميمي (ت 944/333) الذي كان ينسخ كتبه بنفسه. ومحمّد هذا هو أبو العرب، صاحب كتاب **طبقات علماء إفريقية وتونس**.

 | DOI:10.1163/9789004546646_007

بسم الله الرحمن الرحيم

1 أ حدّثنا أسد بن الفرات، عن[3] محمّد بن الحسن، عن أبي يوسف، عن إسماعيل بن مسلم[4] المكّي، عن الحسن
بن أبي الحسن البصري، عن أبي الدرداء، عن رسول الله صلّى الله عليه وسلّم، أنه قال: من لعب بطلاق، أو عتاق، فهو جائز عليه.[5] ونزلت هذه الآية في ذلك: ولا تتّخذوا آيات الله هُزُوًا.[6] }أشعث
بن سوار، عن الحسن بن أبي الحسن البصري، عن رسول الله صلّى الله عليه وسلّم، أنّه مرّ بعبد فساوم
به، ولم يشتره، فجاء رجل، فاشتراه، فأعتقه، ثمّ أتى رسولَ الله، صلّى الله عليه وسلّم، فقال: إنّي اشتريتُ هذا، فأعتقتُه. فقال رسول الله عليه السلام: هو أخوك، ومولاك، فإن شكرك، فهو خير له، وشرّ لك، وإن كفرك، فهو خير[7] لك، وشرّ[8] له، وإن مات، ولم يترك وارثا، كُنتَ أنت عصبته.[9]

---

3 يبدأ الحاكم الشهيد بما يلي: «ذكر محمّد بن الحسن عن ...». أمّا السرخسي، فقد بدأ بشرح عبارة الإعتاق، ثمّ ساق أحاديثا تحرّض على العتق، ثمّ قال «ثمّ بدأ الكتاب بحديث أبي الدرداء...». وبهذا الحديث تتّفق النصوص الثلاثة. والسرخسي لا يذكر هنا سند الحديث كاملا. أمّا في **الأصل**، ج 5 ص 64، فهذا السند يبدأ بأبي سليمان: «أبو سليمان عن محمّد». وأبو سليمان هو موسى بن سليمان الجوزجاني (ت. بعد 815/200)، تلميذ محمّد بن الحسن الشيباني، وقد روى أكثر من نصف كتاب **الأصل** عن الشيباني (مقدّمة تحقيق **الأصل**، ص 81، 93).

في **المدوّنة**، ج 7 ص 150–229، يبدأ كتاب العِتق بسؤال من سحنون لابن القاسم حول الفرْق بين التدبير والعتق بيمين. مع التذكير بأنّ ذلك الكتاب مقسّم إلى اثنين: كتاب العتق الأوّل (ج 7 ص 150–197)، وكتاب العتق الثاني (ج 7 ص 198–229).

4 ابن يوسف، في **الكافي**، عوضا عن ابن مسلم.

5 في نقله لهذا الحديث، أضاف محمّد البهلي النيّال في آخره عبارة «وحده»، (**المكتبة الأثرية**، ص 30)، وهي إضافة في غير محلّها. من جهة أخرى لم يرد هذا الحديث في الصحاح.

6 الآية 231، سورة البقرة 2. نصّ هذه الآية غير واضح في مخطوطنا.

7 شرّ، في **المبسوط**، ج 7 ص 61.

8 خير، في **المبسوط**، ج 7 ص 61. وفي **الأصل** (ج 5 ص 65): «فهو شرّ له، وخير لك.»

9 لم يرد هذا الحديث في الصحاح.

الحجّاج بن أرطأة، عن سليمان بن سحيم، عن سعيد بن المسيّب،}[10] عن[11] عمر بن الخطّاب، قال: من تكلّم بطلاق،
أو عتاق، أو نكاح،[12] فهو جائز عليه.[13] }وإذا أعتق الرجل عبدا، فأراد أن يكتب
له كتابا بالعتاق، كَتَبَ: هذا كتاب، من فلان بن فلان، لمملوكه فلان الفلاني، إنّي أعتقتك،
لوجه الله، وطلب ثوابه، وأنا يومئذ صحيح، لا علّة بي من مرض، ولا غيره، فأنت حرّ لوجه الله،
لا سبيل لي، ولا لأحد، عليك، ولي ولاؤك وولاء عقبك، من بعدك، شهد {.[14]
وإذا قال الرجل، لعبده، أنت حُرّ لوجه الله، أو قال: أنت عتيق، [وكذلك] الإماء،[15] أو قال: قد أعتقتك لوجه الله،
أو قد حرّرتُك لوجه الله، أو أنت عتيق لوجه الله، أو أنت حرٌّ، فإنّه في هذا كلّه، حرّ في القضاء، [لا يدين،
المولى]، وكذلك الأمَة، في هذا كلّه. وأمّا فيما بينه، وبين الله، فإن كان يريد الكذب،
[والخبر بالباطل، فإنّه يسعه] إمساكه. وإذا قال الرجل لعبده، أو لأمَته: هذا حرّ، لأمّه،
أو هذا حرّ، لأبيه، فإنّه حرّ في القضاء. وأمّا فيما بينه وبين الله، [يسعه] إمساكه، إن كان يريد بذلك
[الولاية]، في الدين أو في الكذب. وكذلك لو [قال لعبده]: يا عتيق، أو يا حرّ،[16] أو يا مولاي، فإنّ هذه
الأقوال سواء. فإذا قال الرجل لعبده: لا سبيل لي عليك، ولا ملك لي عليك،[17] أو قال: قد خرجتَ

---

10 ما بين الحاصرتين غير موجود في **الكافي والمبسوط**. على أنّ السرخسي سيذكر ذلك لاحقا في ص 61. أمّا **الأصل** (ج 5 ص 64)، فهو أكثر اتّفاقا مع مخطوطنا.

11 قبل هذا الحرف، وضع الحاكم الشهيد «وذُكر»، بينما استعمل السرخسي مباشرة عبارة «قال».

12 هذه العبارة غائبة في **الكافي**.

13 في رواية أخرى: «ثلاثٌ، اللاعب فيهنّ والجادّ سواء: الطلاق والصدقة والعتاق (محمّد رواس قلعجي، **موسوعة فقه عمر بن الخطّاب**، مكتبة الفلاح – الكويت 1401/1981، ص 344).

14 ما بين الحاصرتين غير مذكور في **الكافي**، بخلاف **الأصل**، ج 5 ص 65.

15 لعلّها لأمته، كما ورد في **الكافي**، ص. 110 ب. وهي غائبة في **الأصل**، ج 5 ص 65.

16 في **المدوّنة** (ج 7 ص 171)، إذا قال الرّجل لعبده: «يا حرّ، إنّما أنتَ حرٌّ على وجه أنّك لا تُطيعني»، قال مالك: «ليس هذا بشيء».

17 قال ابن القاسم: «إن جرّ هذا الكلام كلامٌ كان قبله، يُبيّن أنّه لا يريد الحرّية»، فالقول قول السيّد. «وإن كان الكلام ابتداء من السيّد، يُعتق العبدُ، ولم أسمعه من مالك» (**المدوّنة**، ج 7 ص 171).

[من] مِلْكي، فإنّ هذا يدين في القضاء. فإن كان نوى العتق، فهو حرّ، وإن كان لم ينوي[18] العتق، فهو رقيق.[19]

وإذا قال الرجلُ لعبده: قد بِنْتَ منّي، أو كانت له أمة، فقال لها: قد بِنْتِ منّي، أو قد حرمتِ عليّ، أو أنتِ

(....)[20] أَو أنتِ خلية أو برية،[21] أو بائن، أو بتّة، أو قال: اخرجي، أو اغربي، أو استتري، أو تقنّعي، أو قال: اذهبي، أو قال: قومي

(عنّي)، أو اختاري، فاختارت نفسها، وهو يريد العتقَ، بقوله ذلك. فإنّ هذا كلّه باطل، لا يقع به العتقُ.[22]

فإن قال الرجل لعبده: لا سلطان لي عليك، وهو ينوي العتق، لم يُعتقْ.[23] وإذا قال الرجل لأمته: فرجُك حرّ، أو قال لعبده: رأسُك حرّ، أو بدنك أو جسدك حرّ، أو نفسك حرّ،[24] فإنّ هذا كلّه،

[يقع به العتق عليه، ولا يدين] في القضاء. فإن كان يُريد بذلك الكذب، فإنّه يدين فيما بينه وبين[25]

[الله تعالى]. وإن قال الرجل لعبده: أنت حرّ اليوم من هذا العمل، فإنّه يُعتق في القضاء، فأمّا فيما بينه وبين الله، فإن كان لا يريد

---

18 هكذا، والأَوْلى: ينوِ

19 **الأصل**، ج 5 ص 66؛ **الكافي**، ص 110 ب.

20 كلمة غامضة وغائبة في **الأصل**، ج 1 ص 66.

21 **الأصل**، ج 5 ص 66؛ **الكافي**، ص 110 ب.

22 يعقّب السرخسي، في **المبسوط**، ج 7 ص 63، بالقول «فهو كلّه على الخلاف»، ثمّ يذكر رأي الشافعي الذي يقول بالعتق عند استعمال تلك الصيغ، بخلاف الأحناف. ويتّفق المالكية والشافعية في هذا الرأي (**المدوّنة**، ج 7 ص 169).

23 السرخسي، **المبسوط**، ج 7 ص 65.

24 هكذا، والأَوْلى حرّة.

25 في **الكافي**، ص 110 ب، «لم يُصدّق في القضاء»؛ **المبسوط**، ج 7 ص 69.

العتق،[26] فإنّه عبد.[27] فإذا قال الرجل لعبده: يدك حرّ[ة]، أو
[رجلك حرّ]، أو [إصبع من أصابعك]، حرّ، أو سنًّا من أسنانك حرّ[ة]، أو عضو من أعضائك، أو ما أشبه
[هذا] (حرّ)، [فإنّ هذا كلّه] لا يقع به العتق، ولو وقع العتق عليه [بهذا، لكان إذا قال: دمك[28]
حرّ أو [ما] أشبه ذلك ممّا في جسده من البلعم[29] والمرّة، وأشباه ذلك، عتق، فهذا باطل، لا 1 ب
يقع به العتق. وإذا قال الرجل لعبده: يا بُنيّ، أو لأمته: يا بُنيّة، فهو سواء، لا يُعتق بشيء
من ذلك،[30] لأنّ هذا دعاء ولطف منه، وهذا كلام النّاس. وإذا قال الرجل لعبده:
هذا ابني، ومثله يولد لمثله،[31] وليس له نسب معروف؛ أو كانت أمة كذلك، فقال: هذه
ابنتي، فإنّ هذا يُعتق، وتُعتق الأمة، ويثبت نسبهما منه. وإن كان [مثلهما] لا يولد لمثله، [أو] هما
أكبر منه، فإنّهما يُعتقان، ولا يثبت نسبهما منه، في قول أبي حنيفة؛ وأمّا في قول أبي
يوسف [ومحمّد]، فلا يُعتق، ولا يثبت نسبه منه. وقال أبو يوسف [ومحمّد]: أرأيت لو قال لصبيّ صغير:
هذا جدّي، أو هذا أبي؛ أو قال لصبيّة صغيرة: هذه أمّي، أكنتُ أعتقهم، إذا قال شيئا من هذا
يُعرف أنّه فيه كاذب، فإنّه لا يقع به العتقُ، ولا يثبت به النسبُ.
وإذا قال الرجل لعبد في يديه: هذا أبي، أو قال لأمة، في يديه، هذه أمّي، ومثلهما

26 في **المبسوط**، ج 7 ص 69: «وأمّا فيما بينه وبين الله تعالى، فإن كان لا يريد العتق، فهو عبدُه». في **المدوّنة** (ج 7 ص 170)، «إذا قال سيّده: إنّما أردتُ بهذا القول قد أعتقتُه من هذا العمل، ولم أرد الحرّية، فالقول قوله، ولا يكون حرّا، ويحلف على ذلك»، هذا الرأي هو لابن القاسم. أمّا في ص 169، فقد ورد أنّ مالكا قال: «من قال لعبده أنتَ حرّ اليوم، إنّه حرّ بذلك أبدا».

27 وردت هذه المسألة في **الكافي** (ص 111 أ) بأكثر وضوح: «وإن قال: أنت حرّ اليوم من هذا العمل، عُتق. وإن قال: لم أرد به العتق دِين فيما بينه وبين الله، ولم يدين في القضاء». على هذا المستوى يبدأ في **الكافي** (ص. 111 أ) الباب الموالي وهو: «باب عتق ذوي الأرحام». بينما في مخطوطنا نجد مسائلا كثيرة كان ذكرها الحاكم الشهيد أعلاه، أي في ص 110 ب. فالاختلاف بين المخطوطين يهمّ أساسا التقديم والتأخير. والتقديم والتّأخير، نلاحظهما أيضا في **المبسوط**، بما أنّ السرخسي يشرح **الكافي**، وبالتالي يتبع تخطيط **الكافي**. وبالمقابل، نلاحظ اتّفاقا بين مخطوطنا و**الأصل**.

28 جلّ الجهة اليمنى من أسفل الورقة غامض.

29 في **الأصل**، ج 5 ص 66: «البلغم»، وهو بعيد عن الصواب.

30 وردت هذه المسألة في **الكافي**، لكن أعلاه.

31 السرخسي، **المبسوط**، 7 ص 66–67.

تلد مثله، فإنّهما يُعتقان. فإن لم تكن له أمّ معروفة، ولا أب معروف، وصدّقه[32] الأحرارُ، فإنّ نسبهما يثبت منه. وإذا قال الرجل لعبده: هذا أخي، أو لأمته: هذه أختي، فإنّه لا يُعتق واحد منهما،[33] لأنّهما أخواه في دينه. وكذلك لو دعاه فقال: يا أخي، أو قال: يا أختي.[34]

باب عتق ذوي الأرحام

أبو يوسف، عن عطاء بن عجلان، عن عبد الله بن أبي مليكة،[35] عن عائشة عن رسول الله، صلّى الله عليه
وسلّم، أنّه قال: من ملك ذا رحم محرّم منه، فهو حرٌّ.[36] محمّد بن سالم، عن عامر الشعبي،[37]
عن عمر بن الخطّاب، أنّه قال: من ملك ذا رحم من قبل قرابة، فهو حرٌّ. أبو حنيفة، ومسعر بن كِدام،
عن سَلَمَة بن كهيل، عن المستورد بن الأحنف، قال: أتى رجلٌ عبدَ الله بن مسعود،
فقال له: إنّ عمّي زوّجني أمته، وإنّها ولدت منّي، وهو يريد بيع ولدي؛ فقال له عبد الله بن مسعود:
ليس له ذلك. أبو حنيفة، عن حمّاد، عن إبراهيم، أنّه قال: من اشترى ذا رحم محرّم
منه، فهو حرٌّ. وإذا ملك الرجل أخاه لأبيه وأمّه، أو لأمّه، أو لأبيه، أو ولده، أو ولد ولد[ه]،
أو أباه، أو أمّه، أو جدّه، أو جدّته، من قبل النساء أو الرجال، أو عمّا، أو خالا، أو عمّة، أو خالة،

---

32 «وصدقَا في ذلك» (الكافي، ص 110 ب)؛ انظر أيضا السرخسي، المبسوط، ج 7 ص 66.

33 يذكر السّرخسي أنّهما يُعتقان في قول أبي حنيفة (المبسوط، ج 7 ص 68). وفي قول ابن القاسم: لا يُعتقان (المدوّنة، ج 7 ص 171).

34 في الأصل، ج 5 ص 67: «يا أخيه».

35 حُذف كلّ هذا السند من الكافي (ج 1 ص 111 أ)، وتمّ الاقتصار على ما يلي: «ذَكَرَ [محمّد بن الحسن] حديث عائشة عن رسول الله صلّى الله عليه وسلّم...». انظر أيضا المبسوط، ج 7 ص 69. وفي الأصل، ج 5 ص 67، بدأ السند كما يلي: «محمّد عن أبي يوسف».

36 أبو داود، عتاق، 7؛ الترمذي، أحكام، 28؛ ابن ماجه، عتق، 5؛ أحمد بن حنبل، 5، 15، 18؛ ونسنك، المعجم المفهرس، ج 6 ص 254.

37 حُذف هذا السند في الكافي والمبسوط. مثلا ورد في الكافي «وكذلك عن عمر وابن مسعود» (ص. 111 أ). قارن بالأصل، ج 5 ص 68.

أو ابن أخت، أو بنت أخت، أو ابنة أخ، أو ابن أخ، أو بنت ابن، فهو حرٌّ، يُعتق، حين يقع في ملكه.[38]
(وإن كان الحرُّ مَلَكَه صغيرا، أو كبيرا، أو المملوك كبيرا، فإنّ المملوك
يُعتَقُ، حين يقع في ملكه).[39] وإذا مَلَكَ الرّجلُ أحد[40] من هؤلاء، شراء أو ميراثا،
أو وصية، أو هبة، أو صدقة، فهو سواء، وهو حرٌّ، حين وقع في ملكه.[41] وكذلك
إذا مَلَك منه شِقْصا، عُتق شِقصُه الذي يَملك منه. وإن كان مِلْكُه هو، [وشركاء]
له، جميعا، في بعض ما ذكرنا من الوجوه، عُتق نصيبُه، وقُوّم قيمة عدل، سعى [المملوك][42]
لشركائه، فيما بقي، مُوسرا، أو مُعْسرا، في الشراء، والميراث، والصدقة، والهبة،
2 أ والوصية، في كلّ وجه من وجوه الملك ما خلا خصلة واحدة، أن يكون العبدُ بين اثنين،
فيشتري نصيب أحدهما، دون الآخر، فقد أفسد الآن على الذي لم يبع. فكذلك
الوصيّة، في هذا، والصدقة، والهبة، والذي لم يبعه بالخيار، إن شاء أعتق العبد،
وإن شاء استسعاه في نصف قيمته، وإن شاء ضمّن الذي أدخل عليه ما أدخل،
إذا كان مُوسرا، [وهذا قول أبي حنيفة]. وأمّا إذا ورث بعضه ميراثا، فإنّه لا ضمان عليه، من قِبل أنّ الميراث
لزمه، إن شاء، وإن أبى. وأمّا الشراء، والهبة، والصدقة، والوصيّة، فإنّه لا يلزمه، إلّا بقبول
منه، فلذلك وقع عليه الضمانُ، في نصف الآخر، الذي لم يبع، ولم يهب،
ولم يتصدّق. وأمّا إذا اشتراه هو وآخر كلّه، أو وُهب له، ولآخر كلّه، أو تصدّق
به عليهما كلّه، فلا ضمان عليه لشريكه، من قبل، أنّ شراء شريكه معه، وقبوله الصدقة،
والهبة معه، رضا منه بالملك، الذي يكون به العتقُ، فلا يكون له أن يضمنه، وقد رضي
بذلك. وكذلك لو كان عند الرجل، فوهب نصفه، أو باع نصفه من أخي
العبد، عُتق، وسعى العبد للبائع في نصف قيمته، فليس له أن يضمن الأخ شيئا. ألا ترى لو أنّ
عبدا بين اثنين، أذن أحدهما لصاحبه أن يُعتقه، لم يكن له أن يضمنه، فكذلك

38 يذكر السرخسي (**المبسوط**، ج 7 ص 70) أنّ الشافعي لا يُعتِق إلّا الوالدين والمولودين لأنّه ليس بينهما بعضية، فلا يعتق أحدهما على صاحبه كبني الأعمام، بخلاف الآباء والأولاد...». وفي **المدوّنة** (ج 7 ص 198–199)، قال مالك: «يُعتق أهلُ الفرائض في كتاب الله»، بخلاف من سواهم.

39 ما بين قوسين غائب في **الأصل**، ج 5 ص 68.

40 هكذا، والأوْلى أحدا.

41 السرخسي، **المبسوط**، ج 7 ص 72.

42 الإضافة من **الكافي**، ص 111 أ. في **الأصل**، ج 5 ص 69: «العبد».

هذا.[43] وإذا ملك الرجل ذا رحم من رضاع، فإنّه لا يُعتقُ؛ وكذلك لو ملك ذا رحمٍ غير محرّم، لم يُعتق. ولو ملك الرجلُ ابن عمّه، أو ابن خاله، لم يُعتق واحد منهما، لأنّه ليس بذي رحم محرّم. ولو ملك الرجلُ عمّ أمّه، أو خالتها، أو عمّتها، أو خال أمّه، أو خالتها، أو عمّ أبيه، أو عمّته، أو خال أبيه، أو خالته، أو عمّ جدّه، أو عمّ جدّته، أو أمّ أمّه، عَتق من يملك من هؤلاء. وكلّ من لا يحلّ له نكاحُهم من ذي الرحم، فهو حرّ، يُعتق، إذا ملكه، (وعمّ جدّه مثلِ عمّه في هذا).[44] ولو ملك ابنَه، أو أباه، عُتق. ولو قال رجل لأمة: إذا ملكتُكِ، فأنتِ حُرّة، بعد موتي، ثمّ وطئها بنكاح، ثمّ فارقها، ثمّ اشتراها ابنُه، بعد، لم تُعتق، ولم يحلّ لابنه أن يطأها. (وكذلك لو اشتراها أبوه، فإنّها لا تُعتق، فأرى أنّه لا يحلّ لهم نكاحها). ولو اشترى رجلٌ أمة، قد تزوّجها أبوه، وعَلِقت منه،[45] كان الشراء جائزا، وكان ما في بطنها حرٌّ، لأنّه أخوه، ولا تُعتق الأمة، ولا يستطيع بيعها، ما دامت حاملا.[46] فإذا وضعت، باعها إن شاء الابن. ألا ترى لو أنّ رجلا أعتق ما في بطن أمته، لم يكن له أن يبيعها، حتّى تلد، أو لا ترى

أنّه لو لم يُعتقه، ولكن باع الأمة، واستثنى ما في بطنها، كان البيع فاسدا.[47]
فإذا كان ما في بطنها حرّا، فهو أفسد للبيع.[48] وإذا ملك الرّجل خال ابنه، أو خال ابنته، لم يُعتَق واحدٌ منهما، لأنّه ليس بمحرم من الأب، إنّما هو محرم من الابن. وكذلك لو ملك أمّ امرأته، أو بنت امرأته، لم يُعتَق واحدٌ منهما.[49]

---

43 إضافة من **الأصل**، ج 5 ص 69: «وهذا كلّه على قياس قول أبي حنيفة. وفي قول أبي يوسف ومحمّد: إذا اشترى الرجلان عبدا، أحدهُما أخ للعبد، فإنّ العبد يُعتق. فإن كان الأخ موسرا، ضُمّن، وإن كان معسرا، سعى العبد في نصف قيمته لشريكه، وكذلك الصدقة والهبة، وكلّ شيء ما خلا الميراث في قولهما».

44 يقابل هذه الجملة في **الأصل**، ج 5 ص 70: «وعمّة جدّه مثل عمّته في هذا».

45 أي حبلت منه. واللفظ مشتقّ من العَلَقة، وهي المرحلة الأولى من تكوين الجنين، قبل أن يُصبح مضغة.

46 **الأصل**، ج 5 ص 70؛ **الكافي**، ج 1 ص 111 أ؛ **المبسوط**، ج 7 ص 74.

47 قال ابن القاسم: «لا يبيعها إلّا أن يرهقه دينْ، ويَبطُل العتقُ في ولدها»، وقاله مالك (**المدوّنة**، ج 7 ص 205–206). ستقع العودة إلى هذه المسألة أسفله.

48 **المبسوط**، ج 7 ص 74.

49 هنا يأتي عنوان في **الكافي**، وهو: «باب جامع لوجوه من العتاق» (ص 111 أ)، بينما العنوان في **المبسوط**، فهو: «باب لوجوه من العتق».

2 ب وكذلك المرأة تملك ابن زوجها، أو أباه، أو أمّه، أو عمّه، أو خاله، أو جدّه، فإنّه لا يُعتق واحدٌ من هؤلاء.[50] ولو كان لها منه ولد، وكذلك لو ملكت امرأة زوجَها،
لم يُعتق. وإن ملك الرجلُ امرأته، لم تُعتق،[51] إلّا أن تكون قد ولدت منه، فتكون أمّ ولد له، لأنّ النّكاح
يفسد. وإن ملك الرّجل امرأته، لم تُعتق، إلّا أن تكون قد ولدت منه، فهي أمّ ولده.[52]
وإذا ملك الرجلُ أمة حاملا، فادّعى ما في بطنها، ألزمتهُ أباه، وعُتق ما في البطن. ومِلْكُ الرجلِ الكبيرِ، والمرأةِ، والصّبي، لذي الرّحم المحرّم، سواء، يُعتق، إذا وقع في ملكه.
ولا يُعتق المحرّم من الرّضاعة، أبًا كان، أو أمّه، أو أخاه، أو أخته.[53]

باب العتق عند الموت وعليه دين، والعتق والوصية وعتق المسلم النصراني وعتق ولد الزنى

يعقوب عن الحجّاج بن أرطأة، عن [رجل]، عن أبي قلابة،[54] أنّ رجلا أعتق عبدا له، عند الموت،
ولا مال له غيره، فأجاز رسول الله، صلّى الله عليه وسلّم، ثُلثَه، واستسعاه في ثلثي قيمته.[55]
إسماعيل بن مسلم، عن الحسن بن أبي الحسن البصري، أنّ رجلا أعتق ستّة أعبد له، عند موته، فأقرع النبي، عليه السلام، بينهم، فأعتق اثنين، وردّ أربعة في الرقّ.[56] والمعنى عندنا، أنّه كان عند الموت. إسماعيل بن أبي خالد، عن عامر الشعبي، أنه قال في

---

50 هذا السطر مكرّر.

51 **المبسوط**، ج 7 ص 74.

52 مسألة مكرّرة، وهو ما لم نلاحظه في **الأصل**، ج 5 ص 71.

53 يبرّر السرخسي ذلك بما يلي: «لأنّه لا قرابة بينهما، والعتق صلة تُستحقّ بالقرابة، والرضاع إنّما جُعل كالنسب في الحرمة خاصّة» (**المبسوط**، ج 7 ص 74).

54 ورد سند هذا الحديث في **الكافي** (ج 1 ص 111 أ) كما يلي: ذكر محمّد بن الحسن حديث أبي قلابة أنّ رجلا...». وفي **الأصل**، ج 5 ص 71: «محمّد عن أبي يوسف عن الحجّاج».

55 ويستنتج السرخسي ما يلي: «وفي هذا دليل أنّ العتق في المرض يكون وصية». وفي هذه الحالة، لا يرى الشافعي السعاية على العبد (**المبسوط**، ج 7 ص 75).

56 وبهذا الحديث يُفتي مالك (**المدوّنة**، ج 7 ص 174). انظر ردّ السرخسي على الشافعي الذي اعتمد هذا الحديث لدحض رأي الحنفية في هذه المسألة (**المبسوط**، ج 7 ص 75).

رجل أعتق عبدا له، عند الموت، ولا مال له غيره. قال عامر: فقال مسروق: هو حرّ كلّه، [شيء صلة]
لله، لا أردّه. قال: وقال شريح: يُعتق ثلثه، ويسعى في الثلثين، فقلتُ لعامر: أيّ القولين أحبّ
إليك ؟ قال: فتيا مسروق، وقضاء شريح.[57] الحجّاج بن أرطأة، عن قتادة، عن الحسن
بن أبي الحسن، عن علي بن أبي طالب، أنّه قال في رجل أعتق عبده، عند الموت،
وعليه ديْن، قال: يسعى العبد في قيمته. الحجّاج بن أرطأة، عن العلاء بن بدر، عن
أبي يحيى[58] الأعرج، أنّ رجلا أعتق عبدا له، عند الموت، وعليه ديْن، فقال رسول الله، عليه
السلام: يسعى العبد في الديْن. عبد الرحمن بن عبد الله المسعودي، عن القاسم
بن عبد الرحمن، عن عبد الله بن مسعود، أنّ رجلا أعتق أمة له، عند الموت،
وثمنُها ديْن عليه، فقال عبد الله: تسعى في قيمتها.[59] محمّد، عن أبي حنيفة،
عن حمّاد، عن إبراهيم، أنه قال: إذا كان عتقٌ ووصيةٌ، بُدئ بالعتق. الأشعث
بن سوّار، عن نافع، عن ابن عمر، أنه قال: إذا كان وصية وعتق، بدئ بالعتق.
الأشعث بن سوّار، عن الحكم، أنّ شريحا رفع إليه وصية، فيها عتق [بتّات]، ووصية، وأشياء
غير ذلك، ولم يكن في المال وفاء، قال: فبدأ شريح بالعتق، وجعل النقصان على
3 أ أهل الوصية. الحجّاج بن أرطأة، عن أبي بلال[60] الطائي، عن عمر بن الخطّاب أنّه أعتق
عبدا له [نصرانيا][61] يُدعى بجيس،[62] وقال: لو كنتَ على ديننا لاستعنّا بك على بعض أعمالنا.[63]
يحيى بن سعيد، عن إسماعيل بن أبي حكيم، عن عمر بن عبد العزيز، أنّه أعتق عبدا له نصرانيا،

---

57 يعلّق السرخسي: «وفي هذا إشارة أنّ العتق يتجزّأ في الحكم، كما هو مذهب أبي حنيفة» (**المبسوط**، ج 7 ص 77).

58 **الأصل**، ج 5 ص 72؛ **المبسوط**، ج 7 ص 77؛ وفي **الكافي**، ج 1 ص 111 أ: أبي الحسن.

59 في **الأصل**، ج 5 ص 72: «ثمنها». وعند مالك، لا يجوز العتق إن لم يكن «عنده كفافُ دينه، سوى عبده» (**المدوّنة**، ج 7 ص 178)، كما يجوز للغرماء ردّ عتقه، حتّى يبيعه السلطان لتسديد الديْن من قيمته (**المدوّنة**، ج 7، ص 180–182).

60 اسم غامض وضّحناه بالاعتماد على **الأصل**، ج 5 ص 73.

61 إضافة هذه الكلمة من **الأصل**، ج 5 ص 73 و**المبسوط**، ج 7 ص 77.

62 في **الأصل**، ج 5 ص 73: «يحنس»؛ وفي **موسوعة فقه عمر بن الخطّاب**، لمحمّد رواس قلعجي، ص 345: «وسق».

63 يُعلّل السرخسي (**المبسوط**، ج 7 ص 77) ذلك قائلا: «وفيه دليل على أنّ إعتاق النصراني قربة».

فمات العبدُ، قال: فأمرني أن أجعل ماله، في بيت مال المسلمين.[64] يحيى بن سعيد عن نافع عن ابن
عُمر، أنّ أمة له فَجرت، فولدت من الزنى، فأعتقها ابن عمر، وأعتق ولدها.[65] ورُوي عن عمرو
بن دينار، أنّ عمر بن الخطّاب أوصى بأولاد الزنى خيرا، وأوصى بهم أن يُعتقوا. هشام
ابن عروة، عن أبيه، عن عائشة أنّها كانت تتأوّل في ولد الزنى: ولا [تزر وازرة وزر أخرى].[66]
(المغيرة، عن إبراهيم وعامر، أنّهما قالا: لا يجزى ولد الزنى في النَسَمَة الواجبة).[67]
وإذا ملك الرجلُ ذا رحم من رضاع، فإنّه لا يُعتق. وكذلك إذا ملك ذا رحم غير
محرّم، فإنّه لا يُعتق واحد منهما، لأنّه ليس ذي[68] رحم محرّم. ولو ملك عمّ أمّه، أو
عمّتها، أو خال أمّه، أو خالتها، أو عمّ أبيه، أو عمّته، أو خال أبيه، أو خالته، أو عمّ جدّه،
أو عمّ جدّته، أو أمّ أمه، أو أمّ أمّ أمّه، أو أمّ أمّ أبيه، عتق كلّ من يملك من هؤلاء. كلّ من لا
يحلّ له نكاحه، من ذي رحم محرّم، فهو محرّم يُعتق إذا ملكه، وعمّ جدّه، مثل عمّته
في هذا.[69] ولو قال لأَمَته: إذا ملكتُك، فأنت حرّة، بعد موتي، ثمّ وطئها بنكاح،
ثمّ فارقها، ثمّ اشتراها ابنُه بعد، لم تُعتق، ولم يحلّ لابنه أن يطأها، وكذلك لو اشتراها أبو
الأب، فإنّها لا تُعتق، وإن كانت لا يحلّ لهم نكاحُها. ولو اشترى رجل أمة،
قد تزوّجها أبوه، وعُتقت منه، كان الشّري[70] جائزا، وكان ما في بطنها حرّ لأنّه
أخوه، ولا يُعتق الأمة، ولا يستطيع بيعها ما دامت حاملا، فإذا وضعت، باعها، إن شاء.[71]

64 **الأصل**، ج 5 ص 73؛ **الكافي**، ص. 111 أ؛ ويعلّل السرخسي ذلك الرأي قائلا: «وفيه دليل على أنّ المسلم لا يرث الكافر، وإن مات ولا وارث له، فحصّة ماله لبيت المال» (**المبسوط**، ج 7 ص 77).

65 يقول السرخسي (**المبسوط**، ج 7 ص 77): «وفيه دليل على جواز التقرّب إلى الله تعالى بعتق ولد الزنى».

66 الأنعام، آية 164.

67 هذا القول غائب في **الأصل**، ج 5 ص 73. ويعلّق السرخسي (**المبسوط**، ج 7 ص 77): «ولسنا نأخذ بقولهما» .

68 هكذا، والأَوْلى ذا.

69 في **الأصل**، ج 5 ص 74، وفي ذلك الموضع، يتوقّف هذا الباب، ليبدأ الباب الموالي؛ وما يأتي من مسائل بعد ذلك، هو مكرّر. وعدم التكرار نلاحظه أيضا في **المدوّنة**.

70 هكذا، والأَوْلى: الشّراء. والشَرْي هو الحنظل (**لسان**، ج 3 ص 430، مادّة شَرى).

71 **الكافي**، ج 1 ص 111 أ.

ألا ترى أنّ رجلا لو أعتق ما في بطن أمته، لم يكن له أن يبيعها، حتّى تلد. أَوَ لا ترى أنّه لو لم يكن
أعتق ما في بطنها، إلّا أنّه باعها، واستثنى ما في بطنها من الولد، كان البيع فاسدا.
فإذا كان ما في بطنها حرٌّ، فهو أفسد للبيع، لأنّه ليس بمحرم من الأب.[72]

باب لوجوه من العتق[73]

وإذا قال الرجل لأمته: أمرُك بيدك، يعني في العتق. فإن أعتقتْ نفسَها في ذلك المجلس، فهي حرّة، وإن قامت من ذلك المجلس، قبل أن تختار العتقَ، فهي أمة؛[74] وكذلك إذا جعل أمرَها في يد رجل، يعني في العتق؛[75] وكذلك إذا جعل أمرَها في يد رجلين ينوي العتقَ، فإن أعتقاها في ذلك المجلس، فهي حرّة، وإن قاما قبل أن يُعتقا، أو أعتق أحدُهما، ولم يُعتق الآخرُ، حتّى قاما، فهي أمة.[76] وإن قال المولى في ذلك كلّه، لم أنوِ العتق، فهو مصدّق، ولا تُعتق، وتدين في القضاء. ولو قال الرجلُ لأمته: اعتقي نفسك،[77]
3 ب فقالت: قد أعتقتُ نفسي، فهي حرّة، ولو لم تقل: قد أعتقتُ نفسي، ولكنّها قالت: قد اخترتُ نفسي،
كان هذا باطلا،[78] لا يقع به العتقُ. ولو قال لها: أنتِ حرّة إن شئتِ، فقالت: قد شئتُ، قبل أن تقوم من ذلك
المجلس، كانت حرّة، ولو سكتت، حتّى تقوم، كانت أمة.[79] وكذلك لو قال لها: أنتِ حرّة، إن أحببتِ،

72 **المبسوط**، ج 7 ص 74.

73 في **الأصل**، ج 5 ص 74: «باب المشيئة في العِتق». وفي **الكافي**، ص 111 أ: «بابٌ جامع لوجوه من العتق».

74 **الأصل**، ج 5 ص 74؛ **الكافي**، ص 111 أ؛ **المبسوط**، ج 7 ص 78.

75 **المبسوط**، ج 7 ص 78؛ انظر **المدوّنة**، ج 7 ص 169.

76 سأل سحنون ابنَ القاسم عن هذه المسألة، فأجاب أنّ مالكا طرحها في إطار يخصّ الطلاق. وقد أوجب ابن القاسم، مثل الأحناف، اتّفاق الرجلين على العتق، وإلّا بطل (**المدوّنة**، ج 7 ص 173).

77 **الكافي**، ص 111 أ؛ السرخسي، **المبسوط**، ج 7 ص 78.

78 **الكافي**، ص 111 أ. يربط ابن القاسم عبارة اخترتُ نفسي «بِنية العبد. إن نوى بذلك الحرّية أُعتق»، بينما يذهب سحنون إلى العتق (**المدوّنة**، ج 7 ص 167–168).

79 **الكافي**، ج 1 ص 111 ب؛ **المبسوط**، ج 7 ص 78.

أو أنتِ حرّة إن أردتِ، أو أنتِ حرّة، إن هويتِ.[80] وكذلك لو قال لها: أنتِ حرّة إن حضت، فإنّ القول في ذلك
قولها، إذا قالت: قد حضتُ، عُتقت.[81] ولو قال لها: أنتِ حرّة، إن كنتِ تبغضيني، أو أنتِ حرّة، إن كنتِ
تُحبّيني، فإنّ القول في ذلك قولها. وما قالت في ذلك المجلس،[82] فهي مصدّقة. وإن قامت من ذلك المجلس، قبل أن تقول شيئا، فهي أمة، إلّا في الحيض خاصّة، فإنّ القول قولها، متى قالت:
قد حضتُ. وإذا قالت: لستُ أحبّك، ولستُ أبغضك، فهي أمة. فإن قالت بعد ذلك: أنا أحبّك، أو أنا أبغضك، لم تُصدّق.[83] وكذلك لو قال لها: إن كنتِ تُحبّين العتق، فأنتِ حرّة، فهي مصدّقة، ما دامت في ذلك المجلس. وإن قالت: أنا أُحبّ العتق، عُتقت، وإن قامت من مجلسها، قبل أن تقول شيئا، فهي أمة. وإذا قال الرجل لأمته: أنتِ حرّة وفلانة، إن شئتِ، فقالت: قد شئتُ نفسي، فهي أمة، لأنّها لم تشأ ما قال لها. وكذلك لو قال لأَمتيْن له: أنتما حرّتان، إن شئتما، فشاءت إحداهما، دون الأخرى، فإنّ العتق لا يقع على واحدة منهما.[84]
ولو قال رجل لأَمتيْن له: أيّتكما شاءت العتق، فهي حرّة، فشاءتا جميعا، عتِقا.[85] وإن شاءت إحداهما دون الأخرى، وسكتت الأخرى، عُتقت التي شاءت. فإن شاءتا جميعا، فقال هو: إنّما أردت واحدة، فإنّه لا يُصدّق في القضاء، وهما حرّتان. وأمّا فيما بينه وبين الله، فهو يعتِق التي نوى، ويُمسك الأخرى. وإن لم يكن نوى شيئا، كان له الخيار، أيّهما[86] شاء، فيُعتقها ويُمسك

80 وردت في **الأصل**، ج 5 ص 75: صياغة أخرى: «إن أردتني، إن هويتني». وحسب **المدوّنة**، ج 7 ص 172، الأمة حرّة، وإن قامت من المجلس.

81 **الكافي**، ج 1 ص 111 ب؛ **المبسوط**، ج 7 ص 78. يقول السرخسي: «كان القول قولها استحسانا، لأنّه لا يوقف عليه (الحيض) إلّا من جهتها. طرح سحنون هذه المسألة على ابن القاسم، فأجاب: «من قال لأمَته: أنت حرّة، إلى شهر أو إلى سنة، فإنّها لا تُعتق، إلّا إلى الأجل، وليس له أن يطأها» (**المدوّنة**، ج 7 ص 201).

82 يضيف السرخسي ما يلي: «كما في الطلاق، لأنّه لا يوقف على ما في قلبها» (**المبسوط**، ج 7 ص 78). انظر مسألة مشابهة في **المدوّنة**، ج 7 ص 166.

83 في **الأصل**، ج 5 ص 75: «لم تُعتق».

84 في **الأصل**، ج 5 ص 75: «لا يقع عليهما».

85 هكذا، والأوْلى: عُتقتا.

86 هكذا، والأوْلى: أيّتهما.

الأخرى، إذا كان إنّما نوى واحدة بالعتق، فيما بينه وبين الله.[87]
وإذا قال الرجل لأمته: بدنُك حرّ، أو رأسك حرّ، أو جسدك حرّ،[88] أو فَرْجُك حرّ، أو وجهك حرّ، أو قال لها: نفسك حرّ[ة]، أو روحك حرّ[ة]، فإنّها تُعتق في هذا كلّه. ولو قال لها: يدك حرّ[ة]، أو رجلك
حرّ[ة]، كان هذا باطلا، لا يقع به العتقُ.[89] وإذا قال: كلّ مملوك لي حرّ، وله عبيد وإماء، وأمّهات أولاد، ومدبَّرون، ومُكاتَبون، فإنّهم أحرار جميعا،[90] إلّا المكاتبين، فإنّهم لا يُعتقون، فإن نواهم،[91] عُتقوا. فإن كان ينوي الرجال منهم، دون النساء، أو النساء دون الرجال، فإنّه لا يدين في القضاء، في شيء من ذلك، ولكنّه يدين فيما بينه وبين الله. وكذلك لو قال: لم أَنْوِ المدَبَّرين، فإنه لا يدين في القضاء. وإذا قال الرجل لعبيدٍ له: أنتم أحرار، إلّا فلان، فإنّهم أحرار، إلّا الذي استثنى.[92] وإذا قال الرجل لعبدين له: أنتما أحرار[93] إلّا سالم، واسم أحدهما
سالم، عتق الآخرُ، وكان سالم رقيقا، لأنه قد استثناه. ولو قال: سالم حرّ، ومرزوق حرّ، إلّا سالما، عُتقا جميعا،[94] وكان الاستثناء هاهنا باطل،[95] لأنّه قد سمّى سالما وحده، وسمّى مرزوقا وحده، فلا يستطيع أن يستثني ما قد سمّى وحده. وإذا سمّاهما جميعا
معا، فقال: سالم ومرزوق، عتيقان، إلّا سالما، كان كما قال، يُعتق مرزوق،[96]
4 أ وسالم عبدا[97]. وإذا قال الرجلُ: كلّ مملوك أملكه أبدا، فهو حرّ، فهو كما قال يُعتِق
كلّ مملوك يملكه،[98] شراء، أو هبة، أو صدقة، أو ميراثا، أو غير ذلك. والوقت في هذا، وغير الوقت سواء، لأنّه إنّما أُعتق بعد الملك. ألا ترى، لو أنّ رجلا قال لأمته: كلّ ولد تلدينه، فهو حرّ، فولدت بعد ذلك بأربع سنين، أو خمس سنين، عُتق. فهذا قد عتق ما لا يملكه، ولم يُخلق.

87 **الأصل**، ج 5 ص 76؛ **الكافي**، ص 111 ب؛ **المبسوط**، ج 7 ص 79.
88 هذه مسألة مكرّرة ذُكرت أعلاه.
89 في قول مالك، «يُعتق عليه جميعُه» (**المدوّنة**، ج 7 ص 169).
90 إلى هذا ذهب مالك (**المدوّنة**، ج 7 ص 152).
91 **الأصل**، ج 5 ص 76؛ **المبسوط**، ج 7 ص 79.
92 نفس الرأي لدى مالك (**المدوّنة**، ج 7 ص 172).
93 هكذا والأولى: حرّان؛ انظر **المدوّنة**، ج 7 ص 164.
94 **الأصل**، ج 5 ص 76؛ **المبسوط**، ج 7 ص 80.
95 هكذا، والأَوْلى: باطلا.
96 الكافي، ص 111 ب.
97 هكذا، والأَوْلى: عبد.
98 نفس الرأي لدى ابن القاسم (**المدوّنة**، ج 7 ص 178).

فكان العتق فيه جائزا، لأنّه وقع عليه، بعد ما ملكه، فكذلك الأوّل. ولو قال: كلّ مملوك أملكه، إلى ثلاثين سنة، فهو حرّ، كان كما قال. وإذا قال الرجل: كلّ مملوك أشتريه، فهو حرّ. فَأَمَر غيرَه، فاشترى له مملوكا، لم يُعتَق، لأنّه لم يشتره هو. فإن كان نوى ألّا أشتريه أنا، ولا غيري؛ عُتق.[99] وإن ملك مملوكا بميراث، أو هبة، أو صدقة، لم يُعتق، لأنّه حلف على الشراء. ولو حلف، فقال: كلّ مملوك لي، حرّ، يوم أُكلّم فلانا، وليس له مملوك، ثمّ اشترى عبدا، ثمّ كلّم فلانا، لم يُعتق لأنّه لم يكن في ملكه، يوم حلف. ولو كان قال: يوم أكلّم فلانا، فكلّ مملوك لي، يومئذ حرّ، عُتقوا. وإذا قال: يوم أكلّم فلانا، فكلّ مملوك أملكه أبدا، فهو حرّ، وليس له مملوك. ثمّ اشترى عبدا، ثمّ كلّم فلانا، لم يُعتق، لأنّه إنّما عتق ما يملك، بعد الكلام، ولم يُعتق ما يملك قبل الكلام، وكلّ شيء، شُري بعد الكلام، فهو حرّ.[100]

ولو قال: كلّ مملوك أملكه، حرّ، يوم أكلّم فلانا، وهو يريد ما يملك، فيما يستقبل، فاشترى مملوكا، ثمّ كلّم فلانا، عُتق، ويُعتِق في القضاء ما كان في ملكه، يوم حلف؛ وأمّا فيما بينه وبين الله، فإنّه يدين. وإن لم تكن له نية، لم يكن هذا إلّا على ما كان في ملكه، يوم حلف. ولا يقع على ما يستقبل إذا لم تكن له نية. ولو قال: كلّ مملوك لي، حرّ، وليس له عبد خالص لنفسه، ولكنّه له عبيد بينه وبين آخر، لم يُعتق أحدٌ منهم، لأنّه ليس له مملوك خالص لنفسه.[101] ولو قال: كلّ مملوك لي، حرّ، ينوي عبدا بينه وبين آخر، عُتق. وإن لم تكن له نية، لم يعتق، لأنّه ليس بمملوك له، وإنّما أعتقناه، إذا عنى، بالاستحسان.[102] وإذا أعتق الرجلُ كلّ مملوك له، وله عبد عليه دينْ، ولعبده رقيق، وهو عبد تاجر، عُتق العبدُ، ولا يُعتق رقيقُه، لأنّ عليه دينْ،[103] ولأنّهم ليسوا برقيق المولى نفسه؛ ولو لم يكن عليه دين، لم يُعتق أيضا، إلّا أن ينويهم. وإن كان الدّيْن قليلا أو كثيرا، فهو سواء، في قول أبي حنيفة، وأمّا في قول أبي يوسف،[104] فإنّهم يُعتقون، وهم بمنزلة عبيده، إن كان على العبد دينْ، أو لم يكن، إن نواهم، أو لم ينوهم،[105] في القضاء. غير أنّه إذا لم ينوهم [دَيّنتُه]، فيما بينه وبين الله، ويُضمّن قيمة مملوكه،

---

99 **المبسوط**، ج 7 ص 80.

100 **الأصل**، ج 5 ص 77؛ **المبسوط**، ج 7 ص 81.

101 هذه المسألة مكرّرة في الطّرة اليسرى.

102 **الأصل**، ج 5 ص 78.

103 هكذا، والأولى دينا.

104 في **الأصل**، ج 5 ص 78: «في قول أبي حنيفة وأبي يوسف. وأمّا في قول محمّد».

105 هكذا، والأولى لم ينوهم.

[للغرماء]، وقيمة ما أعتق من رقيق مملوكه المأذون له في التجارة. [وهذا قول محمّد. وقال: رجع أبو يوسف إلى قول أبي حنيفة في هذا].[106]
وإذا ادّعى[107] الرجلُ عبدا يُقال له سالم، فأجابه عبدا[108] آخر، يقال له مرزوق، فقال: أنت حرّ، وليس له نية عتق الذي أجابه، لأنّ العتق كان فيه جواب الذي كلّمه، فإنّما
4 ب يُعتق الذي كلّمه منهما.[109] ولو قال: يا سالم، أنت حرّ، فإذا هو بديع،[110] عُتق سالم، ولا يُعتق بديع، وإنّما يُعتق الذي سمّى، إذا لم يكن له جواب. وكذلك لو قال: يا سالم، أنت حرّ، فإذا هو عبد ليس له، وله عبد يُقال له سالم، فإنّ سالم[111] يُعتق. وإذا قال: يا سالم، فأجابه مرزوق، فقال: أنت حرٌّ، وهو ينوي سالما، فقال إيّاه عنيتُ،
فإنّهما يُعتقان جميعا في القضاء، وأمّا فيما بينه وبين الله، فإنّه يُعتق الذي عنى.[112]
وإذا أعتق الرجلُ عبده، فجحده ذلك، فما أصاب من غلّته، أو من خدمته، أو كانت أمة، فوطئها، ثمّ أقرّ بذلك العتق، أو قامت بيّنة عتقٍ، ردّ عليه ما كان من غلّة أخذها منه، بعد العتق،[113] وردّ على الجارية مهرَ مثلها،[114] ولا يردّ من الخدمة شيئا، من قبل أنّها ليست بغلّة. ألا ترى لو أنّ رجلا اغتصب حرّا نفسه يخدمه، لم يكن عليه شيء، إلّا الإثم.[115] ولو أخذ منه غلّة، كان عليه أن يردّها، لأنّ هذا مال، أخذه من حرٍ. ولو أعتق رجل عبدا، فجحده ذلك، ثمّ قطع يده خطأً، أو جرحه جراحة خطأً، ثمّ أقرّ بالعتق، الذي كان قبل ذلك، أو قامت،

106 إضافة من **الأصل**، ج 5 ص 78 وانظر **المبسوط**، ج 7 ص 82.
107 هكذا، والأوْلى دعا (**الأصل**، ج 5 ص 78؛ **المبسوط**، ج 7 ص 83).
108 هكذا، والأوْلى عبدٌ.
109 **المبسوط**، ج 7 ص 83. في هذه المسألة الواردة في **المدوّنة**، ج 7 ص 174، بُدّل اسم سالم ليصبح ناصحا، وأُبقي على مرزوق، وأُضيف «حضور البيّنة»، فكان جواب ابن القاسم عتق العبدين. وفي صورة غياب البيّنة، يُعتق العبد الذي نواه المولى. أمّا أشهب بن عبد العزيز، فهو يرى عتق العبد الذي أجاب مولاه.
110 في **الأصل**، ج 5 ص 79: «مربع».
111 هكذا، والأوْلى: سالما.
112 **الكافي**، ص 112 أ؛ السرخسي، **المبسوط**، ج 7 ص 83.
113 في قول مالك، إن قامت بيّنة على الجاحد، «فليس عليه شيء» (**المدوّنة**، ج 7 ص 213).
114 في مسألة مشابهة، يذهب مالك إلى إقامة الحدّ على المولى (**المدوّنة**، ج 7 ص 214).
115 **الكافي**، ص 112 أ؛ السرخسي، **المبسوط**، ج 7 ص 83. للمقارنة، يستعمل السرخسي هذه الصيغة: «لو غصب حُرّا، فاستخدمه، لم يكن عليه شيء سوى المأثم». انظر أسفله هذه المسائل مكرّرة.

للعبد له بيّنة، كان العتقُ جائزا، فكان ضامنا لما جنى من ذلك، كجناية الحرّ.[116]
فإن كان أقرّ بذلك إقرارا، فما كان جنى عليه، فمن ماله خاصّة. وإن كانت
قامت له بيّنة، كان على العاقلة، إذا كان الأرْش خمس مائة درهم، أو أكثر،
وإن كان أقلّ من ذلك، كان في ماله.
وإن كان جَرَحَه غيرُ المولى،[117] ثمّ أقرّ المولى أنّ العتق كان قبل الجراحة، لم يُصدّق،
وكان على الجارح أرْش الجراحة، من قيمة عبد، يدفعها إلى العبد، ويصير
العبدُ حرّا. ولو قامت بيّنة على العتق الذي كان قبل الجراحة، [أو كان المولى قد أقرّ به قبل الجراحة]،[118] كان على الجاني
أرْش ذلك، مثل ما يكون للحرّ. فيُسلّم ذلك إلى العبد الذي أعتق.[119]
ولو قذف رجلا، أو قذفه رجل، ثمّ أقرّ المولى بالعتق، الذي كان قبل القذف،
لم يُصدّق. وإن لم يقرّ العبد بذلك، لم يبلغ به، إذا كان هو القاذف، حدَّ الحرّ،
ولم يكن على الذي قذفه حدٌّ. وكذلك لو كان قذف امرأته، وهي حرّة،
جُلد حدّ العبد، ولم يكن بينهما لعان. وإذا قامت له بيّنة، بالعتق، كان
بمنزلة الحرّ في جميع ما ذكرتُ. ولا يجوز عتقُ الصبيّ، ولا عتقُ المجنون
المغلوب،[120] ولا عتقُ الذي يفيق في حال جنونه.[121] وعتقُه جائز، إذا أعتقه،
في حال إفاقته. وإذا أقرّ الرجل، فقال: قد أعتقتُ عبدي، وأنا صبيّ،
فالقول قوله، ولا يُعتقُ العبدُ. ألا ترى أنّه لو قال: أعتقتُه، وأنا نائمٌ،
فالقول، قوله، ولا يُعتقُ العبدُ. وكذلك لو قال: أعتقتُه قبل أن أحتلم،[122] وكذلك أ 5
لو قال: أعتقتُه قبل أن يُخلق، أمَا كان هذا باطلا لا يقع به العتقُ. ولو

---

116 ساند سحنون هذا القول، وهو القول الحنفي، بينما قال ابن القاسم: «لا شيء على السيّد» (**المدوّنة**، ج 7 ص 214).

117 في **الكافي** و**المبسوط** نلاحظ استعمال عبارة «أجنبي»، بخلاف **الأصل**، ج 5 ص 79.

118 إضافة من **الأصل**، ج 5 ص 80.

119 يتّفق **الكافي** (ص 112 أ) و**المبسوط** (ج 7 ص 83) في مرورهما مباشرة إلى مسألة جواز عتق الصبي والمجنون، بينما ينفرد مخطوطنا بالتوسّع في مسألة قذف العبد. وفي هذا دليل على أنّ السرخسي كان يستعمل **الكافي** مباشرة.

120 يعلّل السرخسي ذلك بما يلي: «لأنّ قولهما هدر شرعا، خصوصا فيما يضرّهما» (**المبسوط**، ج 7 ص 83). نفس الرأي في **المدوّنة**، ج 7 ص 209، مع استثناء عتق السكران الذي يُجيزُه مالك.

121 **الأصل**، ج 5 ص 80. قارن بما ورد في **المبسوط**، ج 7 ص 83.

122 في **الأصل**، ج 5 ص 80: «يُخلق». وانظر **الكافي**، ص 112 أ، و**المبسوط**، ج 7 ص 84.

قال: قد أعتقتُك، إن شاء فلان، لم يقع العتقُ، حتّى يشاء فلان. وإذا قال الرجلُ
لعبده: أنتَ حرٌّ، متى ما شئت، أو كلّما شئتَ، أو إذا شئتَ، أو متى شئتَ، ثمّ قال العبدُ:
لا أشاء. ثمّ باعه، ثمّ اشتراه، ثمّ شاء العتقَ، فهو حرّ، وما كان قبل ذلك من ردّه المشيئة، باطلا.
ألا ترى لو قال: أنت حرٌّ، إن دخلتَ الدار، ثمّ باعه، ثمّ اشتراه،
ثمّ دخل الدار، عُتق.[123] وإذا قال الرجلُ لعبده: أنت حرّ، حيث شئتَ، فقام من ذلك
المجلس، بطل العتقُ، وصار عبدا على حاله. وإذا قال: أنتَ حرٌّ كيف
شئتَ، فلم يشأ شيئا، فهذا حرٌّ،[124] لأنّ العتق قد وقع، وقولُه كيف شئتَ ليس بشيء.
وكذلك لو كان العبدُ شاء التدبير، أو شاء عتقا على مال، أو عتقا في أجل،
أو شبه هذا، فهو حرّ، وهذا كلّه باطل.[125] وإذا قال الرجلُ: عبدي
حرّ، وليس له إلّا عبد واحد، عُتق[126] تلك الساعة، ذلك العبدُ، ولم يدن في
القضاء، وأمّا فيما بينه وبين الله [تعالى][127]، فهو مدين. فإن كان ينوي غيره، وسعه ذلك.
ولو قال: لي عبدا[128] آخر، وإياه عنيتُ، لم يصدّق في القضاء على ذلك، إلّا ببيّنة.
وإذا باع الرجل عبدا، ولم يُسمِّه، ولم يِرِه المشتري، فقال: أبعك،[129] عبدا بكذا
وكذا، فإنّ البيع في هذا باطل.[130] فإن اتّفق البائع والمشتري أنّه هذا،
فهو جائز.
وإذا قال: أبيعك عبدي هذا بكذا وكذا، ولم يُسمّ، كان المشتري بالخيار،
إذا رآه، وليس هذا كالعتق.[131] ولو قال الرجل: أحدُ عبيدي حرٌّ، ولا يُعلم

123 يفصّل السرخسي (**المبسوط**، ج 7 ص 84) بالقول: «وهذا مذهبُنا، فأمّا عند الشافعي فلا يُعتق». و«عند مالك، يرجع عليه اليمين» (**المدوّنة**، ج 7 ص 163).

124 يفصّل السرخسي (**المبسوط**، ج 7 ص 84) بالقول: «هذا في قول أبي حنيفة، ولم يُعتَق في قول صاحبيه»، وهوما لم نلاحظه في **الكافي** (ص 112 أ).

125 في هذا الموضع، ترد في **الأصل**، ج 5 ص 81 مسألة، وهي: «وقال أبو يوسف ومحمّد: إذا قال: أنت حرّ: كيف شئت، فقام من ذلك المجلس، قبل أن يشاء، فإنّه لا يُعتق».

126 **الكافي**، ص 112 أ، **المبسوط**، ج 7 ص 84.

127 نلاحظ في **الأصل** (ج 5 ص 81) حرصا على إيراد عبارة «تعالى» بعد ذكر الله، بخلاف مخطوطنا.

128 هكذا، والأَوْلى: عبدٌ.

129 هكذا، والأَوْلى: أبيعُك.

130 يعلّل السرخسي (**المبسوط**، ج 7 ص 85) ذلك بما يلي: «لأنّه أوجبه في مجهول، وإيجاب البيع في المجهول باطل، وهذه جهالة تفضي إلى المنازعة بينهما».

131 **الكافي**، ص 112 أ، **المبسوط**، ج 7 ص 85.

له، إلّا عبدٌ واحد، فإنّه يُعتق ذلك العبد المعروف، ولا يصدّق على غيره، إلّا بِبيّنة أنّ له عبد[132] سواه. [وهذا قول أبي يوسف ومحمّد. وقال أبو حنيفة: القول قوله، ولا يُعتق].[133] وكذلك لو قال: أحدُ عبيديّ حرّ، ولا يُعلَمُ له إلّا عبد واحدا.[134] وإذا كان لرجل عبدان، فقال: أحدكما حرّ، ثمّ مات أحد العبدين، عُتق الباقي منهما. وكذلك لو باع أحدَهما، أو وهبه، أو تصدّق به على رجل، أو أخرجه من ملكه، بوجه من الوجوه، فإنّه يُعتق الباقي منهما. وكذلك لو دبّر أحدَهما، عتق الباقي؛ وكذلك لو قتل أحدهما؛ وكذلك لو أعتق أحدهما بعينه عن ظِهاره، عُتق الباقي في هذا كلّه.[135] وكذلك لو كانت أمَتين، فوطئ إحداهما، فعلقت منه، عُتقت الأخرى، وكان هذا منه إقرارا بالعتق للأخرى في قول أبي يوسف؛
ولا تُعتق في قول أبي حنيفة، بل يبقى على خياره.[136] ولو أعتق إحداهما، بعينها، 5 ب
ثمّ قال: إياها كنتُ عنيتُ بذلك العتق الأوّل، كان مصدّقا في القضاء،[137] وليس هذا كالتدبير، ولا كالبيع، ولا كما وصفنا ممّا سواه. وإذا قال لأمتيه: إحداكما حرّة، ففقأ رجل عين إحداهما، أو قطع يدها، فعليه في ذلك أرْش أمة، ويُقال للمولى: اختر أيّتهما شئتَ، فأوقعْ العتق عليها. فلو قال: قد كنتُ أوقعتُ العتق على هذه التي فقئت عينُها، لم يُصدّق، في حقّ الفاقئ، ولم يلزمه أكثر من أرْش أمة، وتصير حرّة، ولكنّ ذلك الأرْش لها.[138] ولو قتلهما رجل، جميعا معا، كان عليه في كلّ واحدة منهما، نصف قيمة أمة، وعليه ديّة حرّة.[139] فإن كانت إحداهما قُتلت،

132 هكذا، والأوْلى عبدا.

133 إضافة من **الأصل**، ج 5 ص 81.

134 هكذا، والأوْلى: واحد.

135 **الأصل**، ج 5 ص 81. يطرح سحنون فرضية التزام السيّد بعتق أحد عبيده «ولم ينْوِ شيئا، ولا واحدا بعينه». فالسيّد مخيّر في أن يعتق من شاء في قول ابن القاسم (**المدوّنة**، ج 7 ص 164).

136 في **الأصل**، ج 5 ص 82، وضمن المقارنة بين الثالوث الحنفي، أُضيف موقف **محمّد**: «ولو لم تعْلق منه، كان أيضا اختيارا، وتعتق الأخرى، في قول أبي يوسف ومحمّد. ولا تُعتق في قول أبي حنيفة، والمولى على خياره». انظر أيضا **الكافي**، ص 112 أ؛ السرخسي؛ **المبسوط**، ج 7 ص 86.

137 يعرّف السرخسي، في هذه المسألة، بخلافٍ في الرأي بين أبي حنيفة وأبي يوسف من جهة، ومحمّد من جهة أخرى (**المبسوط**، ج 7 ص 88).

138 **الأصل**، ج 5 ص 82؛ **المبسوط**، ج 7 ص 88–89.

139 **الكافي**، ص 112 ب؛ **المبسوط**، ج 7 ص 88–89.

قبل الأخرى، فالباقية منهما حرّة، وعلى قاتلها، على عاقلته[140] دية حرّة، وعلى قاتل الأولى، قيمة أمة، على العاقلة، فتكون للمولى، ودية الأخرى لورثتها. ولو قتلهما رجلان، كلّ واحد منهما قتل إحداهما، كان على كلّ واحد
منهما، قيمة أمة. وقد علمنا أنّ إحداهما حرّة، ولكنّا لا ندري أيّتهما؛ ولا يلزم القاتل، أكثر من قيمة أمة، لأنّ كلّ واحد منهما يقول: أنا قتلتُ أمة. ولو قتلهما رجل واحد، جميعا معا، كانت عليه دية حرّة، وقيمة أمة، وليس هذا كالرجلين المتفرّقين. ولو قطع يديهما، جميعا، رجل واحد، جميعا معا، أو إحداهما، قبل الأخرى، كان عليه في ذلك، في كلّ واحدة، أرْش أمة، ولو قتلهما جميعا، إحداهما قبل الأخرى، كان عليه في الأولى، قيمة الأمة، وفي الأخرى دية حرّة، وليس القتلُ كالجراحة.

ألا ترى أنّ المولى لا خيار له بعد القتل، وأنّ الباقية، حرّة، إن شاء أو أبى. وأمّا في الجراحة، فإنّ له الخيار، بعتق أيّتهما شاء، ويُمسك الأخرى. فلذلك اختلفا. ولو لم يقتلهما أحد، ولم يجرحهما، حتّى حضر المولى الموتُ، ولا مال له، غيرهما، فمات قبل أن يبيّن، وقبل أن يختار، وقيمتهما سواء، عُتق من كلّ واحدة نصفُها، وسعت في نصف
قيمتها. وإن اختار المولى، عند الموت [عَتْق] إحداهما، عُتقت كلُّها، من قبل أنّ العتق قد أوقعه، في الصحّة.[141] ولو جنت إحداهما جناية، قبل أن يختار المولى، ثمّ اختار التي جنت، بعد علمه بالجناية، عُتقت، وكان على المولى أرْش الجناية، ولا يصدق على أصل الجناية، من قبل أنّه قد كان له أن يختار الأخرى، فيوقع [العتقَ] عليها.[142] ولو لم يختار[143] المولى واحدة منهما

6 أ بعد الجناية، حتّى مات، عُتق من كلّ واحدة منهما نصفها، وكان على المولى قيمة التي جنت في ماله، وتسعى كلّ واحدة منهما في نصف قيمتها لورثة المولى. ولو باع أحدهما،[144] على أنّه بالخيار، وقع العتقُ على الأخرى، لأنّ هذا إقرارٌ بالعتق، حيث باع الأخرى. وكذلك لو باع إحداهما، بيعا فاسدا، وقبضها

---

140 نلاحظ غياب عبارة العاقلة في هذه المسألة في **الكافي**، ص 112 ب و**المبسوط**، ج 7 ص 89–90، بخلاف **الأصل**، ج 5 ص 82.

141 **المبسوط**، ج 7 ص 90.

142 إضافة من **الأصل**، ج 5 ص 83، و**المبسوط**، ج 7 ص 90.

143 هكذا، والأوْلى لم يَخْتر.

144 هكذا، والأوْلى إحداهما.

المشتري، وقع العتقُ على التي هي عنده، من قبلِ أنّ الأخرى قد ملكها غيرُه.
وكذلك لو باع إحداهما على أنّ المشتري بالخيار، عُتقت الباقية. ألا ترى أنّ [عتق] المشتري غير جائز،[145] إن أعتقها.[146] وكذلك لو كاتب إحداهما، أو رهنها، أو أجّرها، فإنّ العتقَ يقعُ على الباقية. فأمّا إذا استخدمها، فإنّ العتق لا يقع على الباقية، لأنّ الرجل قد يستخدم الحرّة، وكذلك الوطء، ما لم تَعْلق منه؛ وفي الوطء، قول آخر، [قول أبي يوسف ومحمّد]، إنه اختيار
لها، وإنّ الأخرى تُعتق. وإذا أعتق الصبيّ عبدا، لم يجز عتقه. بلغنا
ذلك عن عبد الله بن عبّاس، أنّه قال: لا يجوز عتقُ الصبيّ. وكذلك لو قال: كلّ
مملوك أملكه، إذا احتلمتُ، فهو حرّ، لم يجز ذلك.[147]
وكذلك المجنون، في حال جنونه، وكذلك المعتوه. إن أعتق أحدٌ من
هؤلاء، وكذلك لو [قال] المجنون: إذا [أفقتُ]، كلّ مملوك أملكه، فهو حرّ، لم يجز ذلك.[148]
وإذا قال الرجل: عبدي
حرّ يوم أفعل كذا وكذا، ففعل ذلك، وهو معتوه، عُتق عبدُه.[149]
لأنّه حلف عليه، حين حلف، وهو صحيح. وإذا أعتق الرجل عبده، وهو
من أهل الحرب، في دار الحرب، ثمّ أسلم، أو صار ذمّيّا، وعبده معه،
في يديه، فهو عبده، وعتقُه في دار الحرب باطل. وكذلك التدبير،[150]
لأنّ الحكم لا يجري عليه، في دار الحرب، وأهل الذمّة، في العتق، بمنزلة المسلمين.[151]

---

145 في **الأصل**، ج 5 ص 83: «جائز».

146 يذكر السرخسي في هذا الشأن: «وهذا أظهر، لأنّ المشتري لو أعتقها عُتقت من قبله. فمن ضرورة هذا التصرّف خروجها من أن تكون مزاحمة في ذلك العتق» (**المبسوط**، ج 7 ص 91). نصّ **الكافي** هو أكثر اختصارا (ص 112 ب).

147 **المبسوط**، ج 78 ص 91. نفس الرأي لدى مالك (**المدوّنة**، ج 7 ص 209).

148 هذا السطر، والذي قبله، مكتوبان في الطرّة على اليسار.

149 «إلّا على قول ابن أبي ليلى، فإنّه يقول المعلّق بالشرط عند وجود الشرط كالمنجز، والمعتوه ليس من أهل التنجيز» (**المبسوط**، ج 7 ص 91). ويقول ابن القاسم أيضا بعدم جواز العتق (**المدوّنة**، ج 7 ص 209).

150 هذا في رأي أبي حنيفة ومحمّد، بخلاف أبي يوسف: عتقُه نافذ (**المبسوط**، ج 7 ص 91). طرح سحنون هذه المسألة بطريقة أخرى إذ أنّ الحربي أعتق عبده بدار الإسلام، فذهب مالك إلى صحّة ذلك العتق (**المدوّنة**، ج 7 ص 215).

151 **الأصل**، ج 5 ص 84. يعرّف السرخسي باختلافات بين الأحناف حول هذه المسألة، بما في ذلك

باب الشهادة في العتق

وإذا أعتق الرجل أمته، ثمّ جحدها، وكان يطؤها، ويستغلّها، ويستخدمها،
ثمّ قامت البيّنة، على عتقها، قبل الوطء، وقبل الغلّة، فعليه العُقْر،[152] وهو ضامن
لما أخذ من الغلّة، يردّه عليها. وإذا أعتق الرجلُ أمته، فشهد الشهودُ
عليه بذلك، وجحد، وأنكرت الأمة العتق، فإنّي أُعتقها، لأنّ هذا فرج، ولا
أُخلّي بينه وبينها، ولا ألتفتُ إلى جحودها.[153] فإن كان عبدٌ،[154] فجحد العتقَ، جعلتهُ
عبدا، على حاله.[155] فمتى ما جنى، أو قذف، فشهدت الشهودُ عليه بذلك،
أعتقتُه، وألزمتُه من ذلك ما يلزم الحرّ [في قول أبي حنيفة]. وقال أبو يوسف:
العبدُ، والأمة، في هذا سواء، يُعتقان، ولا ألتفتُ إلى
جحودهما.[156] وإذا شهد الشهودُ
6 ب أنّه أعتق عبدَه سالما، ولا يعرفون سالما، وله عبده اسمه سالم، ليس له غيره، فإنّي
أُعتقُه، ولا أُبالي ألّا يعرفه الشهودُ.[157] ولو شهدوا بهذا في البيع، أبطلتُه،[158] وليس العتقُ
في هذا كالبيع. وإذا شهد شاهد أنّه أعتق عبده هذا، يوم الخميس،
وقد عرّفه، وشهد آخر أنّه أعتقه، يوم الجمعة، وقد عرّفه، فهو جائز، إن اختلفوا.[159]
وإذا شهد شاهدٌ أنّه أعتقه، إن دخل الدار، وشهد آخر أنّه أعتقه، إن كلّم فلانا،
وقد دخل الدار، وكلّم فلانا، فليس يُعتقُ، لأنّ الشهادة قد اختلفت.

الطحاوي (**المبسوط**، ج 7 ص 91–92). وهو أمر لم نلاحظه في **الكافي** (ص 112 ب).

152 العُقْر: المهر، وما تُعطاه المرأة على وطأ الشبهة (**لسان**، ج 4 ص 389، مادّة عقر).

153 يثير السرخسي هنا المسألة التالية: هل يكون خبرُ الواحد حجّة في الأمر الديني ؟ (**المبسوط**، ج 7 ص 92).

154 هكذا، والأَوْلى عبدا.

155 هذا قول أبي حنيفة، بخلاف أبي يوسف ومحمّد (**الكافي**، ص 112 ب؛ **المبسوط**، ج 7 ص 93).

156 يقول أيضا محمّد بهذا الرأي (**الكافي**، ص 112 ب؛ **المبسوط**، ج 7 ص 93).

157 في **المدوّنة**، في مسألة مشابهة، تخصّ الشهادة على عتق عبد، وقع استعمال اسم مرزوق عوضا عن سالم (ج 7 ص 228).

158 الجهالة تفضي إلى المنازعة، وتمنع صحّة البيع (**المبسوط**، ج 7 ص 94).

159 يلخّص الحاكم الشّهيد (**الكافي**، ص 112 ب) هذه المسائل مع شيء من التنظير كما يلي: وإذا شهد شاهدان عليه بعتق عبد بعينه، واختلفا في الوقت، أو المكان، أو اللفظ، أو اللغة...فالشهادة جائزة». وقد تبعه في ذلك السّرخسي (**المبسوط**، ج 7 ص 94).

وإذا شهد شاهدان، على [رجل] أنّه قال: إن دخلتَ الدار، فأنت حرّ، وقال المولى: إنّما قلتُ: إن كلّمتَ
فلانا، فأنتَ حرّ، فأثبتا ما فعل، فهو حرّ، إن كلّم فلانا، أو دخل الدار، فهو حرّ، أُجْرِي[160]على المولى إقراره، وأُلزمه ما شهدت به الشهودُ. وإذا شهد شاهدٌ أنّه أعتق
عبدا، على مال، وشهد آخر أنّه أعتقه البتّة، فشهادتُهما باطل. وإذا شهد شاهد أنّه أعتقه على ألف درهم، وشهد آخر أنّه أعتقه على خمس مائة، والمولى يُنكر ذلك، فشهادتهما باطل.[161]
ولو شهد شاهد أنّه أعتقه على ألف درهم، وشهد آخر أنّه أعتقه على ألف وخمس مائة، والمولى يُنكر ذلك، والعبدُ يدّعي ذلك، أنّه أعتقه على ألف وخمس مائة، فلا تجوز شهادتهما، لأنّهما قد اختلفا في الذي وقع به العتقُ. وكذلك لو ادّعى العبدُ أنّ العتق كان بألف، كان باطلا، لأنّه أكذب الذي شهد بألف درهم وخمس مائة. فإنْ كان العبدُ يُنكر العتق، والمولى يُقرّ بذلك، ويدّعيه، ويقول: أعتقتُك على ألف درهم، فهو حرّ، وليس عليه شيء، لأنّه قد أكذب الذي شهد بألف وخمس مائة. وإذا ادّعى المولى ألف وخمس مائة، قضيتُ له بالألف، والعتقُ ماضٍ، جائز. وهو في هذه المنزلة، بمنزلة رجل ادّعى على رجل، ألف درهم وخمس مائة درهم، وأقام على ذلك شاهد[162] بها، وشاهدا[163] آخر بألف، فإنّه يُقضى له بالألف.[164]
وإذا شهد شاهدان، أنّه قال: أنتَ حرّ إن دخلتَ هذه الدار، وشهد شاهدان آخران، أنه قال: إن كلّمتَ فلانا، فأنت حرّ، فشهدوا على ذلك
من قوله، فإنّ ذلك جائز، وأيّ ذلك ما فعل العبدُ، فإنّه يُعتق به.[165] وإذا ادّعى عبدٌ أنّ مولاه أعتقه، على ألف درهم، وأقام على ذلك شاهدين،

---

160 كلمة غامضة. انظر **المبسوط**، ج 7 ص 94–95.

161 **الأصل**، ج 5 ص 85. يلخّص الحاكم الشهيد هذه المسائل بما يلي: «وإن اختلفا (الشاهدان) في الشرط الذي علّق به العتق، لم يجز. وكذلك إن شهد أحدُهما أنّه كان بجعل، وشهد الآخر أنّه بغير جعل، أو اختلفا في مقدار الجعل، والمولى منكرٌ» (**الكافي**، ص 112 ب)، انظر أيضا **المبسوط**، ج 7 ص 94–95.

162 هكذا، والأوْلى شاهدا.

163 في **الأصل**، ج 5 ص 86: «شهد».

164 **الكافي**، ص 112 ب–113 أ؛ **المبسوط**، ج 7 ص 95.

165 **المبسوط**، ج 7 ص 95.

7 أ وادّعى المولى أنّه أعتقه، على ألفين، وأقام على ذلك شاهدين، فهو حرٌّ، وعليه
ألفان، لأنّ المولى مدّعي للفضل.[166] ولو أقام العبدُ، شاهدين، أنّه قال: إذا أدّيتَ
إليّ ألفان،[167] فأنتَ حرٌّ، أو أدّيتَ إليّ ألفا، فأنتَ حرّ، فأقام على ذلك البيّنة، أنه قد أدّى؛
وأقام المولى البيّنة، أنه إنّما قال: إذا أدّيتَ إليّ ألفين، فأنت حرّ، فإنّ العبد حرٌّ، ولا شيء
عليه، بعد الألف، التي أدّى، لأنّي أضعُ هذين القولين كليهما، [على أنّهما قد]
كانا من المولى، فأيّهما ما فعل العبدُ، عَتق به، مثل قوله: إن دخلتَ
الدار، فأنتَ حرٌّ، أو كلّمتَ فلانا، فأنتَ حرٌّ، فأيّهما ما فعل، فهو حرٌّ.
وإذا شهد شاهدان، أنّه باعه نفسه، بألف درهم، وشهد آخران، أنّه باعه
نفسه، بألفين، فهو حرٌّ، وعليه ألفان، لأنّ المولى مدّعي للفضل، وليس هذا كالباب
الأوّل. ألا ترى أنّ ذلك يمين، وأنّ هذا بيع.[168] ولو باعه نفسه، بألف درهم، فأدّاها
إليه، من مال المولى، كان حرّا. وكان للمولى أن يرجع عليه بمثلها.[169]
وكذلك لو نقده ألفا، اغتصبها، أو سرقها، فأُخذت من المولى، كان للمولى
أن يرجع عليه بمثلها.
وكان العبدُ حرّا، قد عُتق بالأداء. وكذلك لو باعه نفسه، بوصيف، أو بعشر
من الغنم، أو بعشر من المعز، أو بعشر من الإبل، فقامت تلك البيّنة على
المولى، وأنكر المولى، فإنّ العبد حرٌّ، وعليه عشرة ممّا سمّى وسطا،[170]
[أو] وصيف
وسط، فإن دفع من ذلك شيئا، فاستُحقّ، كان حرّا، وكان للمولى أن يرجع عليه
بمثله. وإذا شهد ابنا العبد، وهما حُرّان، أنّ المولى قد أعتقه، فشهادتُهما
باطل.[171] وكذلك لو شهد له أبوه، ورجل آخر، وكذلك لو شهدت
له أمّه، أو امرأته، أو أبوه، أو أحد من أجداده، أو ولد ولده، فإنّه لا تجوز شهادتُهم

166 يرى ابن القاسم أنّ القول في هذا قول العبد، مع أدائه اليمين، ويقيس ذلك على اليمين الذي تؤدّيه الزوجة للزّوج. ويردّ أشهب هذا القياس، ويرى أنّ القول قول السيّد (**المدوّنة**، ج 7 ص 225).

167 هكذا، والأَوْلى ألفين.

168 **الأصل**، ج 5 ص 87؛ **الكافي**، ص 113 أ، **المبسوط**، ج 7 ص 95.

169 يُرجع السرخسي هذه المسألة إلى **الأصل** للشيباني (**المبسوط**، ج 7 ص 95)، وستقع العودة إليها لاحقا.

170 هذا السطر مكتوب في الطرّة على اليسار.

171 **الأصل**، ج 5 ص 87. يبرّر السرخسي هذا الرأي بما يلي: «لأنّها (الشهادة) تقوم لمنفعة العبد، وهؤلاء متّهمون في حقّه، ولا شهادة لمتّهم» (**المبسوط**، ج 7 ص 95).

له. وإذا شهد رجلٌ، وامرأتان على العتق، فهو جائز. بلغنا ذلك عن شريح.[172]
وكذلك لو شهد شاهدان على شهادة شاهدين.[173] وكذلك
لو شهد أخوان للعبد. ولا تجوز شهادة الأعمى في العتق. ولو شهد شاهدان،
لعبد بعتقٍ، فأعتقه القاضي، ثمّ رجعا عن شهادتهما، فالعتقُ ماضٍ، والشّاهدان،
ضامنان لقيمة العبد.[174] ولو رجع أحدهما، كان ضامنا لنصف
القيمة، بلغنا ذلك عن إبراهيم النخعي. ولو لم يُجز القاضي شهادتهما لتهمة،
اتّهما بها، ثمّ اشتراه أحدهما، أو ورثه، أو وُهب له، فإنّه حرٌّ من ماله،[175]
7 ب لأنّه قد شهد أنّه حرّ، فاشتراه، حين اشتراه، وورثه، حين ورثه، وقبضه، حين وُهب
له. وقد أقرّ على نفسه أنه حرٌّ. وإذا شهد رجلان، وامرأتان، على عتق عبد، وأعتقه
القاضي، ثمّ رجع عن شهادته رجل، فإنّه لا يضمن شيئا، لأنّه قد بقي من الشهود من يقطع
بشهادته، ويُعتق العبدُ بها. فإن رجعت امرأة أيضا، ضمنت الراجعة، والرجل الراجع قبلها،
ربع قيمة العبد على الرجل من ذلك، الثلثان، وعلى المرأة، الثلث، لأنّه إنّما انتقص ربع الشهادة،
والعبدُ حرٌّ، لا يرجع رقيقا. فإن رجعت المرأة الأخرى، لزمها وإياهما[176] ربع قيمة
العبد أيضا، على الرجل الأوّل، والأخرى نصفه، يُحاسب من ذلك، بما ضمن، ويُتمّ ما بقي،
ويكون
على المرأتين، نصفه عليهما جميعا، سواء، تُحاسبُ الأولى بما ضمنت، ويؤخذ منها تمام ما بقي،
ويؤخذ من الأخرى، ما عليها. فإن رجع الشاهد الباقي، صار عليهم جميعا، قيمة العبد
تامّة، على كلّ رجل ثلثه، وعلى كلّ امرأة سدسه. فمن كان منهم، قد أدّى شيئا، حُسب
له ذلك، وأخذ منه ما بقي. ومن كان منهم، لم يؤدِّ شيئا، أُخذ منه ما نصيبه من ذلك،
وعَتْقُ العبد، ماضٍ جائز. ولو قامت بيّنة غيرهم، بأنّ مولى العبد، قد كان أعتقه،
بعد شهادة هؤلاء، لم ينتفع هؤلاء بذلك، ولا يرجع إليهم ممّا ضمنوا شيئا. وإن جاء
هؤلاء بشهود أنّه أعتقه، قبل شهادة هؤلاء، فإنّهما [لا يرجعان بشيء مما ضمنا في قياس قول أبي

---

172 هذا السند، والسند اللاحق الخاصّ بإبراهيم النخعي غير موجودين في **المبسوط**.

173 مسألة الشهادة على الشهادة ستُذكر لاحقا.

174 يبرّر ذلك السرخسي بما يلي: «لأنّهما لا يُصدّقان في إبطال الحكم، ولا في إبطال حقّ العبد» (**المبسوط**، ج 7 ص 96). يساند ابن القاسم هذا الرأي، بينما يقتصر مالك على إمضاء العتق (**المدوّنة**، ج 7 ص 226).

175 **الكافي**، ص 113 أ. نفس الرأي لدى مالك (**المدوّنة**، ج 7 ص 226–227).

176 هذه المسألة غير مذكورة في **الكافي** و**المبسوط**.

حنيفة. وفيها قول آخر، وهو قول أبي يوسف ومحمّد]:[177] إنّهم يرجعون بما ضمنوا كلّه على المولى.
ولو قيّد رجل عبده، فحلف بعتقه، أنّ[178] في قيده عشرة أرطال، وحلف بعتقه، إن حَلَّهُ
أحدٌ من الناس، هو ولا[179] غيره. فشهد شاهدين،[180] أنّ في القيد الذي في رِجْل العبد، خمسة
أرطال، فأعتقه القاضي، بشهادتهما، ثمّ حلّه القاضي، فإذا في قيده، عشرة أرطال،[181]
كما قال مولى العبد، فاستبان للقاضي، أنّ الشاهدين شهدا على باطل، فهما ضامنان
لقيمة العبد، والعبدُ حرٌّ لا سبيل عليه، [وهذا قول أبي حنيفة].[182] وفيها قول آخر، قول أبي
يوسف،
ومحمّد، أنّهما لا يضمنان شيئا. وإذا شهد شاهد على عتق، وشهد آخر
على إقرار المولى بعتقه، فهو جائز، لأنّ العتق كلام، وقد اتّفقا، ولم يختلفا.
وإذا شهد أحدُهما، أنّه قال: أنتَ حرٌّ، وشهد الآخر أنّه قال له: قد أعتقتُه، كان
جائزا أيضا. وكذلك لو شهد أحدهما، أنّه أعتقه، لوجه الله [بالعربية]، وشهد
آخر، أنّه قال بالفارسية: أنتَ حرّ، كان حرّا. ولو شهد أنّه أعتق عبده سالما، ولا
يعرفون سالما، فإن كان له عبد يُقال له سالم، فإنّه يُعتق، وإن كان له عبدان يُقال
لكلّ واحد منهما سالم، والمولى يجحدُ، فإنّه لا يُعتق واحد منهما.[183]
8 أ ولو قالا: نشهد أنّه أعتق عبده سالما،[184] [ونحن نعرفهما] جميعا، ولكن لا ندري أيّهما عنى،
فإنّ شهادتهما باطل، إذا جحد ذلك المولى. وكذلك لو قالا: أعتق أحد عبيده،
ولم يُسمِّ لنا شيئا،
أو قالا سمّى لنا عبدا من عبيده، فنسينا اسمه، فإنّ الشهادة على هذا باطل.[185]

---

177 إضافة من **الأصل**، ج 5 ص 89؛ **الكافي**، ص 113 أ.

178 في **المبسوط**، ج 7 ص 96: «لم يكن».

179 أو غيره (**الكافي**، ص 113 أ).

180 هكذا، والأوْلى شاهدان (**المبسوط**، ج 7 ص 96).

181 يعرّفنا السرخسي بطريقة للتّعرّف على وزن القيد، دون فكّه من رجلي العبد، وذلك بأن «يضع رجلي العبد في طست ويصبّ فيه الماء، حتّى يعلو القيد...» ثمّ يذكر: «هذا من أعمال المهندسين، ولا تنبني أحكام الشرع على مثله...» (**المبسوط**، ج 7 ص 97).

182 **الأصل**، ج 5 ص 89؛ **الكافي**، ص 113 أ. ويذكر السرخسي (**المبسوط**، ج 7 ص 96) أنّ لأبي يوسف في المسألة رأيَيْن.

183 يعقّب السرخسي (**المبسوط**، ج 7 ص 97) بما يلي: «في قول أبي حنيفة».

184 كلمتان غامضتان، والتوضيح من **الأصل**، ج 5 ص 90.

185 «وحُكي عن زُفر رحه أنّ الشهادة تُقبلُ، ويُقال للمولى: بيّن...» (**المبسوط**، ج 7 ص 97).

وكذلك إن شهدا أنّه أعتقه، على جُعل، أو على غير جعل، وكذلك [إذا قالا: أعتق أحد عبيده، ولم يُسمّ لنا شيئا]؛[186]
والمولى يجحد ذلك، كان باطلا. ولو [قالا]: كان هذا، عند الموت، فأعتق
أحدَهم، ولم يُسمّه، استحسنتُ، في هذا، أن أُعتق كلّ واحد منهم، بحصّته من
ذلك، من الثلث، وأستسعيهم في الفضل، وأدَع القياس. وقال أبو يوسُف: إذا شهد
شاهدان، أنه أعتق أحد عبيده، ولم يُسمِّ لنا، أو قالا: سمّى لنا سالما، وله عبدان، كلّ واحد
منهما، يُسمّى سالم، فإنّي أُخيّره على أن يعتق أحد عبيده. وقال أبو يوسُف:
إذا شهد شاهدان أنّه قال: أحد عبيدي حرّ، أو قال: سلم[187] حرّ، فذلك جائز، وأجبره على أن يبيّن.
وإذا قالا: سمّاه لنا، ونسيناه، والمولى يجحد، فشهادتهما[188] باطل. ولو شهدا على رجلين،
أنَّ أحدهما أعتق عبده، ولا يُدرى أيّهما هو، كانت شهادتهما باطل،[189] لا تجوز. وإذا ادّعى
العبدُ العتقَ، أو الأمة، ولم يكن لهما بيّنة حاضرة على ذلك، فإنّه يُدفع إلى المولى،
ولا يُحال بين المولى، وبين عبده، بدعواه. فإن أقام شاهدا واحدا، فكذلك أيضا.[190]
فإن أقام شاهدين، حيل بين مولاه، وبينه، حتّى يُنظر في شهادتهما؛ فإن زُكّيا، عُتق العبدُ،[191]
وإن لم يُزّكيا، دُفع إلى مولاه، وكان رقيقا.[192] وإذا شهد شاهد أنّه أعتق عبدا له،
وشهد آخر أنّه وهبه لنفسه، فهذا باطل، لأنّهما قد اختلفا.[193] ولو شهدا جميعا،

---

186 هذا السطر، والذي قبله، مكتوبان في الطرّة على اليمين. وعدد من كلمات السطر الثاني غامضة لأنّ طرف الرقّ ممزّق.

187 هكذا، والمعني سالم.

188 هذه المسألة مكرّرة أعلاه.

189 هكذا، والأوْلى باطلا. يعلّل السرخسي (**المبسوط**، ج 7 ص 98) ذلك الرأي بما يلي: «لأنّ المشهود عليه مجهول، وذلك يمنع الشهادة».

190 يوجب مالك على السيّد الحلف في هذه الحالة. فإن أبى، عُتق عليه في قول أوّل، أو يُسجن في قول ثان (**المدوّنة**، ج 7 ص 227). والعبدُ لا يحلف (**المدوّنة**، ج 7 ص 223).

191 **الأصل**، ج 5 ص90. يضيف السرخسي (**المبسوط**، ج 7 ص 99) شرطا آخر وهو «إذا كان مولاه فاسقا أو مخوّفا عليه». ويدقّق الحاكم الشهيد بما يلي: «وجواب هذه المسألة في العبد خاصّة، وهذا إذا كان مولاه فاسقا مخوّفا عليه. ولم يذكر هنا الجواب في الأمَة، وقد فسّره في **الجامع**» (**الكافي**، ص 113 أ).

192 **الكافي**، ق. 113 أ.

193 يوضّح السرخسي: «لأنّهما اختلفا في المشهود به لفظا، فإنّ الهبة غير العتق وضعا، لأنّ الهبة تمليك،

أنّه وهب عبده لنفسه، فالعبدُ حرّ، وإن قال المولى: لم أنوِ العتق، فإنّه لا يُصدّق في القضاء، ويُعتق العبدُ، ولكنّه مصدّق، فيما بينه، وبين الله. ولو كانت أمة، لم يسعها
أن تُقيم معه، بعد أن يُسمع هذا الكلام. أرأيتَ لو أوصى به لنفسه، أما كنتُ
أُعتقه. ولو شهدوا أنّه قال: إنّه حرٌّ، من هذا العمل،[194] أو عتيق منه، أو حرّ اليوم، أو عتيق اليوم، فهذا عتيق أبدا، ولا يدين المولى، في القضاء، وأمّا فيما بينه، وبين الله، فهو مدين، إن لم يعني[195] عتقا، لم يُعتق.[196] ولو شهدا أنّه قال: إنّما أنت مثل الحرّ، كان هذا باطل،[197] لا يُعتق به.
ولو شهدا أنّه قال: بدنك، بدن حرٍ، أو رأسك، رأسُ حرٍ، أو يداك، يدا حرٍ،[198] فإنّ هذا كلّه لا يُعتق
به، في القضاء، ولا فيما بينه وبين الله، والعتقُ، في هذا، باطل. ولو شهدا أنّه قال: لا ملك لي، عليك، ولا رقّ لي عليك، فهذا مدين، في القضاء، فإن كان يعني العتق، عُتق، وإن كان
لا يعني العتق، لم يُعتقْ. وإذا شهدا، أنّه قال: اسم عبدي هذا حرٌّ، وهو اسمُه، ودعاه، فقال له: يا حرُّ، لم يُعتق.[199] ولو لم يقُل هذه المقالة، ثمّ قال له: يا حرّ، فإنّه يُعتق، في القضاء، وأمّا فيما بينه، وبين الله، فهو مدين.[200] فإن قال له: إن فعلتَ كذا، وكذا، فأنتَ حرٌّ،
8 ب فقال العبد: قد فعلتُ، فإنّه لا يُصدّقُ على هذا، [ولو قال له: إن صُمتَ أو صلّيتَ، أو قعدت إلى فلان، فأنت حرّ. فقال العبدُ: قد فعلتُ، فإنّه لا يُصدّق على هذا].[201] إلّا أن يُقيم له بيّنة، أو يُقرّ المولى،

والإعتاق إحداث القوة أو إبطال الملك (**المبسوط**، ج 7 ص 99).

194 **المدوّنة**، ج 7 ص 170.

195 هكذا، والأوْلى «يَعْنِ». وفي **الأصل**، ج 5 ص 91: «ينّو»

196 وردت هذه المسألة أعلاه. يرى مالك أنّه «حرّ أبدا» (**المدوّنة**، ج 7 ص 169).

197 هكذا، والأوْلى باطلا.

198 «أو اسمك اسم حرّ» عوضا عن يديك (**الكافي**، ص 113 أ). وفي **الأصل**، ج 5 ص 91: «يدك يد حرّ»

199 **الكافي**، ص 113 أ.

200 انظر في **المدوّنة** مسألة مشابهة (ج 7 ص 170). وإن كان العبدُ طبّاخا ماهرا، فقال له مولاه: أنت حرٌّ، قال مالك: «لا يلزمه الحرّية، إنّما معنى قوله أنّه حرّ الفعال، أو عَمَلَ عمل الأحرار» (**المدوّنة**، ج 7 ص 170).

201 نقص في المخطوط، نغطّيه بالاعتماد على **الأصل**، ج 5 ص 92.

لأنّ هذا ظاهر يُعرف. فالعبدُ لا يُصدّق عليه، وما كان من ظاهر يُعرف،
فإنّ العبد لا يُصدّق عليه، بقوله. وكلّ شيء باطن لا يُعرف، مثل قوله: إن كنتَ تحبّني، أو
تبغضني،
أو أشباه ذلك، فإنّ العبد، في ذلك، مصدّق، ما دام في ذلك المجلس. وإذا قال الرجل،
للرجل: أعتق أيّ عبيدي شئتَ، فأعتقهم جميعا، فإنّه لا يجوز إلّا عتق واحدٍ منهم، وذلك
إلى المولى، أيّهم شاء أعتق، ويمسك البقية. وإذا قال: أيّكم دخل هذه الدار، فهو حرّ، فدخلوا
جميعا، فهم أحرار.[202] وكذلك لو قال: أيّكم شاء، فهو حرٌّ، فشاءوا جميعا.[203] وكذلك لو قال: أيّكم
بشّرني بكذا وكذا، فبشّروه جميعا معا، فإن كان إنّما يعني واحد،[204] فإنّه لا يدينُ في القضاء،
وهو مدين فيما بينه وبين الله، يختار أيّهم شاء، فيُمضي عتقه، ويُمسك البقية. وإذا بشّروه،[205]
واحد، بعد واحد، فالأوّل حرٌّ، والباقي عبد،[206] لأنّ البشير، هو الأوّل. [207] وإذا قال الرجل
للرجل:
أخبرْ عبدي هذا، بعتقه، أو أخبر عبدي هذا، أنّه حرّ، أو بشّر عبدي بعتقه، أو أخبره، أنّه حرّ،
فهو
حرّ، ساعة تكلّم المولى، بهذا النطق،[208] إذا أخبر العبد بذلك، أو لم يُخبر.[209] وإذا قال الرجلُ:
لعبده: يا سالم، أنتَ حرٌّ، وهو يعني إنسان،[210] بين يديه، غير سالم، فإنّ سالم[211] حرٌّ.[212] وإذا قال
الرجلُ

202 في **الأصل**، ج 5 ص 92: «عُتقوا». نفس الرأي لدى مالك (**المدوّنة**، ج 7 ص 165–166). وقال في مسألة أخرى مشابهة: إنّ العبد يُعتق على المولى «فيما بينه وبين الله تعالى، ولا يُجبر في القضاء على ذلك» (**المدوّنة**، ج 7 ص 166، انظر أيضا ص 167، 169...).

203 نفس الرأي عند ابن القاسم (**المدوّنة**، ج 7 ص 172).

204 هكذا، والأوْلى واحدا.

205 «بشّره»، في **الأصل**، ج 5 ص92 و**الكافي**، ص 113 ب.

206 هكذا، والأوْلى عبيد.

207 **المبسوط**، ج 7 ص 100.

208 في **الأصل**، ج 5 ص 92: «المنطق».

209 طُرحت في **المدوّنة**، ج 7 ص 173، مسألة تكليف الرجلين بعتق عبد.

210 هكذا، والأوْلى إنسانا (**الكافي**، ص 113 ب؛ **المبسوط**، ج 7 ص 100).

211 هكذا، والأوْلى سالما، كما في **الكافي**، ص 113 ب.

212 في قول مالك، «يعتقان عليه جميعا» (**المدوّنة**، ج 7 ص 174).

أوّل عبد، يدخل عليّ، من عبيدي، فهو حرٌّ، فأُدخل[213] عليه عبدٌ ميّتٌ، ثمّ دخل[214] عليه عبدٌ
حيٌّ، فإنّ العبد الثاني حرّ، لأنه هو الأوّل، ولا يُحتسب بالميّت.[215]
ولا يكون الميّت، أوّل،[216] ولا آخر،[217] فإن دخل عليه عبدان، جميعا معا، لم يُعتق واحد منهما،
لأنّهما ليس لهما أوّل، فإن دخل[218] بعدهما عبدٌ آخر، لم يُعتق أيضا، لأنّ الأوّل غيره. وإذا قال:
أوّل عبد أملكه، فهو حرّ، فملك عبدين جميعا، لم يُعتَق واحد منهما. فإن ملك عبد[219] آخر،
بعدهما،
لم يُعتق، لأنّه ليس بأوّل. [ألا ترى]، لو أنّه قال: آخر عبد أملكه، فهو حرّ، ثمّ لم يملك غيره،
حتّى مات،
المولى، جعلناه آخرا، وأعتقناه من جميع المال، [في قول أبي حنيفة].[220] وفيه قول آخر، قول أبي
يوسف،
وقول محمّد، إنّه من الثلث،[221] لأنّه كان يقدر على أن يشتري غيره، فإنّما حنث،
قبل الموت، حيث دخل، من الموت، في حال لا يستطيع أن يشتري.[222] ولو قال: آخرُ
عبدٍ، أملكه، فهو حرّ، ثمّ اشترى عبدا، ثمّ لم يشتري[223] غيره، حتّى مات، لم يُعتق، لأنّ هذا
أوّلٌ،
وليس بآخر. ولو ورث عبدا بعده، أو أُوصِيَ به له، أو مَلَكَه بوجه من الوجوه، ثمّ مات،
عُتق هذا الآخر، لأنّه آخر. وكذلك لو كان هذا الآخر ابنه، أو ذا رحم محرّم منه، 9 أ
عُتق هو. وكان هو الآخر، إذا لم يملك غيره، حتّى مات. وإذا قال: آخر عبد أملكه،
فهو حرٌّ، فاشترى عبدا، ثمّ اشترى عبدين، بعده، ثمّ مات، فإنّه لا يُعتَق واحد من هؤلاء،

---

213 «دخل» في **الكافي**، ص 113 ب، وهو لا يصحّ.

214 في **الأصل**، ج 5 ص 93 و**المبسوط**، ج 7 ص 100 «أُدخِل».

215 «ولا يُعتدُّ» في **الكافي**، ص 113 ب، بينما في **المبسوط** (ج 7 ص 100) «ولا يُحتسب».

216 هكذا، والأوْلى أوّلا.

217 هكذا، والأوْلى: ولا آخرا.

218 في **المبسوط**، ج 7 ص 100 «أُدخِل».

219 هكذا، والأوْلى عبدا.

220 **الأصل**، ج 5 ص93؛ **الكافي**، ص 113 ب؛ **المبسوط**، ج 7 ص 100.

221 في **الكافي**، ص 113 ب «هو حُرٌّ من الثلث».

222 يعلّل السرخسي ذلك بما يلي: «لأنّ نزول العتق عندهما وقت الموت لتحقّق الشرط فيه في هذه الحالة» (**المبسوط**، ج 7 ص 101).

223 هكذا، والأوْلى لم يشترِ.

لأنّ الآخر ليس بعبد واحد. ولو قال: كلّ عبد مملوك أملكُه، أو أشتريه أبدا، فهو حرّ، فهو
كما قال، وإنّما عتق بعد الملك.[224] ألا ترى أنّه لو قال لأمة له: كلّ ولد تلدينه، أبدا، فهو حرّ،
فولدت أولادا، بعد سنين، عُتقوا جميعا.[225] وقد أعتق هذا ما لم يُخلقْ، ولم يملك
بعدُ، فكذلك الأوّل. وإذا قصد عبد،[226] بعينه، فقال: إن ملكتُ هذا، فهو حرّ، فهو
حرٌّ، كما قال، إذا ملكه. وكذلك إذا قال: كلّ عبد، أشتريه، العام، وكلّ عبد
أشتريه، من فلان، وكلّ عبد أشتريه من مصر، كذا وكذا، فهو حرٌّ كما قال.[227]
وإذا قال: كلّ عبد أشتريه، فهو حرّ، فورث عبدا، أو ملكه، بغير شراء، فإنّه لا يُعتق. وإذا قال
لعبد، لا يملكه، أو لأمة لا يملكها: أنتِ حرّة، من مالي، فهذا باطل.[228] وكذلك إن قال لها:
إن جامعتُك،
فأنتِ حرّة، أو تسرّيتُك، فأنتِ حرّة، أو كلّمتُكِ، فأنتِ حرّة. ثمّ اشتراها، ثمّ فعل جميع ما حلف
عليه، فإنّ هذا باطل، لا يقع،[229] لأنّه قال ذلك، وهو لا يملكها، ولم يقل: إذا ملكتُها. أرأيتَ
لو قال
لها: أنتِ حرّة، غدا، أو قال لها: أنتِ حرّة، اليوم، فاشتراها، يومه ذلك، أكانت تُعتق ؟ فهذا كلّه
باطل، لا يقع به العتقُ، لأنّه لم يذكر في هذا المِلْك. وكذلك لو قال: كلُّ أمة أتسرّاها،
فهي حرّة. فإن تسرّى أمةً، كانت في ملكه، يوم حلف، فإنّها تُعتقُ. وإن تسرّى أمة اشتراها[230]
بعد
هذه اليمين، لم تُعتق، لأنّه لم يقلْ: أتسرّاها بعد الملك، والتسرّي هو أن يُبوّأها بيتا ويُحصنها، وإن

---

224 «لا شيء عليه» في قول مالك، إلّا أن «يُسمّي ... عبدا بعينه» (**المدوّنة**، ج 7 ص 153).

225 نفس الرّأي لدى مالك (**المدوّنة**، ج 7 ص 203). وقد استثقل مالك بيع الأمة (ج 7 ص 204).

226 هكذا، والأوْلى عبدا.

227 نفس الرأي لدى مالك (**المدوّنة**، ج 7 ص 150). وفي مسائل مشابهة، نلاحظ اعتماد مالك وابن القاسم وابن وهب على أسانيد كوفية (**المدوّنة**، ج 7 ص 151، 153–154).

228 «لأنّ تنجيز العتق لا يصحّ إلّا بعد وجود المِلْك في المحلّ، ولم يوجد» (**المبسوط**، ج 7 ص 101). انظر **المدوّنة**، ج 7 ص 153.

229 «إلّا على قول زُفر، فإنّه يقول التسرّي والجماع لا يحلّ إلّا في الملك، فكان هذا في معنى إضافة العتق إلى الملك بمنزلة قوله إن اشتريتك...» (**المبسوط**، ج 7 ص 101). ويذهب مالك إلى عدم العتق (**المدوّنة**، ج 7 ص 153).

230 في **الأصل**، ج 5 ص 94: «وإن اشترى أمة، فتسرّاها». وفي **الكافي**، ص. 113 ب، «تسرّى أمة واشتراها»، بينما في **المبسوط**، ج 7ص 101، «فاشترى جارية بعد يمينه وتسرّاها».

لم يطلب ولدها.[231] وفيها قول آخر، قول أبي يوسف،[232] أنّ التسرّي لا يكون مع هذا، إلّا بطلب
الولد.[233] ولو لم يفعل بها شيئا من ذلك، ولكنّه وطئ خادما، قد كانت
عنده، ثمّ علقت منه، لم تُعتق، لأنّه لم يتسرّاها؛ وقد علقت منه من غير تسرّي.[234] وإذا قال الرجلُ،
لعبدين له: أيّكما أكل هذا الرغيف، فهو حرٌّ، فأكلاه جميعا، فإنّه لا يُعتَق واحد منهما،
لأنّه لم يأكله كلّه، ولو أكله أحد منهما، ثمّ أقام البيّنة، أنّه أكله، أعتقه القاضي.
فإن أقام الآخرُ، البيّنة، أنّه هو الذي أكله، لم يعتقه القاضي، من قبل أنّه قد جعل الأوّل آكلا.
فما جاء بعده، فهو باطل. ولو لم يأتي[235] أحدُهما، قبل صاحبه، واجتمعا جميعا، كلّ واحد
منهما، يُقيم البيّنة، أنّه أكل الرغيف كلّه، لم يجزْ هذا، ولم تُقبل هذه الشّهادة،
9 ب وهي باطل. ألا ترى أنّ القاضي، قد علم أنّ إحداهما كاذبة، لأنّ كلّ واحد من
الفريقين، ينقض على صاحبه. وإذا شهد شاهدان، أنّه أعتق سالما، يوم النّحر، بمكّة،
فأجاز القاضي شهادتهما، وأعتقه. ثمّ شهد آخران، أنّه أعتق بديعا،[236] يوم النحر، بالكوفة، فإنّه يُبطل
شهادتَهما، ولا يُجيزها. لأنّه قد أوجب عليه [عتق] الأوّل، فإجازة الآخر باطل، لأنّه لا
يكون في يوم واحد بمكّة، والكوفة. ولو لم تشهد عليه، إحدى البيّنتين،
قبل صاحبتها، واجتمعا جميعا، فشهدا بهذا، فإنّ ذلك باطل، لا يجوز، ولأنّ كلّ واحد منهما،
ينقض شهادة الأخرى.[237] فإذا ردّ القاضي الشّهودَ جميعا، ثمّ ماتت إحدى البيّنتين، ثمّ أعاد
الآخر بيّنته،[238] على القاضي، ثمّ شهدت به الشّهودُ، فشهدوا له عنده بذلك،

---

231 في قول محمّد (**الأصل**، ج 5 ص 94)، وأبي حنيفة (**الكافي**، ص 113 ب).

232 «ومحمّد» (**الكافي**، ص 113 ب).

233 «للعادة الظاهرة أنّ الناس يطلبون الأولاد من السراري، وفي الأيْمان يُعتبر العُرف. وهما (أبو حنيفة ومحمّد) يقولان: ليس في لفظه ما يدلّ على طلب الولد» (**المبسوط**، ج 7 ص 101). وانظر **الكافي**، ص 113 ب، الذي يخالف **المبسوط** في نسبة هذه الآراء لأطراف الثالوث الحنفي.

234 «لأنّ التسرّي بالتحصين والمنع من الخروج» (**المبسوط**، ج 7 ص 102).

235 هكذا، والأوْلى لم يأتِ.

236 «سريعا»، في **المبسوط**، ج 7 ص 102، بينما في **الكافي** الكلمة محذوفة (ص 113 ب)، وفي **الأصل**، ج 5 ص 95: «سالما».

237 هكذا، والأوْلى الآخر.

238 في **الأصل**، ج 5 ص 95: «ثمّ ادّعى الآخر وأقام بيّنة».

فإنّ القاضي لا يقبل شهادتهما، لأنّه قد ردّها، بالتهمة،[239] ولا يقبلها أبدا. ولو لم تُمت واحدة من البيّنتين، حتّى جاء أحدُ الغلامين بشاهدين آخران،[240] يشهدان على ما شهدت له شهوده التي ردّت شهادتهم، وجاء الآخر بشهوده الذين شهدوا، فإنّ القاضي يُجيزُ شهادة هذين الشاهدين
الآخرين، اللذيْن لم يكونا قد شهدا عنده،[241] ويُنفذ عتق الغلام الذي شهدا بعتقه،
ولا يقبل شهادة الآخريْن أبدا.

وإذا شهد شاهدان على شهادة شاهدين، في العتق، فإنّه جائز. وكذلك إذا شهد عليه رجل وامرأتين.[242] ولو قذف عبدا، فطلب أن يأخذ بحدّه، فشهد له رجل وامرأتان على عتقه، قبل أن يُقذف، فأخذتُ ذلك، وحددتُ قاذفه، إذا كان على قذفه، شاهدان عدلان. ألا ترى أنّ رجلا وامرأتين، لو شهدوا على رجل بالنكاح لامرأة، قد عرفوها وشهدوا أنّ هذا الولد منهما، ثمّ زنى الرجل والمرأة، فإنّي أرجمهما. ولو أنّ رجلا وامرأتين شهدوا على عتقٍ، فأمضيتُه، ثمّ قَذَف بعد ذلك، أو قُذِف، أو جنى، أو جُني عليه، جناية يكون فيها قصاص، كان ذلك كلّه، جائزا عليه، وآخُذُ له بحقّه، وآخذ منه الحقَّ الذي لزمه، وليس يستقيمُ أن يكون حرّا، في كلّ شيء. فإذا وقعت الحدود والقِصاص، كان بمنزلة العبد.

وإذا أعتق الرجل نصيبه من عبدٍ، بينه وبين آخر، عن دبر منه، فأعتق الآخر نصيبه،

---

239 «للتّهمة» في **الكافي**، ص 113 ب.

240 هكذا، والأوْلى آخريْن. انظر **الكافي**، ص 113 ب؛ **المبسوط**، ج 7 ص 102.

241 هنا نجد عنوانا في **الكافي**، ص 114 أ، وهو: «باب عتق المملوك بين الشركاء»، بينما يأتي عنوان مشابه، في **المبسوط**، ج 7 ص 102، بعد سطر، مباشرة بعد عبارة «أبدا»، وهو «باب عتق العبد بين الشركاء». وبعد هذا العنوان يبرز اختلاف بيّن مع مخطوطنا حيث يتواصل الحديث عن الشهادة على العتق، بينما يبدأ الباب المذكور في **الكافي** كما يلي: «أكثر هذا الباب مبني على مذهب أبي حنيفة، فيمن أعتق نصف عبده...». أمّا في **المبسوط** فنقرأ: «أكثر مسائل هذا الباب تنبني على أصل أبي حنيفة رحه. فإنّ العتق عنده يتجزّء حتّى أنّ من أعتق نصف عبده، فهو بالخيار في النصف الباقي...». فالتقارب واضح بين هذين المصدرين بخلاف كتاب **الأصل** ومخطوطنا حيث نجد بعد حوالي صفحة، العنوان التالي: «باب عتق الرقيق بين اثنين». وتكثر بعده الأحاديث والآثار الخاصّة بعتق نصيب في المملوك، ليبدأ لاحقا الاتّفاقُ الجزئي بين المصادر الأربعة، مع تقديم وتأخير.

242 هكذا، والأوْلى امرأتان. أجاز مالك شهادة المرأتين لفائدة العبد مع إيجاب اليمين على المولى (**المدوّنة**، ج 7 ص 227).

البتّة، وهو موسر،[243] فإنّ لشريكه، أن يُضمّنه، نصف قيمته، مدبّرا،[244] ويرجع بذلك الشريكُ على العبد، ويكون الولاء بينهما، لأنّه جرى فيه عتقٌ من الأوّل. [وهذا قول أبي حنيفة. وقال أبو يوسف ومحمّد: حين دبّره الأوّل، فهو مدبّر كلّه، وعتق الثاني باطل، ويغرم الأوّل للثاني نصف قيمته، موسرا كان أو معسرا].[245] وإذا كان العبدُ،
بين ثلاثة، فأعتق أحدُهم، عن دبر، ثمّ أعتق الآخر البتّة، وهما موسران؛ فللباقي منهما الذي لم يُعتق،
أن يضمّن الأوّل للمدبَّر، وللأوّل أن يضمّن الثاني المعتق البتّة، ثلث قيمته،[246] ويرجع
10 أ بذلك على العبد، ويستسعي العبدَ للمدبّر الّذي دبّر في ثلث قيمته. وللمدبّر
ثلثي[247] الولاء، وللمعتق البتّة ثلث الولاء.

باب عتق الرقيق بين اثنين

أبو يوسُف، عن الحجّاج بن أرطأة، عن نافع، عن ابن عمر[248] عن رسول الله عليه السلام،[249] أنّه قال في الرجل
يُعتق نصيبه في المملوك، إن كان غنيّا، ضُمّن، وإن كان فقيرا، يسعى العبد في
حصّة الآخر.[250] أشعث بن سوار، عن الحسن البصري، عن علي بن أبي طالب، أنّه قال:

243 يميّز السرخسي (**المبسوط**، ج 7 ص 105) بين صنفين من اليسار في مسألة الضمان: «وجوب الضمان في حالة اليسار دون العسرة، ولكنّ المعتبر يسار اليسر لا يسار الغنى، حتّى إذا كان له من المال قدر قيمة المملوك، فهو ضامن». فيسار اليسر يقابل القدرة على دفع قيمة العبد.

244 انظر **المدوّنة**، ج 7 ص 186.

245 إضافة من **الأصل**، ج 5 ص 96.

246 يرى مالك أنّ المعتق الثاني لا يُضمَّن بخلاف الأوّل، لأنّ هذا الأخير «هو الذي ابتدأ الفساد» (**المدوّنة**، ج 7 ص 187، وانظر ما يليها إلى ص 194).

247 هكذا، والأولى «ثلثا».

248 **المبسوط**، ج 7 ص 105.

249 هذا الحديث وما سيأتي بعده لاحقا من الآثار، تمّ ذكرُها في مخطوطنا وفي **الأصل**، ج 5 ص 97، بصفة مسترسلة، مع ذكرٍ لأسانيدها. أمّا الحاكم الشهيد فإنّه حذف جلّها، بينما ذكرها السرخسي بصفة مختصرة، لاسيما بحذف أسانيدها، كما أنّه وزّعها على مختلف صفحات هذا الباب، وذلك حسب سياق المسائل المذكورة.

250 انظر أحاديثا مشابهة في ونسنك، **المعجم**، ج 6 ص 456.

يُعتِق الرجلُ، من عبده، ما شاء. الحجّاج بن أرطأة، عن رجل، عن الحسن بن أبي الحسن، عن عمر بن
الخطّاب، أنّه قال: إذا أعتق الرجل شقصا، في عبد، عُتق كلُّه، ليس لله شريك.[251]
الحسن بن عمارة، عن القاسم بن عبد الرحمن، عن أبيه، عن عبد الله بن مسعود،[252] أنّ رجلين من
جُهينة، كان بينهما عبد، فأعتقه أحدُهما، فرُفع ذلك إلى رسول الله، عليه السلام، فضمّنه نصيب صاحبه، وبيعت غُنَيْمَة له،[253] في ذلك. إسماعيل بن مسلم، عن الحسن بن أبي الحسن البصري، عن عمر بن الخطّاب، أنّه كان يقول في العبد بين رجلين، فيُعتقه أحدُهما، أنّه يُضمَّن نصيب صاحبه، إن كان غنيّا، وإن كان فقيرا، استسعى العبدَ، في نصيب صاحبه. أبو حنيفة، عن حمّاد، عن إبراهيم، أنّه قال في العبد، بين اثنين، فأعتقه أحدُهما، وهو غنيّ، قال: الشريكُ بالخيار، إن شاء ضمّن الذي أعتق، والولاء للّذي أعتق، وإن شاء عتق هو، وإن شاء استسعى العبدَ. وإن كان المعتق فقيرا، فالشريك بالخيار، إن شاء استسعى العبدَ، وإن شاء أعتق؛ فإن أعتق، أو استسعى، فالولاء بينهما. زكريا بن أبي زائدة، عن عامر الشعبي، أنّه قال، في الرجل يُعتق عبدا، بينه وبين آخر، وهو غنيّ، إنّه ضامن؛ وإن كان فقيرا، سعى للشّريك، والولاء كلّه للأوّل. أبو حنيفة، عن حمّاد، عن إبراهيم، أنّه قال: من أعتق، من غلامه شيئا، عُتق منه ما أعتق، وسعى فيما بقي. محمّد عن أبي حنيفة، عن يزيد،[254]
عن إبراهيم، عن الأسود بن يزيد، أنّه أعتق عبدا له، ولإخوة له صغار، فيه نصيب، وذكر ذلك لعمر بن الخطّاب، فأمر عمر، أن يُقوّمه، ثمّ يستأنى به، حتّى يُدركوا،

251 يسوق السرخسي (**المبسوط**، ج 7 ص 103) هذا الأثر على أساس أنّه حديث نبوي. انظر أيضا **المدوّنة** (ج 7 ص 190)، حيث ورد هذا الأثر حسب صيغة مشابهة، مع أنّ سنده كان ابن نافع عن سفيان الثّوري عن سلمة بن خالد المخزومي أنّ عمر بن الخطّاب جاءه رجل فقال له: أنا الذي أعتقتُ نصف عبدي. فقال عمر: عُتق عليك كلُّه، ليس لله فيه شريك، والرجل صحيح. وانظر رواية أخرى مشابهة في محمّد رواس قلعجي، **موسوعة فقه عمر**، ص 345.

252 في **المبسوط** (ج 7 ص 105)، نجد سندا مختلفا جزئيا «روى عروة عن عائشة وعمر بن شهيب عن أبيه عن ابن مسعود». وبالمقابل، فإنّ ما ورد في مخطوطنا يتّفق مع **الأصل**، ج 4 ص 97.

253 الغُنَيْمة: قطيع صغير من الغنم (**لسان**، ج 5 ص 66، مادّة غنم)، وانظر **الأصل**، ج 5 ص 98، و**المبسوط**، ج 7 ص 105.

254 هذا السند، إلى حدّ يزيد محذوف في **المبسوط** (ج 7 ص 105).

فإن شاءوا، أعتقوا، وإن شاءوا، أخذوا القيمة.[255] وإذا كانت الأمة بين اثنين، فأعتق أحدُهما، نصيبه، فهو جائز. فإن أراد أن يكتُب لها كتابا بذلك، كتب:
«هذا كتاب من فلان بن فلان، لفلانة الفلانية، أمته، وأمة فلان، إنّي أعتقتُ نصيبي منك، وهو النصف، لوجه الله، وطلب ثوابه، وأنا صحيح يومئذ، لا علّة بي من مرض، ولا غيره،
10 ب فنصيبي منكِ، حرٌّ، لوجه الله، لا سبيل لي، ولا لأحد على نصيبي منك، ولي نصف، ولائك، ونصف ولاء عقبك من بعدك».[256] فالشريكُ الذي لم يُعتق، بالخيار، إن شاء أعتق حصّته، وإن شاء استسعى
الخادم، في نصف قيمتها، إن كان الشّريكُ المعتق، موسرا، أو معسرا. فهذا لشريكه، الخيارات، ذلك شاء، وليس له أن يُضمّنه، إن كان مُعسرا. وإن كان موسرا، فله أن يُضمّنه، ويرجع
الشريكُ الموسر بذلك الضمان على الخادم. وكان الولاء كلّه له. وإن لم يضمّنه، واستسعى، أو أعتق، فالولاء بينهما، [في قول أبي حنيفة]. فإن أعتق، وأراد أن يكتُب بذلك كتابا، [كَتَب] مثل نسخة صاحبه الأوّل.
فإن أراد أن يستسعي الخادم، فأراد أن يكتب بذلك كتابا، كتب: «هذا كتابٌ لفلان بن فلان، من فلانة الفلانية، أمته، وأمة فلان، إنّي كنتُ أمة بينك وبين فلان، فاعتق فلان نصيبه، فيّ، وهو النصف، واخترتَ، أنتَ، أن تستسعيني، في نصف قيمتي، فقوّمتاني قيمة عدل برضاي، وتسليمي، فبلغتْ قيمتي، كذا وكذا درهما، فكان الذي يصيبك من ذلك خاصّة النصف، فصالحْتني عليه، واستسعيتني فيه، ونجّمتهُ عليّ في كذا وكذا سنة، أوّلها شهرا[257] كذا من سنة كذا، أؤدّي لك، كلّ سنة، من ذلك كذا كذا، ومحلّ أوّل النّجوم شهر كذا كذا، من سنة كذا، وعليّ عهد الله وميثاقه، أن أنصح، وأجهد، حتّى أؤدّي إليك جميع ما أستسعي فيه، فإذا أدّيتُ إليك ذلك كلّه، فنصيبكُ من رقبتي، حرّ، وهو النّصف، حرّ، لوجه الله، لا سبيل لك ولا لأحد عليّ،
ولك نصف ولائي، ونصف ولاء عقبي من بعدي». وتكتب الأمة كتابا، عندها على هذه النسخة. «هذا كتاب من فلان، لفلانة الفلانية، أمته، وأمة فلان، أنّك كنتِ

255 هذا الأثر مكرّر فيما سيأتي، مع تغيير طفيف في المتن «أخ له صغير»، بينما هنا «إخوة له صغار» (**المبسوط**، ج 7 ص 105).

256 مثل هذه الكتب، أو الوثائق غائبة في **الكافي** وكذلك في **المبسوط**.

257 هكذا، والأوْلى شهر.

أمة، بيني وبين فلان، فأعتق فلان نصيبه منك، وهو النصف، فاخترت أن استسعيك، في نصف
قيمتك، فقومتك قيمة عدل، برضاك، وتسليمك، فبلغت قيمتُك كلّها، كذا وكذا، فكان الذي يصيبني من ذلك، [النصف، وهو] كذا وكذا، [فنجّمتهُ عليك نجوما تؤدّي إليّ في كلّ سنة من ذلك كذا وكذا].[258] ومحلّ أوّل [هذه] النجوم، شهر كذا (كذا)، من سنة كذا، وعليك عهد الله [وميثاقه]، لتنصحن، ولتجهدن، حتّى تؤدّي إليّ جميع ذلك، عند محلّ كلّ نجم منه.
فإذا أدّيت [إليّ] جميع الذي لي عليك من ذلك، فنصيبي من رقبتك، وهو النصف منها، حرّ لوجه الله [تعالى]،
لا سبيل لي (عليك)، ولا لأحد عليك، ولي نصف ولائك، ونصف ولاء عقبك [من بعدك]».
وإذا أعتق الشريكُ، بأمر[259] شريكه، فلا ضمان عليه. وإذا أراد الذي أعتق أوّل مرّة، نصيبه،
11 أ أن يكتب تسليما من شريكه، ويبرأ من الضمان،[260] كتب: «هذا كتاب من فلان بن فلان، لفلان بن فلان، أنّه كانت أمة بيني وبينك، يُقال لها فلانة الفلانية، فسألتني أن آذن لك أن تُعْتِق نصيبك منها، فأذنتُ لك في ذلك، فأعتقت نصيبك منها، وهو النّصف، بإذني، وتسليمي، ورضائي، فلا ضمان لي عليك، ولا سبيل، ولك نصف ولاء هذه الجارية،[261] ونصف ولاء عقبها من بعدها». وإذا أعتق الرجلُ أمة بينه وبين آخر، فضمّنه شريكُه، فإذا أراد أن يكتُب براءة، ممّا أدّاه إليه من الضمان، كتب: «هذا كتاب لفلان بن فلان، من فلان بن فلان، أنّه كان بيني وبينك،
أمة، يقال لها فلانة الفلانية، فأعتقت نصيبك منها، وهو النصف، واخترت أن أضمّنك، وكنتَ موسرا يوم أعتقت [نصيبك]، فضمّنتك قيمة نصيبي منها، فقوّمتُ أنا وأنتَ، هذه الخادم، قيمة عدل، على رضاي ورضاك، وسلّمنا، فبلغت قيمتُها كذا وكذا،
فكان الذي يصيبني من قيمة هذه الخادم، المسمّاة في هذا الكتاب، [النصف، وهو كذا كذا] فقبضتُ ذلك، منك، وهو النّصف من قيمتها، وهو كذا وكذا، وبرئت إليّ منه، فلم يبقَ لي، قبلك، من قيمة
هذه الخادم، قليل ولا كثير، إلّا قد استوفيتهُ منك، وبرئت إليّ منه، فليس لي قبلك،

---

258 **الأصل**، ج 5 ص 100.

259 في **الأصل**، ج 5 ص 100: «بإذن».

260 انظر مسألة مشابهة في **المدوّنة** (ج 7 ص 186) تخصّ عبدا بين رجلين أذن أحدُهما لصاحبه في العتق. فحسب مالك، يُضمَّن المعتِق، إن كان موسرا.

261 في **الأصل**، ج 5 ص 101: «الخادم»، مع تقديم وتأخير.

بعد هذه البراءة من قيمة هذه الخادم، قليل ولا كثير، وقد صار نصيبي من هذه الخادم، وهو النصف، لك، بتضميني إياك، شهد».

وإذا أراد أن يكتب الذي ضمن على الخادم كتابا بالسعاية فيما ضمن، كَتَبَ:

«هذا كتاب لفلان بن فلان، من فلانة الفلانية، أمته وأمة فلان. إنّي كنتُ أمة بينك وبين فلان،

نصفين، بينكما، وأنّك أعتقتَ نصيبك منّي، وهو النصف، لوجه الله وطلب

ثوابه، وأنت، يومئذ، صحيح، لا علّة بك من مرض، ولا غيره، وأنتَ موسرا،[262] يومئذ، فاختار فلان،

أن يضمّنك، فقوّمتماني، قيمة عدل، برضا منكما ومنّي، وتسليمي، فبلغت قيمتي كذا كذا، فكان الذي يصيب فلانا من ذلك، كذا وكذا، فأدّيتُه إليه، وقبضه منك، وبرئْت إليه منه، وصار ذلك لك منّي، منجّما على كذا كذا سنة، أؤدّي إليك من ذلك، كلّ سنة كذا كذا، ومحلّ أوّل النجوم،

شهر كذا، من سنة كذا، ولك عليّ عهد الله، وميثاقه، أن أنصح لك، وأجهد، حتّى أؤدّي إليك، جميع الذي لك عليّ من ذلك. فإذا أدّيتُ إليك ذلك كلّه، فأنا حرّة لوجه الله، لا سبيل لك عليّ، ولا لأحد، ولك ولائي، وولاء عقبي من بعدي، شهد». وتكتبُ كتابا آخر على مثل هذه النسخة، يكون عند الخادم، غير أنّك تجعل الكتاب من المولى لها. وإذا كان العبد بين رجلين، فشهد كلّ واحد منهما على صاحبه، أنّه أعتق نصيبه، وكلّ

واحد منهما،[263] يجحد أن يكون أعتق شيئا، فإنّ العبد يُقوّمُ، ثمّ يَسعى لهما في قيمته،

11 ب وهو عبد ما دام يسعى في شيء من قيمته، والولاء بينهما نصفان، [في قول أبي حنيفة].[264] ولو أعتق أحدهما

حصّته، فاختار الآخرُ أن يضمّن شريكه، رجع الشريكُ على العبد بذلك،

وكان عبدا في حدوده، وشهادتِه، وجراحاتِه، ما دام عليه من السعاية شيء،

والولاء كلّه، إذا أدّى، للشّريك الضامن. ولو لم يضمّنه، ولكنّه استسعى العبد،

---

262 هكذا، والأوْلى موسرٌ.

263 في تقويم هذه الفقرة، اعتمد محقّق **الأصل**، ج 5 ص 102، على **الكافي**، ص 114 أ، فكتب: «فشهد كلّ واحد منهما [على صاحبه أنّه أعتقه وصاحبُه] يجحد...» وهي في معناها تختلف عمّا ورد في مخطوطنا، الذي يبدو لنا الأصحّ.

264 «وقال أبو يوسف ومحمّد لا سعاية عليه إن كانا غنييْن» (**الكافي**، ص 114 أ). انظر أيضا **المبسوط**، ج 7 ص 108.

كان في شهادته، وجراحاته، وحالاته، كلّها بمنزلة العبد، ما دام عليه شيء من السعاية،
وكان الولاء، إذا أدّى، بينهما، نصفان،[265] [في قول أبي حنيفة]. وإذا أعتق أحدُ الشريكين،
وهو معسرٌ،
فليس للشّريك الآخر، أن يُضمّن المعتق، إنّما له أن يستسعي، أو يُعتق، فإذا كان المُعتِق موسرا،
فالشريك بالخيار، إن شاء أعتق، وإن شاء استسعى، وإن شاء ضمن شريكه المعتق.
وإذا كان لشريكه، من المال، أو العروض، قدر قيمة نصف العبد، كان لشريكه
أن يُضمّنه. وإن كان [له] أقلّ من ذلك، لم يكن لشريكه، أن يُضمّنه. وإذا اختلفا في
قيمة العبد، فقال الشريكُ المعتِق: كانت قيمته يوم أعتقتُه، مائة درهم. وقال الذي
يريد أن يُضمّنه: أعتقته اليوم، فإن كان العبد قائما بعينه، فإنّه لا يُنظر إلى قول واحد
منهما، ولكنّه يُقوّم، يوم ظهر العتقُ على حاله. فإن قال المعتق: أعتقه وهو صغير،
وقيمته كذا وكذا؛ وقال الآخرُ: أعتقته اليوم، وهو كبير، وقيمته كذا
كذا، فإنّما على المعتق القيمة، يوم ظهر منه العتقُ. فإن قال الشريكُ: لا أضمنه،
ولكنّي أستسعي العبدَ، فقال العبدُ: أعتقني، وأنا صغير، فإنّه لا يكون على العبد قيمته
صغيرا، ولا يُصدّق، وله أن يستسعى في نصف القيمة، يوم ظهر العتقُ.[266]
ألا ترى أنّ له أن يُعتق حصّته، الساعة، فعلى حالها، أنّ له أن يستسعيه.
فكذلك الضمان، إذا أراد أن يُضمّن الشريك، فهو على حاله. 12 أ
ولو أعتقه، وهو صحيح،[267]
[ثمّ عمي، كان للشريك أن يضمّنه نصف قيمته صحيحا. ولو أعتقه،[268]
و]هو قليل القيمة، ثمّ زاد، وبلغ، وذلك معروف، كان عليه
نصف القيمة، يوم أعتقه. وإذا مات الشريكُ الذي لم يُعتِق، فلورثته ما كان له من العتق،
والسعاية، ويضمّن الشريك، إن كان موسرا، يختارون أيّ
ذلك شاءوا. غير أنّهم، إن استسعوا، أو أعتقوا، لم يكن للنّساء من الولاء شيئا،[269] وكان الولاء

265 هكذا، والأوْلى نصفيْن.

266 يذكر السرخسي (**المبسوط**، ج 7 ص 109) رأيا آخر في هذه المسألة: «وإن اختلفا (المولیان) في قيمته (العبد)، في ذلك الوقت، فالقول قول المعتق لأنّ القيمة عليه».

267 **الأصل**، ج 5 ص 103. والكلمة غامضة، يمكن أن نقرأ أيضا صغير، أو صبي.

268 سطر موجود في الطرّة على اليمين، مبتور بقدر أربع كلمات، لأنّ الرقّ ممزّق؛ وقد قوّمناه بالاعتماد على **الأصل**، ج 5 ص 103.

269 هكذا، والأوْلى شيءٌ.

للرّجال،[270] بمنزلة مكاتب، أخذوا ما عليه، وأعتقوه، وأبروه[271] ممّا عليه. ولا يجوز لصاحبهم، قبل موته، أن يبيع حصّته منه، ولا يهبها، [قبل أن يضمن الشريك شيئا]، ولا يتزوّج عليها، ولا يوصي

بها، من قِبل الذي دخل في العبد من العتق، في حصّة الآخر. وإذا أعتق أحدُ الشريكين، نصيبه من العبد، فمات العبدُ، قبل أن يضمن الشريكُ، شريكَه، وقبل أن يُعتق، أو يَستسعى، فإنّه يُنظر في ذلك.[272] فإن كان المعتِق موسرا، فإنّه ضامن لنصف قيمته، ولا سعاية على العبد، إذا مات. فإن كان العبدُ قد ترك مالا، قد كان اكتسب قبل العتق بعضه، وبعضه بعد العتق، فما كان منه ممّا اكتسب، قبل العتق، فهو بين المولْيينْ، نصفين،[273] وما كان اكتسب، بعد العتق، فإنّ الشريك يرجع في ذلك، بنصف القيمة التي ضمن لشريكه. وما بقي بعد نصف القيمة، فهو ميراث. فإن لم يكن له وارث، فهو للمولى المعتِق. وإن كان لا يُعلم متى اكتسبه، فهو بمنزلة ما اكتسب، بعد العتق.

وإن اختلفا في قيمة العبد، والمعتق ميسرا،[274] فالقول المعتق،[275] لأنّ العبد قد مات. وإن كان المعتِق معسرا، فإنّ للشّريك نصف قيمة العبد فيما ترك،[276]

12 ب وما بقي فهو ميراث بينهما، إن لم يكن له وارث غيرهما.[277] وإن لم يكن للعبد مال،[278] فإنّ للّذي لم يُعتق نصف قيمة العبد، دينٌ على العبد، حتّى يُصاب له مال. وإن كان العبدُ حيّا، فصالحه الذي لم يُعتق على أقلّ من نصف

---

270 **الأصل**، ج 5 ص 103؛ **الكافي**، ص 114 و، **المبسوط**، ج 7 ص 109.

271 هكذا، والأوْلى أبرؤوه.

272 يرى مالك أنّ المال يعود «للمتمسّك بالرقّ، دون ورثته...» (**المدوّنة**، ج 7 ص 192–193)

273 «لأنّه كان على ملكهما، حين اكتسب هذا المال، والكسب لمالك الأصل» (**المبسوط**، ج 7 ص 110).

274 في **الأصل**، ج 5 ص 104: موسر، وهو الأصحّ.

275 هكذا، والأولى للمعتق. وفي **الأصل**، ج 5 ص 104: «فالقول، قول المعتق».

276 «لأنّ الكسب حادث، فيُحال بحدوثه إلى أقرب الأوقات. ومن ادّعى فيه تاريخا سابقا، لا يُصدّق إلّا بحجّة» (**المبسوط**، ج 7 ص 111).

277 انظر في **الكافي** (ص 114 ب) أكثر تفاصيل حول اختلاف المولييْن في اقتسام تركة العبد.

278 انظر **المدوّنة**، ج 7 ص 192–193.

القيمة، فهو جائز. وإن صالحه على أكثر من نصف قيمته، فالفضل باطل،[279]
مردود على العبد من قبل أنّه لا يلزمه إلّا نصف قيمته. وإن صالحه المعتِق
على عروض أكثر من نصف قيمته، فهو جائز، وكذلك إن صالح العبدَ
على عروض أكثر من نصف قيمته، فهو جائز.[280]
والذهب والورق، في ذلك سواء، لا يجوز أن يصالحه على أكثر من نصف قيمته بذهب، أو ورق، [إلّا على ما يتغابن الناس في مثله]. وإن صالحه على شيء من الحيوان، إلى أجل، فهو جائز، بمنزلة الكتابة.[281]
وإذا أعتق الرجل عبدا، بينه وبين آخر، وهو معسر، ثمّ أيسر، فلا ضمان عليه.[282] فإن اختلفا، فقال المعتق:
أعتقتُ، وأنا معسر، وقال الذي لم يُعتق: أعتقتَ، وأنتَ موسر، فإنّي أنظر
في حاله، يوم ظهر العتقُ، فإن كان موسرا، جعلتُ القول قول صاحبه، وجعلتُه
موسرا، وإن كان معسرا، يوم ظَهر العتقُ، جعلتُ القول قول المعتِق، مع يمينه،
وجعلتُ على صاحبه البيّنة. وإن كان موسرا، يوم أعتق، وتصادقا على
ذلك، فقال الشريكُ: قد اخترتُ أن أضمّنك، ثمّ بدا له أن يستسعي العبدَ، وأن يبرّئ
الشريكَ من الضمان، فليس له ذلك، من قبل أن نصيبه قد كان لشريكه،
وولاؤه يكون له.[283] لكن لو [أحاله] على العبد، بالذي يرجع به المعتقُ على العبد،
من السعاية، ووكّله بقبضها منه، فاقتضى ذلك من حقّه، كان
[هذا] جائزا، وكان الولاءُ للمعتق كلّه. ولو لم يكن اختار الضمان، ولكنّه
اختار السعاية على العبد، ثمّ أراد أن يُضمّن المعتق،[284] ويُبرئ العبد،
فإنّ ذلك لا يجوز.[285] ولا يكون له ذلك من قبل أنّ الضمان قد لزم العبدَ.

---

279 «فالصلح على أكثر من جنسه يكون ربًا» (**المبسوط**، ج 7 ص 111).

280 تكرار في الجملة، تمّ تقويمه في **الأصل**، ج 5 ص 104، كما يلي: «إن صالَح العبدَ على ذلك».

281 ثلاثة أسطر موجودة في الطرّة على اليسار، تمكّنّا من قراءتها بالاعتماد على **الأصل**، ج 5 ص 104 و**الكافي**، ص 114 ب؛ و**المبسوط**، ج 7 ص 112.

282 «لأنّ صفة اليسار، في العتق، تُعتبر لإيجاب الضمان» (**المبسوط**، ج 7 ص 112).

283 في **الأصل**، ج 5 ص 104: «ويكون له ولاؤه». هذا مثال عن نوعية بعض الفوارق البسيطة بين مخطوطنا و**الأصل**.

284 في **الأصل**، ج 5 ص 105: «الشريك».

285 **المبسوط**، ج 7 ص 112.

وإذا أعتق أحدُهما العبدَ، فهو، في شهادته، وفي حدوده، وجراحته،
وأمره كلّه، ما دام يسعى في شيء من قيمته، بمنزلة العبد.
فإن جرحه المولى الذي لم يُعتق، فعليه أرش الجراحة للعبد،
يستعين به في سعايته، ولا يكون هذا منه اختيارا لضمان العبد.[286]
13 أ ولو أنّه جنى عليه جناية، بقدر نصف قيمته، كان مثل ذلك.
وكذلك لو غصب من العبد مالا، يكون فيه وفاء بنصف
قيمته، كان فيه [بمنزلة] ذلك. وكذلك لو أقرضه
العبدُ مالا، أو باعه بيعا، يكون فيه وفاء، [بنصف قيمته]، فإنّ ذلك له، ولا يُحتسبُ
له من نصف قيمته، ولا يكون ذلك منه اختيارا للسعاية.[287]
ولو أراد أن يُضمّن [له] الشريك، بعد هذا، كان له أن يُضمّنه نصف
قيمته، صحيحا، ويؤدّي إلى العبد ما أخذ منه من ذلك.
وإذا أعتق الرجل نصف عبدٍ له، أو ثلثه، أو ربعه، فهو بالخيار،
فيما بقي، إن شاء أعتق ما بقي، وإن شاء استسعى بقية قيمته. وإذا أعتق
الرجل جزءا من عبده، أو سهما منه، أو بعضه، فإن ذلك
إليه، يُمضي منه ما شاء، ويستسعي العبدَ فيما بقي. وينبغي في قياس
قول أبي حنيفة، في السهم، أن يُعتق منه السدس، ويسعى فيما بقي.
وإذا أعتق الرجلُ عبدا، بينه وبين آخر، فأعتق نصيب شريكه فيه، ولم
يُعتق نصيبه، فإنّه لا يجوز، لأنّه أعتق ما لا يملك.[288] ألا ترى أنّه لا يملك
من نصيب شريكه شيئا. وإذا أعتق الرجل أمة، بينه وبين آخر، وهو
غنيّ ؛ ثمّ ولدت ولدا، ثمّ أراد الذي لم يُعتق أن يُضمّن شريكه [نصف] قيمتها،
يوم أعتقها، فإنّه يضمّنه [نصف] قيمتها، يوم أعتق، ولا يضمّنه قيمة الولد،
من قبل أنّه حدث بعد العتق.[289] وكذلك لو زادت خيرا، بعد العتق،
لم يُضمّن ذلك. وكذلك لو نقصت في قيمتها، بعد العتق،

---

286 **الكافي**، ص 114 ب؛ **المبسوط**، ج 7 ص 113.

287 لمزيد توضيح هذه المسائل، انظر **الأصل**، ج 5 ص 105؛ **الكافي**، ص 114 ب؛ **المبسوط**، ج 7 ص 113.

288 **المبسوط**، ج 7 ص 107.

289 **المبسوط**، ج 7 ص 113؛ انظر **المدوّنة**، ج 7 ص 188.

ضمن نصف قيمتها، يوم أعتق. فإن اختلفا في ذلك، أُصدّقه أنّه أعتقها، يومئذ، فالقول قول المعتق، مع يمينه بالله؛ وعلى طالب
الضمان، البيّنة، على ما يدّعي من الضمان.[290]

13 ب باب كتاب العتق، إذا كان المملوك بين اثنين أو ثلاث[ة][291]

وإذا كان العبد بين ثلاثة رهط،[292] فأعتق أحدُهم، ودبّر الآخرُ، وكاتب
الآخرُ، ولا يُعلم أيّهم أوّل، فإنّ الذي أعتق، عَتْقُهُ جائزٌ ماضٍ. وتدبير الذي دبّر،
جائز، ويسعى العبدُ، في سدس قيمته للمدبَّر. ويضمن المُعتق للمدبّر سدس
قيمته أيضا مدبّرا، حتّى يستكمل المدبّرُ ثلث قيمته، إن كان الذي
أعتق بتّة، موسرا، ويرجع بما ضمن من ذلك على العبد، ويُقال للعبد:
اسعه[293] في مكاتبة الآخر، فإن عجزتَ عن ذلك، فهو بالخيار، إن شاء أعتقك،
وإن شاء استسعاك، في ثلث قيمتك، وإن شاء ضمن المدبّر، والمعتق
بتّة ذلك نصفين، إن كانا موسرين، ويرجعان بذلك على العبد.
فإن ضمنا، كان الولاء بينهما، نصفين، وإن استسعى المكاتبُ العبدَ،
كان الولاءُ بينهم أثلاثا.[294] ولو كان العبدُ بين خمسة رهط،
فأعتق أحدُهم نصيبه البتّة، ودبّر الآخرُ نصيبه، وكاتب الآخر نصيبه،
وباع الآخر نصيبه، وقبض الثّمن، وتزوّج الآخر على نصيبه، ولا يُعلم
أيّهم أوّلُ، فإنّ العتق الباتّ، جائز، والتّدبير جائز، وصاحبه
بالخيار، إنَ شاء استسعى العبدَ في خُمس قيمته، مدبرا، وإن شاء أعتق، وإن شاء

---

290 في **الأصل**، ج 5 ص 106: «الفضل».
على هذا المستوى يتوقف مخطوطنا، بينما يتواصل في **الأصل**، ج 5 ص 106، بقدر سبعة أسطر، فيها مقارنة بين آراء أبي يوسف ومحمّد في مسائل ثلاث.

291 هذا العنوان غير موجود في **الكافي** وفي **المبسوط**.، بخلاف **الأصل**، ج 5 ص 106، مع غياب عبارة «كتاب».

292 انظر **المدوّنة**، ج 7 ص 193.

293 هكذا، والأولى: اسْعَ، كما في **الأصل**، ج 5 ص 106.

294 هذا القول لأبي حنيفة. ولأبي يوسف ومحمّد قول آخر (**الكافي**، ص 114 ب، **المبسوط**، ج 7 ص 114).

ضمن المعتق البتّة، إن كان موسرا، إن كان يُعلم أنه أوّل.[295] فإن لم يعلم
أنّه أوّل، ضمن المعتق نصف الخمس، ويرجع المعتق بتّة بما ضمن من ذلك،
على العبد. فأمّا المشتري، فإذا أقرّ هو، والبائعُ، أنّهما لا يدريان متى كان
البيع، فإنّه يردّ البيع، وكذلك إذا أنكر أحدُهما، فقال: كان قبل
العتق، وقال الآخر: كان بعده. وإذا اختلفا في هذا، لم يكن
للمشتري في العبد، شيء، وأخذ الثمن الذي نقد[ه]. وإن تصادقا بأنّ البيع
كان قبل العتق، فالمشتري بالخيار، إن شاء قَبِل البيع، وأعتق، وإن شاء
استسعى، ويكون الولاءُ له، وإن شاء ضمن المدبّر والمعتق،
14 أ إن كانا موسرين، ويرجع المدبّر والمعتق بذلك على العبد،
ولا يكون للمشتري في الولاء شيء، وحال المرأة، وحال الرجل سواء.
فأمّا المكاتب، فإنّه يمضى العبد على مكاتبته، فإن أدّى، عُتق،
وإن عجز، فالمولى بالخيار، إن شاء أعتق، وإن شاء استسعى العبدَ،
في خمس قيمته، ويكون له خمس الولاء، وإن شاء ضمن المدبّر، والمعتق
بتّة، إن كانا موسرين. ولا يكون له في الولاء شيء، ويرجعان بما ضمنا،
من ذلك على العبد، ويكون ولاء ذلك الخمس لهما.[296] ولو كان
في العبد شريك سادس، وهب نصيبه لابن له، صغير، ولا يُعلم،
بعد العتق، أو قبله، فإنّ القول قول الأب. فإن قال: بعد العتق، فالهبة
باطل، وإن قال: قبل العتق، فالهبة جائزة، وله أن يستسعي العبدَ،
في سدس قيمته، للابن، ويضمّن المعتقيْن،[297] إن كانا موسريْن، وليس
له أن يُعتق. وإذا كان العبدُ بين رجلين، فأعتق أحدهما
نصيبه، وقال الآخرُ: لا يستطيع أن يبع[298] نصيبه، ولا يهبه، ولا يمهره،
ولا يجوز شيء من ذلك، لو فعله به. فإن كاتبه على أكثر
من نصف قيمته، فإنّ الفضل من ذلك، يُطرح عن العبد، ويسعى،
في نصف قيمته. فإذا أدّى، عُتق، وهذا وسعايته سواء.

---

295 **الأصل**، ج 5 ص 107. ويضيف الحاكم الشهيد هنا الملاحظة التالية: قال أبو الفضل: «يعني أنّ المدبَّر أوّل». وأبو الفضل هي كنية الحاكم الشّهيد ذاته.

296 **الأصل**، ج 5 ص 107؛ **الكافي**، ق.115 و؛ **المبسوط**، ج 7 ص 114–116.

297 في **الأصل**، ج 5 ص 107: «المعتق والمدبّر».

298 هكذا، والأوْلى يبيع.

وإن كاتبه على أقلّ من نصف قيمته، فهو جائز. وإن
كاتبه على عروض، أو شيء ممّا يُكال، أو يوزن، أو صنف
من السُّلْت،[299] فسمّى ذلك له، وذلك أكثر من نصف قيمته، فهو
جائز من قبل أنّ هذا لم يُكاتبه، على دراهم. وإن عجز
عن مكاتبته، أُجبر على السعاية، في نصف قيمته.
ولا يكون للمولى أن يضمّن الشريك بعد مكاتبته، ومكاتبتُه،
14 ب اختيار للسعاية. ولو لم يكن عجز، وقال: قد اخترتُ
السعاية، كان ذلك بمنزلة المكاتبة، [و]لا ضمان له على الشريك،
بعد ذلك أبدا، [300] والخيار في هذا عند السّلطان، وعند غيره
سواء.[301] وإذا لم يختار[302] السعاية، واختار أن يُضمّن شريكَه،
وشريكُه موسرا،[303] فذلك له. ولو لم يخترْ واحدٌ منهما، حتّى يموت
الشّريكُ المعتقُ، كان للآخر منهما أن يرجع بالضمان في مال الميّت.
وكذلك لو [مات الذي لم يُعتق، أو] ماتا جميعا، كان لورثة الذي لم يُعتق، أن يرجعوا في
مال الذي أعتق بنصف القيمة، وإن شاءوا أعتقوا، وإن شاءوا استسعوا لهم
من ذلك ما كان لأبيهم. غير أنه لا يكون للنساء منهم، إذا أعتقوا،
أو استسعوا في الولاء، شيئا[304] من قبل أنّهم لم يرثوا رقبته، وإنّما ورثوا مالا
على العبد، أم على الشريك. ولو كانت ابنة الميّت الذي لم يُعتق
امرأة لهذا العبد، لم يَفسد نكاحُها لأنّها لا تملك من رقبة هذا
العبد شيئا. وإذا كان العبدُ بين رجلين، فأَعتَق أحدُهما نصيبَه،
وهو موسر، ثمّ إنّ الآخر باع نصيبه، من الذي أعتق، أو وهبه له، على عوضٍ أخذه

---

299 السُّلْت: الشعير، أو ضرب منه لا قشر له (**المنجد**، ص 343 مادّة سلت). وفي **الأصل**، ج 5 ص 108: «الثياب».

300 اضطراب في هذه الفقرة، قوّمناه بالاعتماد على **الأصل**، ج 5 ص 108، وانظر **المبسوط**، ج 7 ص 116.

301 «لأنّ الخيار ثابت للسّاكت شرعا» (**المبسوط**، ج 7 ص 116). والساكت هو الذي لم يُعتق نصيبه في العبد، وهي عبارة نلاحظ غيابها في مخطوطنا. وحول تدخّل السلطان في مسائل العتق، انظر **المدوّنة**، ج 7 ص 150، 157، 160، 162، 209.

302 هكذا، والأوْلى يختَرْ.

303 هكذا، والأوْلى موسر.

304 هكذا، والأوْلى شيء.

منه، فإنّ هذا واختياره الضمان سواء [في القياس]، غير أنّ هذا أفحشهما،[305] [فأبطله، ويكون الأمرُ على حاله]. فإن سلّم
له نصيبه، على أكثر من قيمته، فهو جائزٌ. غير انّه يبطل من ذلك الفضل
عن نصف قيمته، فإن سلّمه له، بعروضٍ، أو حيوان، أو شيء ممّا يُكالُ، أو يوزنُ،
وذلك أكثر من نصف قيمته، فهو جائز. وإذا كان العبدُ بين رجلين،
فأعتق أحدُهما نصيبه، وهو موسرٌ، ثمّ إنّ الآخر دبّره،[306] فتدبيرُه إبطال للضمان
عن الشريك، واختيار لسعاية العبد، [يستسعي العبدُ] في نصف قيمته مدبّرا للّذي
دبّره، ويكون الولاءُ بينهما نصفين. فإن كان التدبيرُ قبل العتق، ثمّ كان العتق
بعده، فإنّ المعتق، إذا كان موسرا، كان ضامنا لنصف قيمته،
مدبّرا، لأنّه أفسد الخدمة على صاحبه، ويرجع بذلك (على) العبد،
15 أ ويكون الولاء بينهما. فإن كان ذلك منهما جميعا،
أولا يعلم أيّهما أوّلُ، فإنّه ينبغي في القياس أن يضمن[307]
المعتق شيئا، حتّى نعلم أنّه بعده. ولكنّا ندع القياس، ونجعل
على المعتق ربع قيمته، مدبّرا، وعلى العبد مثل ذلك، (فيكون
ذلك) كلّه للّذي دبّر، ويرجع المُعتِق بما ضمّن من ذلك على العبد،
ويكون الولاءُ بينهما. والعبدُ والأمة، في جميع ما ذكرنا من العتق
سواء. وأهل الذمّة، وأهل الإسلام، في ذلك سواء. وإذا كان
العبدُ بين اثنين، أحدُهما صغير، والآخرُ كبير، فأعتقه الكبيرُ، وهو
غنيّ، فليس للصّغير قول في عتق، ولا ضمان، ولا سعاية، ولا يجوز ما صنع
في ذلك. فإن كان له أبٌ، فأبوه بالخيار، إن شاء ضمّن الشريك، وإن شاء
استسعى، والولاء بين الشريكين، إن استسعى. وإن ضمن، فالولاءُ كلّه
للمعتق، ولشريكه أن يرجع بذلك على العبد. وإن لم يكن له أبٌ،
وكان له وصيٌّ، فهو بمنزلة أبيه في ذلك، وليس للوالد، ولا للوصيّ أن يُعتقا

305 في **الأصل**، ج 5 ص 108: «أقبحهما». ويضيف صاحب **الكافي** هنا ما يلي: «فهذا واختياره الضمان سواء، في القياس، غير أنّ هذا أفحشهما. قال ومعنى قوله أفحشهما بأنّه لا يجوز في الاستحسان» (**الكافي**، ص 115 أ)، وانظر **المبسوط**، ج 7 ص 116–117.

306 **المدوّنة**، ج 7 ص 185.

307 في **الأصل**، ج 5 ص 109: أن لا يضمن، وهو الأصحّ.

عبد ولده، ولا عبد يتيم في حجره، ولا يبيعه من نفسه.[308] ولو ضمّن أبو الغلام، المعتِق، وأراد المعتِقُ أن يكتب البراءةَ، لنفسه، كَتَبَ:
«هذا كتاب لفلان بن فلان، من فلان بن فلان، أنّه كان بينك وبين ابني فلان، مملوكٌ، يُقال له، فلان الفلاني، فأعتقتَه، وأنتَ موسرٌ، فاخترت أن أضمّنك، فقوّمتُه أنا وأنت، قيمة عدل، فبلغت قيمتُه كلُّها كذا كذا، فكان الذي يصيب ابني من ذلك، النّصف، وهو كذا وكذا، فدفعتَ إليّ نصيب ابني من ذلك، وهو كذا وكذا، وقبضتُه منكَ، وبرئتَ إليّ منه، ولدي يومئذ صغير، في عيالي، وسلّمتُ لك نصيب ابني من هذا العبد، فصار لك كلُّه.» وإذا أراد المعتقُ أن يكتُب على العبد السعاية التي ضمن، كَتَبَ على نحوٍ من هذا.[309] وإذا كان العبدُ بين اثنين،
فأعتق أحدُهما، والآخرُ عبدٌ، أو مكاتب، أو مدبّرٌ، أو أمّ ولد، أو عبد يسعى في بعض قيمته، 15 ب
فإنّه لا يجوز له العتقُ، من قبل أنّه مملوكٌ.[310] ولا يجوز عتق الصغير، ولا عتقُ المعتوه المغلوب، ولا عتقُ المجنون، الذي يفيق [إذا أعتق] في حال جنونه. وإذا أعتق، في حال إفاقته، فهو جائزٌ.[311]
ويُخيّرُ هذا الشريكُ في العبد، فإن شاء استسعى العبدَ، في حصّته، وإن شاء ضمن المعتق، إن كان موسرا. فإن ضمن، كان الولاءُ كلُّه للشّريك المعتِق. وإن استسعى، كان نصفُ الولاء للمعتِق، ونصفُه لمولى العبد الذي استسعى. وإذا كان على العبد دينٌ، [وقد أعتق عبدا، بينه وبين شريك له]، فليس لمولاه خيار،
والخيارُ للعبد أن يُضمّن، أو يستسعي [العبد]. فإن استسعى، كان الولاءُ لمولاه، وليس للعبد أن يُعتق. وكذلك

308 يسوق السرخسي فرضية أخرى ترتبط بالموضع الذي كان فيه قاضٍ، أو لم يكن ذلك. ففي الموضع الذي فيه قاض، «نَصَبَ القاضي له قيّمًا يختار التضمين، أو الاستسعاء». وإن كان في موضع لا قاضي فيه، «استؤني به بلوغه ليختار إمّا الضّمان، أو الإعتاق، أو الاستسعاء، وقيل هذا إذا كان في موضع لا قاضي فيه» (**المبسوط**، ج 7، ص 117)، بينما لا يذكر ذلك صاحب **الكافي** (ص 115 ب).

309 لم ينقل الحاكم الشهيد والسرخسي هذا النصّ ولا النصوص الّتي ستأتي لاحقا، وهي مذكورة في **الأصل**، ج 5 ص 109–110.

310 «لأنّه تبرّع لا يحتمله كسب المكاتب والمأذون، فأمّا التضمين والاستسعاء فله ذلك في المكاتب» (**المبسوط**، ج 7 ص 117).

311 مسألة مكرّرة.

المكاتَبُ، وجميع ما ذكرت من الرقيق، إذا استسعوا، كان الولاءُ لمواليهم. وإذا كان العبدُ بين اثنين، أحدُهما حرٌّ، والآخرُ عبدٌ، فأعتق الحرُّ نصيبه، وليس على العبد دينٌ، فإنّ مولى العبد، بالخيار، إن شاء أعتق، نصيب عبده منه، وإن شاء استسعى، وإن شاء ضمّن شريكَه، إن كان

موسرا. وإذا كان العبدُ بين رجلين حُرّيْن، فشهد كلّ واحد منهما على صاحبه أنّه أعتقه، فإنّه يُعتَق، ويسعى لهما في قيمته من قبل أنّ كلّ واحد منهما يزعم أنّ نصيبه عليه، إن كانا مُعسريْن.[312] وإن كان[313] موسريْن، فإنّه يكون لكلّ واحد منهما الخيارُ. فإن قال: أضمّنُ

صاحبي، لم يكن له على العبد شيءٌ، وكان له أن يُضمّن صاحبه، لو كانت له بيّنة، ويرجع صاحبُه على العبد بذلك، كلّ واحد منهما حصّته، مثل حصّة صاحبه، ولا يسلمُ العبدُ من السعاية، إن كانا موسريْن أو معسريْن، فإنّه يسعى لهما في قيمته.[314] وإذا كان العبدُ بين اثنين، فقال أحدُهما: إن دخلتَ المسجدَ، اليوم، فأنتَ حرٌّ، وقال الآخرُ: إن لم تدخل المسجدَ، اليوم، فأنتَ حرٌّ. ثمّ مضى ذلك اليوم، فقال كلُّ واحد منهما: قد حنث صاحبي، ووقعت عتاقته، فإنّ العبدَ يُعتقُ، ويسعى لهما،

في نصف قيمته، من قبل أنّه قد عُتق من مال أحدهما، لا يُعلم أيّهما هو، والولاءُ بينهما.[315] وإذا كان العبدُ بين اثنين، فأعتق أحدُهما نصيبَه، وهو مُعسرٌ، فقُوّم العبدُ، فسعى الآخرُ،[316] و كان المعتِقُ غنيّا، فضُمّن، ثمّ رجع على العبد بذلك، أو كان العبدُ لرجلٍ خاصّة، فأ[عْتَقَ]

نصفَه، وقُوّم، فهو يسعى له، في نصف قيمته، فإنّه بمنزلة العبد، ما دام يسعى في ذلك في جميع أمره، [و]لا يجوز عتقُه، لو أعتق مملوكا له، ولا تجوز شهادتُه. وجنايته إذا جنى، 16 أ
أو جُني عليه، كجناية مملوك مكاتَبٍ، ولا يجوز نكاحه، إلّا إن أذن له مولاه من قبل أنّ رقبته رقيق، حتّى يؤدّي السعاية. وكذلك الرجل يعتق عبده، عند الموت، ولا مال له غيره،

312 **الأصل**، ج 5 ص 110، مع اختلاف يسير.

313 هكذا، والأوْلى كانا.

314 هذا قول أبي حنيفة. ولأبي يوسف قول آخر، كذلك لمحمّد آخر، وكلاهما مرتبط بمدى إعسار المولييْن أو إيسارهما (**المبسوط**، ج 7 ص 118). وفي **المدوّنة** (ج 7 ص 174)، «يُعتق لأنّه لا ينبغي لهما أن يسترقّاه بالشكّ».

315 هذا قول أبي حنيفة وأبي يوسف. وعند محمّد «لا يسقط عنه شيء من السعاية إذا كانا معسريْن» (**المبسوط**، ج 7 ص 117–118).

316 هكذا، والأولى: للآخر، كما في **الأصل**، ج 5 ص 111.

فإن أمْرَ هذا العبد موقوف في جنايته، وشهادته. فإن برأ المولى من ذلك
المرض، فجنايتُه وشهادته، وأمره كلّه، أمر حرّ. وإن مات المولى من ذلك المرض، وله
مال، يخرج من ثلثه، فهو كذلك أيضا. فإن مات المولى من ذلك المرض، ولا مال له،
غيره، أو له مال، لا يخرج من ثلثه، فإنّه بمنزلة المملوك،[317] في كلّ شيء من ذلك، مادام
عليه شيء من السعاية. وما حدث من ذلك، بعد موت المولى، وهو في سعايته،
فهو بمنزلة المملوك. وإذا كان العبدُ بين اثنين، فأعتق أحدُهما نصيبه منه،
عند موت المولى في مرضه، ثمّ مات، وهو موسرٌ، فإنّه لا يضمن من حصّة شريكه
شيئا، من قبل أنّ الضمان يكون في مال الورثة،[318] فشريكه بالخيار، إن شاء استسعى
العبدَ، في نصف قيمته، وإن شاء أعتقه، [وهذا في قول أبي حنيفة]. وفيها قول آخر، قول أبي
يوسف،
ومحمّد، أنّ لشريكه أن يضمّنه، وعتقُه، في المرض والصحّة، سواء.
وإذا أعتق أحدُ الشريكين، ثمّ اختلفا، فقال المعتقُ: أعتقتُه، وأنا معسرٌ، عام الأوّل،[319]
ثمّ أصبتُ مالا، بعد ذلك. وقال الآخرُ: بل أعتقتَه، وأنتَ موسر، عام الأوّل. فإنّ القول، قول
المعتق، مع يمينه. فإن أقاما جميعا البيّنةَ، على ذلك، فإنّه يؤخذ بالشهود على العتق،[320]
ويضمّن الشريكُ المعتِقَ.[321] وإذا كان العبدُ قد مات،[322] واختلفا في قيمة العبد،
فإنّ القول قول المعتِق، مع يمينه. وإذا أقاما جميعا البيّنة على ذلك، أخذتُ
بشهود المدّعي للفضل. وإذا كان العبدُ قائما، لم يمُت، لم أنظر إلى قول واحد
منهما، ولا إلى بيّنته، ويقوّم العبدُ، يوم ظهر العتقُ، إذا لم يُعلم العتقُ إلّا يومئذ،
فيلزم المعتقَ نصف القيمة، يومئذ، إن كان موسرا، ولو كان أعتقه، قبل ذلك،
وأقام البيّنةَ، ألزمتُه القيمة، يوم أعتقه، لأنّي أجعله، يومئذ، مستهلكا، ويرجع
على العبد، بمثل ذلك. وإن كان العبدُ زاد، أو نقُص، فإنّه لا يُنظر إلى زيادته، ولا
إلى نقصانه، وإنّما يُنظر إلى قيمته، يوم أُعتق. وكذلك لو اختار الشريك السعاية،

---

317 **المبسوط**، ج 7 ص 119.

318 **الأصل**، ج 5 ص 112؛ **الكافي**، ص 115 ب.

319 «أوّل» (**المبسوط**، ج 7 ص 120).

320 في **الأصل**، ج 5 ص 112: «اليسار»، وهو الأصحّ.

321 «فالبيّنة، بيّنة الساكت لأنّه يُثبت اليسار، والضمان لنفسه بسببه» (**المبسوط**، ج 7 ص 120).

322 انظر **المدوّنة**، ج 7 ص 186، 192.

16 ب فإنّما له أن يسعى له العبدُ، في نصف قيمته، يوم أُعتق، ولا يُنظر إلى ما كان في قيمته، قبل ذلك، أو بعد ذلك من [فضل، أو] نقصان. وإذا كان العبدُ بين اثنين، وأحدُهما صغيرٌ، ليس له أبٌ، ولا وصيّ، أو معتوه. فأعتق الكبيرُ، الصحيحُ، فإنّه يُستأنى بالعبد، حتّى يكبُر الصغيرُ. [محمّد عن] أبو حنيفة، عن حمّاد،[323] عن إبراهيم، أنّ الأسودَ بن يزيد، أعتق عبدا، كان بينه وبين أخ له صغير، فسأل عمر بن الخطّاب عن ذلك، فقال عمر: نتأنّى به، حتّى يُدرك، فإذا أدرك، فإن شاء أعتقه، وإن شاء ضمّنك.[324] وإذا كان العبدُ بين اثنين، فقال أحدُهما: إن لم يضربْه، اليوم، قبل الليل، فهو حرٌّ. وقال الآخرُ: إن ضربتُه سوط،[325] فهو حرٌّ، فضربتُه سوطين، ثمّ إنّه مات منهما، بعد ذلك. فقد أعتق العبدُ، من قبل الذي قال: إن ضربتُه [سوطا]، فهو حرٌّ، وصار ضامنا، لنصف قيمته، مظروبا[326] سوطا، من قبل العتق، إن كان موسرا. ويضمن الضارب، نصف ما نقصه بالسوط الأوّل، لشريكه في ماله، ويضمن ما نقصه السوط الآخر كلّه. ويضمن نصف قيمته، بعد السوطين، ويجمع نصف القيمة، وما نقصه السوط الآخرُ جميعا، فيكون على العاقلة،[327] فيكون ميراثا للعبد، ويرجع به الشريك الضامن، حتّى يستوفي ما ضمن عن العبد، من المعتق،[328] وما بقي، فهو ميراث للمعتق، إن لم يكن للعبد ولد. فإن كان الشريكُ المعتِق معسرا، كان للشّريك الذي لم يُعتق، نصف قيمة العبد، بما جعلنا عليه ممّا نقصه السوط الآخرُ، ونصف قيمته،[329] مضروب سوطين، وما بقي بعد ذلك، فهو بين الشريك المعتِق، وبين أقرب

323 في **الأصل**، ج 5 ص 112: «محمّد عن أبي حنيفة عن يزيد بن عبد الرحمن عن إبراهيم...».
324 **المبسوط**، ج 7 ص 105. وقد ورد هذا الأثر في مخطوطنا، أعلاه، مع شيء من الاختلاف.
325 هكذا، والأوْلى سوطا.
326 هكذا، والأوْلى مضروبا.
327 «والجناية على المماليك فيما دون النفس لا تعقله العاقلة» (**المبسوط**، ج 7 ص 121).
328 في **الأصل**، ج 5 ص 113: «عن العبد [من قِبل] العتق»، ويحيل المحقّق على **الكافي**.
329 ورد في هذا الشأن في **المبسوط** (ج 7 ص 121): «فإنّ الشريك الذي لم يُعتق لم يرجع بما غرمه من نقصان السوط الآخر، ومن نصف قيمته مضروبا سوطين». انظر أيضا **الكافي** (ص 115 ب)، مع اختلاف يسير في العبارات.

النّاس من الضارب [من العصبة]، إن لم يكن للعبد ولد حرّ. فإن كان للعبد ولد حرٌّ، فهو له. وإذا كان عبدٌ
بين رجلين، أحدُهما عبدٌ، والآخر حرٌّ، فقال العبدُ له: أنتَ حرٌّ، فإنّ ذلك لا يجوزُ، وكذلك لو قال له: أنتَ
حرٌّ، بعد ما أعتِق، ثمّ أُعتق، لم يجُزْ قولُه ذلك، من قبل أنّه أعتق ما لا يملك. ألا ترى أنّه إذا أَعتَق، كان مالُه
لمولاه. وإذا قال الرجلُ: كلّ مملوك أملكُه، فيما استقبل، فهو حرٌّ.[330] فملك مملوك[331] وحده، فإنّه
حرٌّ، لأنّه إنّما أعتقه، بعد الملك. وإن وَقَّت في ذلك، أو لم يوقّتْ، فهو سواء. ألا ترى أنّه لو قال لجاريته:
أوّلُ ولد، تلدينه، فهو حرٌّ.[332] ثمّ ولدت بعد عشرين سنة،[333] عُتق ولدُها، فقد أعتق هذا ما لا يملك،
وما لم يُخلقْ، ثمّ جاز ذلك، فكذلك الباب الأوّل.
ولو ملك مملوكٌ،[334] هو وآخر، شِرىً،[335] أو ميراث،[336] أو وجه من ملك غير ذلك، لم يُعتق من قبل أنّه لم يملك
مملوكا كاملا.[337] ولو اشترى نصيب شريكه، لم يعتق،[338] لأنّه ليس في ملكه كلّه. وإنّما
قال: كلّ مملوك أملكه، ولو قصد مملوك واحد[339] بعينه، فقال: إذا ملكتُ هذا، فهو حرٌّ،

330 انظر **المدوّنة**، ج 7 ص 154.

331 هكذا، والأوْلى مملوكا.

332 انظر **المدوّنة**، ج 7 ص 203.

333 في **الأصل**، ج 5 ص 114: «عشر سنين».

334 هكذا، والأوْلى مملوكا.

335 في **الأصل**، ج 5 ص 114: شراءً.

336 هكذا، والأوْلى ميراثا.

337 في **المبسوط** (ج 7 ص 121): «فملَك مملوكا مع غيره لا يُعتق، لأنّ شرط عتقه أن يملك مملوكا مطلقا. ونصف المملوك لا يتناوله هذا الاسم...والعرف الظاهر بين الناس، أنّهم يريدون بهذا اللفظ (مملوك): الملك التامّ». انظر أيضا **الكافي** (ص 115 ب) الّذي لم يفصّل ذلك.

338 في **الأصل**، ج 5 ص 114: «فصار المملوك له كلّه، عُتق».

339 هكذا، والأوْلى مملوكا واحدا.

فاشترى نصفَه،[340] ثمّ باعه، ثمّ اشترى النصفَ الآخَرَ، عتق النصفَ الذي ملكه، من قبل أنّه قد ملكه.
ألا ترى أنّه لو قال: إن ملكتُك، فعليّ حجّة، كانت الحجّة قد وجبت عليه. ولو قال: إذا اشتريتُ فلانا، فهو حرٌّ، [فأمر غيرَه، فاشتراه، لم يُعتق، من قِبل أنّه لم يشتره. فإن كان نوى أن لا يُشترى له أيضا، فإنّه يُعتق حين اشتراه له. ولو قال: إذا اشتريتُ فلانا، فهو حرّ، ثمّ][341] اشتراه، بيع فاسدٌ،[342] لم يُعتق من قبل أنه حين وقعت عُقدةُ البيع، قبل أن يقبض، وقع
الحنث، فلا يُعتق. ألا ترى لو أنّ رجلا اشترى عبدا، بيعا فاسدا، فأعتقه، قبل أن يقبضه، كان عتقُه باطلا. ولو كان العبدُ في يديه، فقال: إن اشتريتُه، فهو حرٌّ، فاشتراه، بيعا فاسدا، فإنّه يُعتق من قبل أنّ الحنثَ قد وقع، وهو في يديْه. ألا ترى أنّه لو اشترى أباه بيعا فاسدا، [ثمّ قبضه]،
17 أ فإنّه يُعتق. ولو اشترى عبدا بوصيف،[343] إلى أجل، أو بشيء من العروض، أو الحيوان مجهولا، أو بخمر، أو خنزير، أو اشتراه إلى الحصاد، أو إلى العطاء، أو بوجه من الوجوه البيوع الفاسدة، ثمّ قبضه، فأعتقه، فإنّ عتقه جائز. ألا ترى أنّها لو كانت أمة، فوقع عليها، فولدت منه، كانت أمّ ولد. وأنّه لو باعها، قبل أن تلد، أو زوّجها، أو دبّرها، أو كاتبها، أو وهبها، كان ذلك كلُّه جائزا، وكذلك العتقُ، وكذلك
لو اشترى عبدا بثوبٍ، وقبض العبدَ، فأعتقه، ثمّ استُحقَّ الثّوبُ، فإنّ العتق جائزٌ، وعليه قيمته، وكذلك لو اشتراه بشيء ممّا يُكال أو يوزن. ولو اشتراه بِميتَةٍ، أو بدم، أو بشيء نحو هذا، [ممّا] ليس له ثمن، فأعتقه، بعد ما قبضه، كان عتقُه باطلا، من قبل أنّه اشتراه بشيء ليس له ثمن، ولا
يبتاعُ به النّاس. ولو أنّ رجلين ابتاعا عبدا، بيعا فاسدا، وقبضا العبدَ، فأعتقه أحدُهما، ضمنا جميعا القيمةَ للبائع، وكان للشّريكُ الذي لم يُعتقْ، الخيارُ، إن شاء أعتق، وإن شاء استسعى، وإن شاء ضمّن شريكه، إن كان غنيّا، ويرجع شريكه بما ضمن من ذلك على العبد. وإذا كان العبدُ بين رجلين، فقال أحدُهما: بدنُك بدنُ حرٍّ، أو فرجُك فرجُ حرٍ، أو رأسُك رأسُ حرٍ، فهذا تشبيه، لا يُعتق به. وكذلك لو قال: نفسُكَ نفس

340 انظر **المدوّنة**، ج 7 ص 150.

341 إضافة من **الأصل**، ج 5 ص 114.

342 هكذا، والأوْلى «بيعا فاسدا». وفي **الكافي** (ص 115 ب) و**المبسوط** (ج 7 ص 122) «شراءً فاسدا». وفي قول مالك، يُعتق العبدُ (**المدوّنة**، ج 7 ص 151).

343 في **الأصل**، ج 5 ص 114: «بوصيفين».

حرّ، أو فرجك فرجُ حرّ، لم يُعتق به. ولو قال: بدنك بدن حرٍّ، أو ثيابُك ثيابُ حرّ، أو دابّتك
دابّةُ حرّ، فهذا باطلٌ، لا يقع به العتق، من قبل أنّه مثل وتشبيه. أرأيتَ لو قال: كلامُك
كلام حرٍّ، وفعلُك فعل حرٍّ، وعملُك عملُ حرٍّ، أَلَمْ يَكُنْ هذا كلُّه باطل.[344] ولو قال له:
كأنّك حرٌّ، لم يُعتَقْ.
ولو قال له: اسمُك اسم حرّ، لم يُعتق، لأنّه لم يُعتقه. ولو قال له: رأسُك رأسُ حرّ، فإنّه لا يُعتق،
ويسعه أن يُمسكه. وإذا قال له: بدنُك بدنُ حرّ، ورأسُك رأس حرّ، وفرجُك فرجُ حرٍّ،
فهذا كلُّه، لا يُعتق به، وكلّ هذا مثل[345] وتشبيه، لا يقع به العتقُ. ولو قال:
شعرُك حرّا،[346] أو إصبعك حرٌّ، لم يُعتق.[347] وإذا كانت الجارية بين اثنين، فأعتقها أحدُهما،
وهو معسرٌ،[348] فقُوّم نصيبُ الآخر، فسعت فيه، ثمّ جنت جناية، فإنّه يُنظر إلى أرش الجناية،
وفي قيمتها، فيكون عليها الأقلّ من ذلك.[349] فإن جنت أخرى، بعد ما قضى القاضي،
فهو عليها أيضا، كما كانت الأولى. فإن جنت جنايتين، أو ثلاثة، أو أربعة، قبل
أن يقضي القاضي، فإنّه يجمع ذلك كلّه، فيكون عليها الأقلّ من الجنايات،
ومن قيمتها يكون ذلك بينهم بالحصص. [وإن كان أقلّ من قيمتها، كان عليها الأَرْش].[350] ولو
حفرت بئرا، فوقع فيها إنسان،
فمات، والبئرُ في غير ملكها، كان عليها أن تسعى في قيمتها، فإن وقع فيها
آخرٌ، اشتركا في تلك القيمة. وكذلك ما وقع فيها، بعد ذلك، اشتركوا
في تلك القيمة. ولو وُجد قتيلا[351] في دارها، كان عليها أن تسعى في قيمتها، وما

344 هكذا، والأَوْلى باطلا. في المدوّنة (ج 7 ص 169)، إن استعمل المولى صيغة أخرى وقال لعبده: «يدك حرّة، أو رجلك حرّة، أنّه يُعتق عليه جميعه». وقد ذُكر البعض من هذه المسائل أعلاه.

345 في الأصل، ج 5 ص 116: «تمثيل».

346 هكذا، والأَوْلى حرٌّ.

347 المسائل المذكورة أعلاه متشابهة ومكرّرة، بما أنّها ذُكرت في صفحات أخرى أعلاه. وقد حذفها هنا صاحب الكافي.

348 في الأصل، ج 5 ص 116: «موسر».

349 «في قول أبي حنيفة» (الكافي، ص 116 أ). ويقول صاحب المبسوط (ج 7 ص 122): «وإذا جنى المُستسعى، فهو بمنزلة المكاتب، يُحكم عليه بالأقلّ من أرش الجناية ومن قيمته».

350 الأصل، ج 5 ص 116.

351 هكذا، والأَوْلى قتيلٌ.

أفسدت من مال، أو متاع، أو عقرت من دابّة، فهو عليها، بالغٌ[352] ما بلغ.[353] وأمّا في
17 ب قول أبي يوسف [ومحمّد]، فإنّها حرّة، في جنايتها، وشهادتها، والجناية عليها، وأمرُها كلُّه.

وإذا كانت الجارية بين رجلين، فأعتقها أحدُهما، وهي حاملٌ. ثمّ إنّ الآخر أعتق ما في بطنها، ثمّ أراد أن يضمّن شريكه، [نصف قيمة الآخر]، فليس له ذلك، وعتقُه الولد، اختيار منه للسّعاية.

ولو أعتقا جميعا ما في بطنها، ثمّ إنّ أحدهما أعتق الأمّ، وهو موسرٌ، فإنّ لصاحبه أن يضمّنه إن شاء.[354]

باب الشهادة في العبد بين اثنين إذا أعتقا[ه][355]

وإذا كان العبدُ بين اثنين، فشهد شاهدان، أنّ أحدَهما أعتقه، ولا يُدرى أيّهما هو، وجحد المولْيان، فإنّ شهادته[356] باطلٌ، من قبل أنّهما لم يثبتا الشهادة. وإذا شهد أحدُ الشريكين على الشريك الآخر، أنّه أعتق، فإنّ شهادة الشريك لا تجوز لعبده،[357]

---

352 هكذا، والأوْلى «بالغا»، كما ورد في **الكافي** و**المبسوط**.

353 «لأنّه بمنزلة المكاتب في ذلك كلّه عند أبي حنيفة. وعندهما (أبو يوسف ومحمّد)، هو حرّ في جميع أحكامه» (**المبسوط**، ج 7 ص 122).

354 في **المبسوط** (ج 7 ص 122): «أن يضمّنه نصف قيمتها إن شاء». وحول الأمَة بين شريكين، انظر مسألتين مشابهتين في **المدوّنة**، ج 7 ص 188، 194.
وفي آخر هذا الباب، من **الأصل**، ج 5 ص 117، نجد فقرة فيها تعريف بأقوال أبي يوسف ومحمّد، في البعض من المسائل المذكورة أعلاه، وهي على الأرجح من إضافات المتأخّرين وتعاليقهم: «وقال أبو يوسف ومحمّد، في هذه المسائل كلّها: إذا أعتق بعض الجارية، أو بعض الغلام، فهي حرّة كلّها. فإن جنت، جناية خطأ، فذلك على العاقلة. وإن جُني عليها، فالجناية عليها كالجناية على الحرّة. وإذا كان عبد بين رجلين، فأعتقه أحدهما، وهو موسر، فهو حرّ كلّه. وإن كان المعتق موسرا، فعليه ضمان نصف القيمة، ولا خيار لشريكه في سعاية ولا عتق؛ والولاء كلّه للمعتق. فإن كان معسرا، فالسعاية على العبد، وليس للمولى شيء غير السعاية.

355 نجد هذا العنوان في **الأصل**، ج 5 ص 117، بخلاف **الكافي** و**المبسوط**، حيث نجد العنوان التالي: «باب الشهادة في عتق الشركاء».

356 هكذا، والأوْلى «شهادتهما».

357 يربط ابن القاسم هذه المسألة بإيسار المشهود عليه أو بإعساره، وهو أمر يرفضه سحنون، إذ يقول بعدم جواز «الشهادة كان المشهود عليه موسرا أو معسرا» (**المدوّنة**، ج 7 ص 226).

ويُعتق العبدُ بما أقرّ به الشريكُ، فيسعى في قيمته للشريك جميعا.[358] ولو شهد أحدُ الشريكين، وآخر معه، على شريكه الآخر أنّه قد استوفى السعاية، كانت شهادتُه على ذلك باطلا، من قبل أنّه شهد لعبده.[359] وكذلك لو شهد له عليه بغصب شيء، أو بجرح شيء،[360] يجبُ له عليه [به] مال، كانت شهادتُه باطلا.[361] ولو أنّ عبدا بين ثلاثة رهط، شهد اثنان على الآخر، أنّه أعتقه، وأنكر ذلك المشهودُ عليه، قُوّم العبدُ قيمة، فسعى لهم جميعا في قيمته. فإن أدّى إلى أحد منهم شيئا من ذلك، كان بينهم أثلاثا.[362] ولو شهد شاهدان منهم على الآخر، أنّه قد استوفى حصّته، كانت شهادتهما باطلا، من قبل أنّهما شهدا لعبدهما، ومن قبل أنّهما يجُرّان إلى أنفسهما [منفعة][363] حتّى يأخذا ثلثي ما أخذ من العبد. ولو شهدا أنّه قد استوفى المال كلّه، كان ذلك باطلا. ولو شهدا أنّه أعتق حصّته منه، كان ذلك باطلا. ولو شهدا أنّه قد استوفى المال كلَّه، بوكالتهما، لم يجزْ ذلك عليه، وبرئ العبدُ من نصيبهما، ويسعى للمشهود عليه، في حصّته، ولا شيء لشركائه،[364] في شيء من ذلك فيما سعى العبدُ. ولو شهدا بديْن، لهذا العبد، وهو في سعايته على أجنبي،[365] كانت شهادتهما باطلا. وإذا شهد شاهدان، على أحد الشريكين، وهو غائب، أنّه أعتق حصّته من هذا العبد، فإنّه يُحال بين هذا الشريك الشاهد، وبين العبد أن يسترقّه، ويوقف على حاله، حتّى يقْدم الغائبُ، فتُعادُ البيّنة، على القاضي، ويُعتق نصيبُ الغائب. وفيها قولٌ آخر، قول أبي يوسُف، ومحمّد، أنّه تجوز البيّنة على هذا الشاهد، ويُعتق العبدُ. وهذا الشاهد هو خصم

358 تبدو كلمة «جميعا» في غير محلّها، ولعلّ الناسخ سها عن شطبها، إذ أنّه شطب كلمة «لهما»، ووضع فوقها «لشريكه». وفي **الأصل**، ج 5 ص 117: «للشريكين»، وهو الأصحّ. يقارن السرخسي في هذه المسألة بين قول أبي حنيفة وقول أبي يوسف (**المبسوط**، ج 7 ص 123).

359 في قول أبي حنيفة (**المبسوط**، ج 7 ص 123).

360 وردت في **الكافي** (ص 116 أ) صيغة أخرى قريبة: «لو شهد له عليه بغصب، أو جراحة أو بشيء...». وفي **الأصل**، ج 5 ص 117: «بغصب شيء، أو جرح، أو...».

361 يعلّل السرخسي ذلك بما يلي: «لأنّه شاهد لعبده» (**المبسوط**، ج 7 ص 123).

362 انظر مسألة مشابهة في **المدوّنة**، ج 7 ص 187.

363 إضافة من **المبسوط**، ج 7 ص 124.

364 هكذا، والصواب من **الأصل**، ج 5 ص 118: «ولا يشاركانه».

365 في **الأصل**، ج 5 ص 118: «على آخر».

في ذلك.[366] وإذا كان الشريكان غائبان،[367] جميعا، فقامت البيّنةُ على أحدهما بعينه،
18 أ أنّه أعتق العبدَ، فإنّه لا يُقبل منه أولئك الشهود،[368] لأنّ خصمه غائب. فإن خاصمه[369]
مخاصمٌ في جنايةٍ، أو قذف، أو خاصم العبدُ في شيء من ذلك، أو طلب
ميراثا، او خوصم في نكاحٍ، أو خاصم فيه، أو في بيع أو شراء، أو شهد بشهادة،
فقال المشهودُ عليه: إنّه عبدٌ، فأقام شاهدين أنّ المولَيين جميعا،
أعتقاه، فإنّ ذلك جائزٌ عليهما، لأنّ هذا خصم، وهذا حقٌّ قد لزمه.
وكذلك لو أقام البيّنة، أنّ أحدهما أعتقه، بعينه، وأنّ الآخر استسعاه،
فأدّى إليه السعاية، أو ضمن الشريك، فأخذ منه نصف القيمة، ورجع
الشريكُ على العبد بذلك، فأدّاه العبدُ إليه، فإنّ ذلك كلّه، جائز، مقبول منه
البيّنة عليه. وكذلك لو أقام البيّنة، أنّ أحد المولَيين باعه [أحدهما][370] من الآخر، فأعتقه الآخرُ.
وكذلك لو أقام البيّنة، أنّ فلانا اشتراه من مَوْلَيَيْه، ونقدهما في الثّمن، فقبضه،
وأعتقه، كان العتقُ جائزا، وكان العتقُ على مَوْلَيَيْه جائزا.[371]
وكذلك لو أقام البيّنة أنّ مَوْلَيَيْه ماتا، وورثهما فلان وفلان، ولا وارث
لهما، غيرهما، وأنّ الورثاء عتقوه، جاز ذلك، وعُتق العبدُ، واقتُصَّ منه، وجازت
شهادتُه، [واقتصّ له]، وضُرب قاذفُه، وكانت جنايتُه، والجناية عليه، جناية حرٍّ، وجاز
بيعُه، وشراه.[372] وإذا شهد شاهدٌ على أحد مولَيْ العبد، أنّه أعتقه،
وشهد آخر على مولاه الآخر، أنّه أعتقه، فإنّ شهادتهما باطل، من قبل أنّهما
لم يجتمعا جميعا على واحد منهما، بعينه،[373] ولا تجوز شهادة واحدٍ. وشهادة
النساء، في العتق، مثل شهادة الرجال جائز،[374] والشهادة على الشهادة في
العتق جائزة.

---

366 «وعند أبي حنيفة رحه لا تُقبل هذه الشهادة لأنّ العتق عنده يتجزّأ» (**المبسوط**، ج 7 ص 124). وانظر **الكافي**، ص 116 أ.

367 هكذا، والأَوْلى غائبين، كما في **الأصل**، ج 5 ص 118.

368 «لم تُقبل هذه الشهادة» (**المبسوط**، ج 7 ص 124).

369 في **الأصل**، ج 5 ص 118: «خصمه».

370 إضافة من **الأصل**، ج 5 ص 119.

371 في **الأصل**، ج 5 ص 119: «وكان البيع على مولاه جائزا».

372 هكذا، والأَوْلى شراؤه.

373 **الأصل**، ج 5 ص 119؛ **الكافي**، ص 16 أ.

374 هكذا، والأَوْلى جائزة.

ولو شهد رجلان على شهادة رجلين، [أنّ فلانا أعتق عبده هذا، كان هذا جائزا. وكذلك لو شهد رجلان على شهادة رجل،][375] وامرأتين، أو شهدتا[376] امرأتان، ورجل، على شهادة رجلين، أنّ موليينْ أعتقاه، كان هذا جائزا. فإن شهد رجل واحد، على شهادة رجل واحدٍ، وشهد آخر على شهادة آخر، فإنّ ذلك لا يجوز، حتّى يشهدا جميعا، على شهادة كلّ واحد منهما، من قبل أنّ الشهادة حقّ عند الشاهد[ين]، فلا يجوز إقامتها عليه إلّا اثنين.[377] ألا ترى أنّه لا يجوز قضاءُ القاضي، إلّا اثنان. فكذلك شهادة الشاهد.[378] وكذلك العبد بين اثنين، فإن أقام رجل واحد منهما على شريكه شاهدين (أنّه أعتقه، فالعبدُ حرٌّ كلُّه.
18 ب وإذا شهد شاهدٌ، على مولى العبد)،[379] أنّه أعتقه، يوم الخميس، وشهد آخر أنّه أعتقه، يوم الجمعة، أو أنّه أقرّ بعتقه، فذلك كلُّه جائز، من قبل أنّ العتق كلام، وإقرارٌ، ولا يُفسِد الشهادةَ فيه اختلافُ الأيّام، ولا اختلافُ البلدان. ولو شهد شاهدٌ، أنّه أعتقه بالكوفة، وشهد آخر، أنّه أعتقه بمكّة، كان ذلك جائزا كلّه.
وإذا كان مَوْلَيَا العبد، أحدُهما مسلم، والآخرُ نصراني،[380] فشهد شاهدان من النصارى، أنّ المسلم أعتق العبدَ، والموليان يجحدان، فإنّ شهادتهما باطل، لا تجوز. ولو كانا شهدا على النصراني، جازت شهادتُهما عليه، وعُتق نصيبُه من العبد،[381] وكان المسلم بالخيار، إن شاء أعتق، وإن شاء استسعى، وإن شاء ضمّن النصراني، إن كان موسرا. وإذا شهدا عليهما جميعا أنّهما أعتقا[ه]، عُتق نصيبُ النصراني، ولا تجوز شهادتُهما على المسلم، وكان حال المسلم فيه، كما وصفتُ لك. ولو شهد نصرانيين[382] على شهادة مسلمين أنّ النصراني أعتقه، كانت شهادتهما باطلا، من قبل أنّهما يشهدان على شهادة مسلمين، ليس تقبل شهادة النصارى على شهادة المسلمين.
ألا ترى أنّ الشهادة حقّ عند المسلم، فلا أقبل عليه إلّا شاهديْن مسلميْن.

---

375 هذا السطر مكتوب في الطرّة وغامض، وضعناه في مكانه بالاعتماد على **الأصل**، ج 5 ص 119.

376 هكذا، والأوْلى شهدت.

377 هكذا، والأوْلى باثنيْن.

378 في **الأصل**، ج 5 ص 119: «الشهادة على الشهادة».

379 ما بين قوسين غير موجود في **الأصل**، ج 5 ص 119.

380 انظر **المدوّنة**، ج 7 ص 186.

381 **الكافي**، ص 116 أ. نلاحظ أنّ الحاكم الشهيد لم يذكر من هذه المسألة إلّا جانبا محدّدا، وهو الذي يخصّ النصراني دون المسلم. كما حذف عدّة مسائل أخرى تخصّ النصراني بصفته مولى، أو شاهدا.

382 هكذا، والأوْلى نصرانيان.

ولو كنتُ أقبل عليه شاهدين من النصارى، لقبلتُ عليه واحد[383] من المسلمين.[384]
ألا ترى لو أنّ شاهدين من النصارى شهدا على قاضي المسلمين، أنّه قضى للنصراني على نصراني، بمال، أبطلتُ ذلك، لأنّ شهادتهما على قاضي المسلمين، باطل. ولو شهدا على كتّاب قاضٍ، أبطلتُه. ولو شهد مسلمان على شهادة نصرانيين، أنّ النصراني أعتقه، أجزتُ ذلك. ولو شهد ابنا العبد أنّ مولى العبد أعتقه، فإنّ شهادتهما باطل، لأنّهما يشهدان لأبيهما. وكذلك لو شهد أبوه، ورجل آخر، وكذلك لو شهدا أنّه أعتقه، على مال أخذه منه. وكذلك لو شهدا أنّ المولى، كاتبه، بعد أن يكون المولى يجحد ذلك، فإنّ ذلك كلّه لا يجوز.
وإذا ادّعى المولى أنّه أعتقه على مال، وجحد العبدُ،[385] فشهد ابنا العبد عليه بذلك، كانت شهادتهما جائزة.[386] وإذا شهد ابنا العبد أنّ المولى قال: أوّل يوم يدخل أبوهما الدار، فهو حرّ، وشهد شاهدان آخران، أنّه دخل الدار، كانت شهادة الابنين على الحلف[387] بالعتق لا تجوز. ولا يعتق بها العبدُ. ولو شهد شاهدان أنّه قال: يوم أدخل الدار، فأنت حرٌّ.[388] ثمّ شهد ابناه أنّه قد دخل، كانت شهادتُهما باطلا، ولكنّ شهادة الأوّليْن على [الحالف][389] جائزة. فإن دخل بشهادة غير الابنين، عُتق. ولا تجوز شهادة الزوج على عتق امرأته،[390] ولا تجوز شهادة الابن، ولا الزوج على شيءٍ من أداء المكاتَبة، إذا جحد المولى قبضها. وكذلك لو أعتقها على ألف درهم، فشهد زوجها وابنُها، أنّها أدّت من ذلك شيئا، كانت شهادتُهما باطلا. وشهادة الأخ، والعمّ، والخال، والأخت، وكلّ ذي رحم محرّم من الرضاع والنسب، جائزة في العتق، وفي أداء المكاتبة، وفي أداء المال الذي وقع به العتقُ. فأمّا شهادة الوالد، والولد، وولد الولد، والأمّ، والجدّ، والجدّة، من قبل [النساء والرجال]،[391]

---

383 هكذا، والأوْلى واحدا.

384 **الأصل**، ج 5 ص 120؛ **المبسوط**، ج 7 ص 125.

385 في هذه الحالة، فالقول قول العبد في نظر ابن القاسم، بينما يرى أشهب أنّ القول قول السيّد (**المدوّنة**، ج 7 ص 225).

386 **المبسوط**، ج 7 ص 125.

387 في **الأصل**، ج 5 ص 121: «الحالف».

388 انظر **المدوّنة**، ج 7 ص 178. مسائل كثيرة مشابهة تخصّ اليمين بالعتق إن دخل الدار، سواء العبد أو المولى في **المدوّنة**، ج 7 ص 154، 157، 158، 159، 161، 165، 166، 167، 169، وأخرى تخصّ دخول المسجد (ج 7 ص 174).

389 **الأصل**، ج 5 ص 121.

390 لا يُجوّز مالك شهادة الزوج لامرأته، ولا المرأة لزوجها (**المدوّنة**، ج 7 ص 228).

391 نقص على قدر كلمتين، بسبب ثقب في الورقة، سددناه بالاعتماد على **الأصل**، ج 5 ص 121.

والزوج، والمرأة، فلا تجوز في العتق، ولا في أداء المكاتبة، ولا في أداء المال الذي وقع
به العتقُ، [ولا في المكاتبة]. وإذا شهد ابنا المولى، أو أبوه، ورجل آخر، أو [امرأته وأمّه]، أنّه 19 أ
أعتق عبده فلانا، فشهادتهما جائزة. وكذلك لو شهدوا أنّه أعتقه على ألف درهم، إذا كان العبدُ يدّعي ذلك. وإذا ادّعى المولى على عبده أنّه أعتقه بألف درهم، وقال العبدُ: بل أعتقني على غير شيء،[392] فشهد على ذلك ابنا المولى، فشهادتهما باطل، لأنّهما يجرّان إلى أبيهما المال. فإن شهد على ذلك ابني[393] العبد، فشهادتهما جائزة. وإذا كان العبد بين ثلاثة، فأعتق أحدهم نصيبه، على ألف، وادّعى ذلك المولى، وقال العبدُ: بل أعتقني بغير شيء. فشهد الشريكان أنّه أعتقه على ألف، والشريك يدّعي ذلك، فشهادتهما جائزة، من قبل أنّهما يشهدان على عبدهما بالمال. فإنّما أُبطل شهادتهما، إذا شهدا له. وكذلك إذا شهد ابنا الشريكين، وأبواهما، فشهادتهما في ذلك كشهادة الشريكين.

وإذا شهد ابني[394] أحد الشريكيْن، أنّ أباهما أعتق العبد، بغير مال، فشهادتهما على أبيهما جائزة. ولو أقام أبوهما شاهدين أنّه إنّما أعتقه على ألف درهم، فإنّه يُؤخذ له بألف، لأنّه هو المدّعي للمال.[395] ولو اكتسب العبدُ مالا، لا يعلم متى اكتسبه، واختلف فيه الشريكان. فقال العبدُ: اكتسبتُه بعد العتق، وقال الآخر اكتسبه قبل العتق، فالقول قول العبد، يستوفي منه الألف، ويضمن لشريكه إن كان موسرا، ويرجع بذلك على العبد.

وإذا كانت أمة بين رجلين، فشهد ابنا أحدهما على الشريك أنّه أعتق، فشهادتهما باطل من قِبل أنّهما يشهدان لأمة أبيهما، ويجرّان الضمان إليه.[396] ولو كانا يشهدان على أبيهما أنّه أعتقها، جاز ذلك عليه. فإن كان موسرا، ثمّ ماتت الخادم، وتركت مالًا، وقد ولدت ولدا بعد العتق، فأراد الشريكُ أن يستسعي الولد، فليس له ذلك، وله أن يضمّن الشريك، ويرجع الشريك بذلك فيما تركت.[397] وما بقي، فهو ميراث للابن. فإذا لم

---

392 انظر **المدوّنة**، ج 7 ص 225.

393 هكذا، والأوْلى ابنا.

394 هكذا، والأوْلى ابنا. وانظر **الكافي**، ص 116 ب.

395 **الكافي**، ص 116 ب؛ **المبسوط**، ج 7 ص 125.

396 «لأنّهما يشهدان لأبيهما بثبوت حقّ التضمين له قِبل الشريك، إن كان موسرا» (**المبسوط**، ج 7 ص 126)، وانظر **الأصل**، ج 5 ص 122؛ **الكافي**، ص 116 ب.

397 «كما كان يرجع عليها لو كانت حيّة» (**المبسوط**، ج 7 ص 126).

تدع مالا، رجع بذلك على الابن، لأنّ على الابن أن يسعى فيما على أمّه.[398] وإذا لم تُمُتْ، واختار الشريك أن يستسعيهما، فهي بمنزلة المكاتب[399] في تلك السعاية. وليس لها أن تُزوَّج.[400] فإن ولدت، فولدها بمنزلتها. وإن اشُترت أباها، أو أمّها، أو ولدها، فليس لها أن تبيعهم.[401] وإن اشترت
أخاها، أو ذا رحم محرّم منها، فلها أن تبيعهم.[402] وهذا والأوّل سواء، في القياس. غير أنّي أستحسن ذلك.[403] فإن اشترت زوجها، لم يفسد النكاحُ، ولها أن تبيعه.[404] وإن كان عبدا[405] على هذه الصفة، فاشترى امرأته، كان له أن يبيعها، إن لم تكن
ولدت منه. فإن كانت ولدت منه، واشترى ولدها معها، فهي[406] بمنزلته.[407] وإن كفل عنه رجل بسعاية[408] لمولاه، فكفالته باطل. لأنّه عبده، ولا يكفل بماله من عبده.

19 ب وإذا مات العبدُ، وترك مالا، أدّى ما بقيٍ من سعايته [لمولاه]، وكان ما بقي من ميراثه، بين ولده. فإن كان منهم حرٌّ، ومنهم من ولد في سعايته، فهو سواء. والميراث بينهم. وتُعتق أمّهات أولاده، ويجرّ ولاء ولده الأحرار. وإن لم يترك مالا، وترك

---

398 «لأنّه جزء من أجزائها، فبقاؤه كبقائها، ولأنّه محتاج إلى تحصيل العتق لنفسه، ولا يتوصّل إلى ذلك إلّا بأداء ما على أمّه» (**المبسوط**، ج 7 ص 126).

399 **الكافي**، ص. 116 ب.

400 **الأصل**، ج 5 ص 122: «أن تتزوّج». وفي **المبسوط**، ج 7 ص 126: «أن تتزوّج بدون إذن مولاها».

401 **الأصل**، ج 5 ص 123؛ و**المبسوط**، ج 7 ص 126؛ **الكافي**، ص 116 ب.

402 «استحسانا في قول أبي حنيفة» (**الكافي**، ص. 116 أ؛ **المبسوط**، ج 7 ص 126).

403 إضافة من **الأصل**، ج 5 ص 123: «وهو قول أبي حنيفة. وقال أبو يوسف ومحمّد: لا يبيع المكاتب ذا رحم محرّم منه، وإذا وقع في ملكه، كان بمنزلته، فإن مات، سعى فيما عليه، وما اشترى، أو ولد في ملكه، فهو سواء». انظر **المبسوط**، ج 7 ص 126.

404 « كالمكاتب... وحقّ المِلك لا يرفع النكاح، لأنّه أضعف منه، والضعيف لا يرفع القوي إذا طرأ عليه» (**المبسوط**، ج 7 ص 127).

405 هكذا، والأوْلى «عبدٌ».

406 في **الأصل**، ج 5 ص 123: «وإن لم تكن ولدت منه، فاشتراها وولدها معها، فهي بمنزلته».

407 «لأنّ حقّ الأمّ تَبَعٌ لحقّ الولد» (**المبسوط**، ج 7 ص 127).

408 في **الأصل**، ج 5 ص 127: «بسعايته»، وفي **المبسوط**، ج 7 ص 127: «وإن كفل عن المستسعَى رجلٌ بسعاية لمولاه».

ولد أحرار،[409] وترك دينْا، فلم يخاصم في شيء من أمره، حتّى خرج الدّيْنُ، فهو بمنزلة المال الحاضر، يؤدّي ما بقي من سعايته، ويكون ما بقي ميراثا، ويجرّ الولاء.[410] وهذا والمكاتب، في هذه الحال، سواء. ولو لم يُخرج الدّيْن، حتّى جنى الابنُ[411] جناية، كانت على عاقلة أمّه. ولو اختصم مولى الأمّ، ومولى الأب، في ولاء الابن، (وصاحب الجناية)، قبل أن يخرج الدينْ، فقضى به القاضي، لمولى الأمّ، ثمّ خرج الديْن، بعد ذلك، كان الدين لمولى الأب، كلّه، لا يكون للابن فيه شيء، في القياس. ولكنّا ندع القياس[412] في ذلك، ونجعل السعاية للمولى، ونجعل ما بقي ميراثا للابن.[413] ولو كان الابن وُلد في سعاية العبد، من أمة له، ثمّ مات العبد، كان على ابن العبد، أن يسعى فيما بقي على أبيه.[414] ولو كان عبد، وامرأته رقيقا لرجل، أعتق نصف كلّ واحد منهما، فقضى عليهما بالسعاية، في نصف قيمتهما، ثمّ ولدت المرأة ولدا، وهي في السعاية، فقُتل الولدُ، وترك مالا، كانت دِيته وماله، لأمّه، من قبل أنّه منها، وأنّه لم يُعتق بعدُ، وهو بمنزلة العبد في أمره كلّه. ولو جنى جناية، كان يسعى في الأقلّ من قيمته، ومن الجناية.[415] ولو مات أبوه،[416] سعى فيما على أمّه، ولا يسعى فيما على أبيه. ولو ماتت أمّه، وتركت مالا، وأبوه حيٌّ، أدّى ما بقي من سعايتها، وما بقي فهو ميراث الابن، ولا يكون للزّوج فيه ميراث. ولو كان مات الأبُ، وبقيت الأمّ، وترك الأب مالا، فإنّه يؤدّي ما بقي عليه من سعايته، ويكون ما بقي ميراث[417] لمولاه الذي أعتقه. ولا يرث ابنه ولا امرأته شيء[418] من قبل أنّ الأمّ

---

409 في **الأصل**، ج 5 ص 123: «أولادا أحرارا».

410 هكذا، وفي **الكافي**، ص 116 ب: «ويجرّ ولاء أولاده الأحرار». في **المدوّنة**، طُرحت مسائل تخصّ عتق العبد، وعلى المولى ديْن (ج 7 ص 178، 180، 182، 217).

411 «ولده الحرّ» (**المبسوط**، ج 7 ص 128).

412 **الأصل**، ج 5 ص 123؛ **الكافي**، ص 116 ب. بينما في **المبسوط**، ج 7 ص 128: «العتاقين».

413 ويفصّل السرخسي «وجه القياس» في ذلك، ثمّ «وجه الاستحسان» (**المبسوط**، ج 7 ص 128).

414 «بمنزلة المولود في الكتابة» (**المبسوط**، ج 7 ص 128).

415 «لأنّه بمنزلة المكاتب، وهذا هو الحكم في جناية المكاتب» (**المبسوط**، ج 7 ص 128).

416 «أبواه»، في **الأصل** (ج 5 ص 124) و**الكافي** (ص 116 ب) و**المبسوط** (ج 7 ص 128)، وهو الصواب.

417 هكذا، والأوْلى ميراثا.

418 هكذا، والأوْلى شيئا.

أمَة، ما دامت عليها من السعاية شيء، فلا ترث، وابنها بمنزلتها.
[محمّد قال:] حدّثنا أبو حنيفة، عن حمّاد عن إبراهيم[419] أنّ الرجل إذا أعتق نصفَ
عبده، قُوّم عبدُه، فسعى في نصف قيمته. وإن جنى جنايةً، فنصفُ
الجناية على العاقلة، ونصفُها عليه. وإذا جُني عليه، فإنّ
نصف الجناية عليه، جناية عبد، أرشها أرش عبد، وبقيّتها أرش
جناية حرّ.[420] وقال أبو حنيفة: بل هو عبد في جنايته،
والجناية عليه، ما دام سعى في شيء من قيمته. وكذلك شهادتُه، وجنايتُه.[421] 20 أ
وقال أبو يوسف، ومحمّد: إذا أَعتق منه شقصا، فهو حرّ، كلُّه، جنايتُه جناية
حرّ، وشهادتُه وأمورُه كلّها، أمور حرّ. وإذا كان العبدُ بين اثنين، فشهد
أحدهما على صاحبه أنه أعتقه، ولم يشهد معه أحدٌ، وطلب الضمان، فقال:
حلّفه، ما أعتقه، فإنّه يحلف. فإن حلف، بُرّئ من المضمان،[422] وسعى لهما في قيمته.
وإن نكل عن اليمين، لزمه الضمان، وعُتق نصفُه، ويرجع على العبد بما ضمن.
وإذا كان العبدُ بين اثنين، فأعتق أحدُهما نصفَه، وهو موسر، ثمّ مات
الذي لم يُعتق، وترك ورثة، رجال[423] ونساء، فاختار بعضهم أن يضمّن المعتق، واختار
بعضُهم أن يسعى لهم العبدُ، كان ذلك لهم، وليس للنساء في الولاء شيء، لأنّهنّ
إنّما ورثن مالا على العبد، أو على الشريك.[424] وإذا كانت الأمَة بين رجلين،
فشهد رجلان على أحدهما، أنّه أعتقها، بعينها، وكذّبتهما الأمة،
وادّعت على الآخر، العتقَ، وجحد الآخرُ، وحلف عند القاضي: ما أعتقها،
فإنّها تُعتقُ بشهادة الشهود، ولا يُنظر إلى قولها، لأنّ هذا فرج، فيتّهم عليه،
أرأيتَ لو لم يكن لها إلّا مولى واحد، فشهد شاهدان أنّه أعتقها، وكذّبتْهما،
أما كنتُ أُعتقها، ولا أدعه يطؤها، ويستحلّ فرجها ؟ ولو كان له
عبد، شهد شاهدان أنّ مولاه أعتقه، وأنكر ذلك العبدُ، وكذّبهما، فإنّ
شهادتَهما لا تجوز، وليس العبدُ، في هذا، كالأمَة، التّي يُحستلّ[425]

419 ورد هذا السند في **المبسوط** (ج 7 ص 128) كما يلي: «وذُكر في **الأصل** عن إبراهيم».

420 **المبسوط**، ج 7 ص 128. وفي **الأصل**، ج 5 ص 124: «ونصفها».

421 يبدو أنّ السرخسي يؤيّد هذا الرأي (**المبسوط**، ج 7 ص 128–129).

422 هكذا، والأَوْلى الضمان.

423 هكذا، والأَوْلى رجالا، كما في **الأصل**، ج 5 ص 125.

424 في **المدوّنة**، هناك افتراضات أخرى تخصّ العبد بين اثنين (172، 179، 185، 186، 193، 217).

425 هكذا، والأَوْلى يُستحلّ.

فرجُها. وإذا ادّعى الرجل، قِبل العبد، قذف،[426] أو جناية عمدا،
أو خطأً، ثمّ جاء بذينك الشاهدين على العتق، فإنّي أُعتقه، وأجيز شهادتهما.
(وفيها قولٌ آخر، قول أبي يوسف، ومحمّد أنّ شهادتَهما جائزة، وإن لم
يجئ أحدٌ يدّعي حدّا، ولا جناية، ولا يُنظر إلى قول العبد في ذلك).
وإذا كان العبدُ بين اثنين، فشهدت الشهودُ على أحدهما أنّه أقرّ
أنّه أعتقه، وهو موسرٌ، فإنّ ذلك جائز، ولشريكه أن يُضمّنه. وإن كان
المعتِقُ يجحدُ العتقَ، ويرجع المعتق بما ضمّن على العبد، ويكون الولاء
كلُّه له، وإن جحد ذلك.[427] ألا ترى أنّ العبد لو كان لرجل واحد،
فشهد عليه شاهدان بأنّه أعتقه، أجزتُ شهادتَهما ويلزمه الولاء،[428]
وإن كان منكرا لذلك. ولو شهد[ا] عليه أنّه أقرّ أنّه حرّ (أنّ الذي)[429]
20 ب [430] الأصل، عُتق، ولا يكون له ولاء. [ولو شهدا عليه أنّه أقرّ أنّ الذي
باعه، كان أعتقه، قبل أن يبيعه، عُتق من مال المشهود عليه، ولا يكون لواحد منهما من الولاء
شيء]،[431] ويكون ولاؤه
موقوف.[432] ولو أقرّ أنّ الذي باعه، كان دبّره، أو كاتب أمة، وأقرّ أنّها قد ولدت من الذي باعها
منه،
قبل أن يبيعها، فإنّه يخرج كلّ واحد منهما، من ملكه، ولا يعتقان، حتّى يموت البائعُ، ولا يرجع
المشتري،
بالثمن على البائع، إن كان نَقَدَه، وإن كان لم ينقده، فعليه أن ينقده. وجنايتهما جناية مملوكين.
والجناية عليهما جناية على مملوكين توقف جنايتهما. [وهذا قول أبي حنيفة]، وفيها قول آخر، وهو
قول أبي يوسف، [ومحمّد]
أنّهما يسعيان في جنايتهما، إلّا أن تكون قيمتُهما أقلّ من ذلك، فيسعيان في ذلك. وكذلك الأمَة
بين رجلين، أقرّ أحدُهما أنّها ولدت من الآخر، وأنكر الآخرُ، فإنّها موقوفة تخدم المُنكر،

426 هكذا، والأوْلى قذْفا.
427 **المبسوط**، ج 7 ص 129.
428 في **الكافي**، ص 116 ب، و**المبسوط**، ج 7 ص 129: «كان الولاء له».
429 كلمتان في غير محلّهما.
430 اضطراب في ترتيب الأوراق، قوّمناه.
431 اضطراب في النصّ، قوّمناه بالاعتماد على **الأصل**، ج 1 ص 125 و**المبسوط**، ج 7 ص 129.
432 هكذا، والأوْلى موقوفا.

يوما، ويُرفع عنها يوما، ولا سبيل للمقرّ عليها.[433] وجنايتها موقوفة، والجناية عليها. وفيها قول آخر، [قول أبي يوسف ومحمّد] أنّها تسعى في نصف قيمتها للمنكر،[434] وجنايتُها بمنزلة جناية المُكاتَب، تسعى فيه.

والجناية عليها، تأخذها، فتستعين بها. أرأيتَ إذا كانت موقوفة، من يُنفق عليها؟ وهل يخلّى عنها، تكسب، وتشتري، وتبيع؟ رجع أبو يوسف عن هذا، وقال بقول أبي حنيفة.[435] [وقال محمّد: قول أبي يوسف الأوّل أحبّ إليّ].

كتاب عتق ما في البطن[436]

وإذا قال الرجل لجاريته: كلّ ولد تلدينه، فهو حرٌّ، فهو كما قال؛ فما ولدت في ملكه، فهو حرٌّ.[437] ولا يُعتق الولدُ حتّى تلد. ولو مات المولى، وهي حامل، ثمّ ولدته بعد موت المولى، لم يُعتق ولدُها،[438]

لأنّه قد خرج من ملك المولى، قبل العتق. ولو باعها المولى، وهي حاملٌ،

ثمّ ولدت عند المشتري، لم يُعتق ولدُها، لأنّه قد خرج من ملك البائع، قبل أن تلده. ولو ضرب ضاربٌ بطنها، فألقت جنينا ميّتا، كان فيه ما في جنين الأمَة، لأنّه لم يُعتق. ولو قال لها: كلّ ولد تحبلين

له، أو تحملين به، فهو حرٌّ، كان هذا الجنين الذي وقع من الضرب، حرّا، [فيه ما في الجنين][439] الحرّ.

ولو باعها المولى،

433 **الأصل**، ج 5 ص 126؛ **المبسوط**، ج 7 ص 130.

434 **الأصل**، ج 5 ص 126؛ **المبسوط**، ج 7 ص 130.

435 يذكر السرخسي (**المبسوط**، ج 7 ص 130) أكثر تفاصيل في هذه المسألة.

436 هناك اتّفاق في هذا العنوان بين **الأصل**، و**الكافي**، و**المبسوط** ومخطوطنا، مع اختلاف يسير يخصّ استعمال عبارة كتاب في المخطوط عوضا عن باب.

437 «لأنّ ملك الأمّ سببٌ لملك الابن». «والجنين يتبع الأمّ في الملك» (**المبسوط**، ج 7 ص 131)، انظر **المدوّنة**، ج 7 ص 203.

438 «لم تُعتق (الجارية)» (**المبسوط**، ج 7 ص 131).

439 **الأصل**، ج 5 ص 127. وورد في **الكافي** (ص 117 أ): «كان فيه ما في جنين الحرّ». يميّز مالك في هذه المسألة بين جنين أمّ الولد الذي يستحقّ دية حرّ، وجنين الأمة الذي لا يستحقّ ذلك (**المدوّنة**، ج 7 ص 206، انظر أيضا ص 188، 194).

فولدت، عند المشتري، لأقلّ من ستّة أشهر، كان الولد حرّا، وكان البيع باطلا، لا يجوز أن يبيع أمة،
وما في بطنها حرّ. وإذا ولدت لستّة أشهر، فصاعدا، لم يُعتق. وكذلك، لو مات
المولى، وتركها، ولو كاتبها، أو دبّرها، كان ذلك جائزا. ولا يفسد ذلك عتق ما في
بطنها. وإذا قال الرجل لأمته: إن كان أوّل ولد تلدينه، غلاما، فهو حرّ. وإن كانت
حائرة،[440] فأنتِ حرّة. فولدت غلامين، وجاريتين، لا يُدرى أيهما أوّل. فإن كان الغلامُ أوّل [ما ولدت]،
فهو حرّ، وسائرهم رقيق، والأمّ معهم رقيق. ولو كانت الجارية، أوّل ما ولدت، فالمولودة
أمة، والأمّ وما ولدت، بعد الجارية، أحرار. فالأمّ في حال أمة، وفي حال حرّة، فيُعتق نصفُها،
وتسعى في نصف قيمتها، والغلامان حرّان، في حال، وأحدهما حرّ[441] على كلّ حالٍ، فيُعتق من كلّ
واحد منهما، ثلاثة أرباعه، ويسعى في ربع قيمته، والجاريتان، في حالٍ أمتينْ،[442] وفي حال إحداهما
حرّة، والأخرى أمة، فيُعتق من كلّ واحدة منهما، ربعها، وتسعى في ثلاثة أرباع قيمتها.
ولو قالت الأمّ: [أوّل][443] ما ولدتُ، هذا الغلام، وصدّقها المولى، عُتق الغلامُ، وكانت
الأمّ وأولادُها رقيق.[444] وإذا اتّفقت الأمّ والمولى، فلم يختلفوا،[445] عُتق ما اتّفقوا[446] عليه.
وإن اختلفوا،[447] أخذتُ بقول المولى. فكان القولُ قولَه، مع يمينه. 21 أ
ولو قال المولى: [أوّل] ما ولدت هذا الغلام، [وقالت هي: بل ولدتُ هذه الجارية]، كان القول
قول المولى مع يمينه.[448]
وإذا تصادقا أنّهما

440 هكذا، والأوْلى «جارية».

441 في **الأصل**، ج 5 ص 127: «عبد في حال».

442 هكذا، والأوْلى «أمتان»، كما في **الأصل**، ج 5 ص 127.

443 زيادة من **المبسوط** (ج 7، ص 132).

444 هكذا، والأوْلى رقيقا.

445 هكذا، والأوْلى يختلفا.

446 هكذا، والأوْلى اتّفقا.

447 هكذا، والأوْلى اختلفا.

448 سطر ملحق في الطرّة على اليسار. وفي أعلى الصفحة نجد عبارة أُصْلح، فوق الخطّ الذي يحيل على مكان الإصلاح.

لا يعرفان الأوّل من الآخر، كان القول كما وصفتُ لك. وإن قامت البيّنة على واحد أنّه أوّل، أخذتُ بشهادة الشهود، وأمضي العتق على ذلك. وإذا قال الرجلُ
لأمته: إن كان حملك غلام،[449] فأنتِ حرّة، وإن كان جارية،[450] فهي حرّة. فكان حملها، غلام[451] وجارية، فإنّه لا يُعتَق واحدٌ منهما، من قبل أنه لم يكن حَملها كما قال.[452] ألا ترى أنّه لو نظر إلى حِمْل دابّة، فقال: إن كان حِملُ هذه الدابّة حنطةً، فعبدي حرٌّ، وإن كان تمر،[453] فجاريتي حرّة. فكان حنطة وتمرا، فإنّه لا يُعتَق واحد منهما، لأنّه ليس كما قال.
فكذلك إذا قال: إن كان ما في بطنك [غلاما أو جارية]، فهذا باب واحد، كلّه سواء. ولو قال: إن كان
في بطنك جارية، فهي حرّة، وإن كان في بطنك غلام، فهو حرٌّ. فكان في بطنها غلام وجارية، فولدتهما بعد ذلك، بيوم؛ فإنّه يُعتق الغلامَ والجارية جميعا. وإذا قال: إن كان
أوّل ولد تلدينه غلام،[454] فأنتِ حرّة.[455] وإن كان أوّل ولد تلدينه جارية، فهي حرّة، فولدت غلام[456] وجارية، فإن علم أيّهما أوّل، فإنّ العتق يقع على ما قال.[457] وإن اتّفق المولى والأمّ على شيء
من ذلك، فالعتقُ واقع على ما اتّفقا عليه. وإن اختلفا، فالقول قول المولى، مع يمينه.
وإذا اتّفقا أنّهما لا يدريان أيّهما أوّل، فإن كان الغلام أوّل،[458] لم يُعتق أيضا، وكذلك لو كان الثاني، لم يُعتق أيضا. وإن كانت الجارية هي أوّل، عُتقت. وإن كانت الجارية الثانية، عُتقت. فهي، على كلّ حال، حرّة، والأمّ يُعتق نصفُها، وتسعى في نصف قيمتها. وأمّا الغلام، فملوك على حاله.
وإذا قال الرجل لأمته: ما في بطنكِ حرٌّ، فإن ولدت[459] لستّة أشهر، بعد هذا القول، لم يُعتق،

449 هكذا، والأوْلى غلاما.

450 هكذا، والأولى جارية. وانظر أعلاه.

451 هكذا، والأوْلى غلاما.

452 «لأنّ الحَمْل اسم لجميع ما في البطن» (**المبسوط**، ج 7 ص 132).

453 هكذا، والأولى تمراً.

454 هكذا، والأوْلى غلاما.

455 انظر **المدوّنة**، ج 7 ص 203.

456 هكذا، والأوْلى غلاما.

457 **الأصل**، ج 5 ص 128. يقدّم السرخسي أكثر تفاصيل في هذا الشأن (**المبسوط**، ج 7 ص 132).

458 هكذا، والأوْلى أوّلا.

459 في **المبسوط** (ج 7، ص 133) «بعد ذلك».

لأنّ الحمل كان بعد القول. وإن ولدت لأقلّ من ستّة أشهر، عُتق. وإن ولدت واحدا لأقلّ من ستّة أشهر بيوم، ثمّ ولدت آخر بعد الستّة الأشهر، بيوم، فإنّهما يُعتقان جميعا. إذا أُعتق أحدُهما، أُعتق الآخرُ،[460] [لأنّه معه]. وإذا أعتق الرجلُ أَمَته، ولها زوجٌ،[461] فولدت ولدا لستّة أشهر،
بعد العتق، فنفاه الزوجُ، فإنّه يلاعن، ويلزم الولدُ أمّه، ويكون ولاء الولد لمولى الأمّ من قبل أنّه [ليس له] أب. وكذلك إذا ولدت، لأكثر من ستّة أشهر، [فإنّه يلاعن]. فإن ولدت لأقلّ من ستّة أشهر، بعد العتق، لزم الولد الأبَ، ولاعن، وفارق أمّه. وكان الولاء لمولى الأمّ، لأنّ الحَبَل كان قبل أن تعتق. وكذلك لو لم يكن ينفيه، كان الولاءُ لمولى الأمّ، وكان ابن الأب. والباب الأوّل إن لم ينفِه، كان ابن الأب، والولاء لمولى الأب،
لأنّ الحَبَل كان بعد العتق. وإذا كانت الأمة لرجل، فقال لها: إن كنت حبلت، فأنت حرّة. ثمّ ولدت لأقلّ من ستّة أشهر، فهي حرّة، وما في بطنها حرٌّ. وإن ولدت لستّة أشهر، بعد هذه المقالة، لم تعتق. وإذا قال الرجل لأمته: ما في بطنكِ حرٌّ، [فضرب رجل][462] بطنها، بعد هذا القول، لأقلّ من ستّة أشهر، فألقت جنينا ميّتا، ففيه ما في
21 ب جنين الحرّة، لأنّ العتق قد وقع عليه.[463] وكذلك لو وقع حيّا، ثمّ مات، كان فيه الديّة كاملة. ولو كانت الجناية، بعد هذا القول، لستّة أشهر، كان فيه ما في جنين الأمة.
وإذا قال الرجل لأمته: إن كان أوّل ولد تلدين غلام،[464] ثمّ جارية، فأنتِ حرّة، وإن كانت جارية،
ثمّ غلاما، فالغلام حرٌّ. فولدت غلامين، وجاريتين، لا يعلم أيهما أوّل، [وتصادقوا على ذلك أنّهم لا يعلمون] فإنّه يُعتق من الأمّ النصفُ،
وتسعى في نصف قيمتها، من قبل أنّها حرّة، في حال، وفي حال، أمة. فأمّا الابنتين، فهما أمتين[465]
في حال، وفي حال، إحداهما حرّة. فيُعتق من كلّ واحدة ربعها، وتسعى في ثلاثة أرباع

460 في **المدوّنة** (ج 7 ص 206)، هناك حديث عن مهلة تمتدّ على أربع سنوات.
461 في **الأصل** (ج 5 ص 129) و**الكافي** (ص 117 أ) و**المبسوط** (ج 7 ص 133): «زوج حرّ»
462 إضافة من **المبسوط** (ج 7 ص 133).
463 انظر **المدوّنة**، ج 7 ص 206.
464 هكذا، والأوْلى «غلاما».
465 هكذا والأوْلى: «الابنتان، فهما أمتان»، كما في **الأصل**، ج 5 ص 130.

قيمتها، وأمّا الغلامان،[466] فيُعتق أحدُهما، في حال، وفي حال، هما عبدان، فيسعى كلّ واحد منهما
في ثلاثة أرباع قيمته، ويُعتق ربعه. فإن ولدت غلام[467] وجارية، في بطن، لا يُعلم أيّهما أوّل، عتق
نصفُ الأمة، وسعت في نصف قيمتها. وكذلك الابن يُعتق نصفُه، ويسعى في نصف
قيمته، وأمّا الابنة، فهي أمة. وإذا قال الرجل لأمته: أوّل ولد تلدينه، فهو حرّ، فولدت
ولدا ميّتا، ثمّ ولدت آخر، بعد ذلك، حيّا. فإنّ الآخر منهما يُعتق،[468] لأنّ العتاقة لا تقع على الميّت
الأوّل. [وهذا في الوجهين جميعا، في قول أبي حنيفة. وقال أبو يوسف ومحمّد: الولد الأوّل في الوجهين جميعا، الولد الميّت الذي ولدته أوّل مرّة، فإن كان حلف بعتقه، لم يُعتق، ولم يُعتق الولد الذي ولدته بعده].[469] ولو قال لها: أوّل ولد تلدينه، فأنتِ حرّة، فولدت ولدا ميّتا، وقع العتقُ عليها. ولو قال: أوّل ولد تلدينه، فهو حرّ، فولدت ولدا، فجاءت امرأة، فشهدت على الولادة، وقال
المولى: كذبت، لم تلديه، ولكنّ هذا عبدي من غيرك. فإنّ القول قول المولى، ولا يُعتق
بشهادة امرأة واحدة.[470] ولو قال: أوّل ولد تلدينه، فأنت حرّة، فجاءت بامرأة تشهد على الولادة، لم تُصدّق، إذا كان المولى ينكر ذلك، ولا تُعتق بشهادة امرأة واحدة، [وهو قول أبي حنيفة]. وقال أبو يوسف [ومحمّد]: تُصدّق،[471] ويُعتق الولدُ. وقال: أرأيتَ لو قال: إن كان بها حَبَل، فهي[472] منّي، فجاءت

---

466 في **الأصل**، ج 5 ص 130: الغلامين.

467 هكذا، والأوْلى غلاما.

468 نلاحظ هنا تقديما وتأخيرا في هذه المسائل (**الأصل**، ج 5 ص 130).

469 قال مالك: «الولد الأوّل حرّ، والثاني رقيق». وهو رأي رفضه سحنون وساق قول ابن شهاب التالي: «الميّت لا يقع عليه عتقٌ» (**المدوّنة**، ج 7 ص 203).

470 «وعند أبي حنيفة، بشهادة القابلة إنّما يثبت ما هو من أحكام الولادة على الخصوص» وهذا بخلاف صاحبيه (**المبسوط**، ج 7 ص 135، انظر أيضا ص 136؛ **الكافي**، ص 117 ب).

471 في **الأصل**، ج 5 ص 130: «إنّها تُعتق».

472 في **الأصل** (ج 5 ص 131) **والمبسوط** (ج 7 ص 136) «فهو»، وهو الصحيح لأنّ الضّمير يعود على الحبَل.

امرأة، تشهد على الولادة، بعد هذه المقالة بيوم، أما كنتُ أُثبت نسب الولد [منه]، وأجعل أمّه أمّ ولد، فقد أعتقتُ، وأثبتُّ النسب، بشهادة امرأة واحدة.[473] وكذلك الباب الأوّل.
وإذا قال لها: أنت حبلى، فإذا ولدتِ، فأنتِ حرّة. فشهدت امرأة على الولادة،
عُتقت بشهادتها، لأنه أقرّ بأصل الحَبَل. ولو قال لها: إذا حضتِ، فأنتِ حرّة، فقالت:
قد حضتُ، كانت مصدّقة، وتُعتق، لأنّ الحيض لا يَطّلع عليه غيرُها.[474] وكذلك لو قال لها:
إن كنتِ تحبّيني، أو إن كنتِ تبغضيني، أو إن شئتِ، أو إن هويتِ، أو إن أردتِ، فأنتِ حرّة. فهي
مصدّقة في كلّ شيء من هذا، ما دامت في مجلسها ذلك، وتُعتق. وإن قامت
من ذلك المجلس، قبل أن تقول شيئا، لم تُعتق.[475] وإذا قال الرجل لأمته: ما في بطنك،
حرّ، ثمّ ضرب المولى بطنها، فألقت جنينا ميّتا، وله أب حرّ. فإن كان ضربها، بعد العتق،
لأقلّ من ستّة أشهر، فعلى عاقلة السيّد، خمس مائة، لأبي الجنين، لأنّه حرّ. وإن كان الضربُ،
بعد هذه المقالة، لستّة أشهر أو أكثر، فالجنين عبدا[476] للمولى، لا يقع به العتق، ولا يكون له
أَرش. وإذا قال الرجل لأمته، وهو يطؤها: إذا حبلتِ، فأنت حرّة، ثمّ وطِئها، فإنّه ينبغي له
في الورع، والتنزّه، أن يعتزلها، حتّى يعلم أحامل هي، أم لا. فإذا حاضت،
22 أ وطِئها، بعد ما تطهر.[477] فإن ولدت بعد هذه المقالة، لأكثر من سنتين، وقد وطئها، [في السنتين من قَبْل أن تلد، لأقلّ]
من ستّة أشهر (الأواخر)، فعليه العقر،[478] لأنّها قد عُتقت. فإن ولدت،
[لأقلّ] من ستّة أشهر، [أو ما بينها وبين سنتين]، فإنّها لا تُعتق، لأنّ الحَبَل قد كان قبل القول.[479]

---

473 يصوغ السرخسي المسألة كما يلي: «...بيوم، صارت أمّ ولد له، وبالاستيلاء يثبت حقّ الحرّية» (**المبسوط**، ج 7 ص 136).

474 عندما سأل سحنون ابنَ القاسم عن هذه المسألة، أجاب: «قال مالك: من قال لأمته: أنتِ حرّة إلى شهر، أو إلى قدوم فلان، فإنّها لا تُعتق إلّا إلى الأجل الذي جعل... وليس له أن يطأها» (**المدوّنة**، ج 7 ص 201).

475 مسائل مكرّرة.

476 هكذا، والأَوْلى «عبد».

477 **الكافي**، ص 117 ب.

478 **الأصل**، ج 5 ص 131؛ **المبسوط**، ج. 7 ص 136.

479 ورد في **المدوّنة** ما يلي: قلتُ: أرأيْتَ إن قال رجل لأمته، وهو يطؤها: إذا حبلتِ فأنت حرّة ؟ قال: له أن يطأها في كلّ طهر مرّة» (ج 7 ص 201).

(قال أسد بن الفرات: وكذلك قولهم إن ولدته فيما بينها، وبين سنتين، فإنّها
لا تُعتق، لأنّا لا ندري أكانت حامل،[480] أم لا يوم قال لها: إذا حبلت، فأنت حرّة، ولا
تُعتق الجارية عليه، بالشكّ في مفاد قولهم).[481] وإذا قال الرجلُ، لأمتيْن له: ما في
بطن إحداكما، حرٌّ، فله أن يوقع ذلك على أيّتهما شاء، ويختار أيّتهما شاء، فيُمسكها.[482]
فإن ضرب إنسان بطن إحداهما، قبل الخيار، فألقت جنينا ميّتا، لأقلّ من ستّة
أشهر، منذ تكلّم بالعتق، فهو رقيق، يكون فيه ما في جنين الأمة، ويقع
العتقُ على ما في بطن الأخرى.[483] ولو ضرب رجلان، كلٌّ واحد منهما،
بطنَ إحداهما معا، فألقت كلّ واحدة منهما جنينا ميّتا، لأقلّ من ستّة أشهر، منذ يوم تكلّم
بالعتق، كان في كلّ واحدة منهما، ما في جنين الأمة، لأنّي لا أدري أيّهما الحرّ،
وأيّهما أجعل الحرّ. وإذا قال رجل، لأمتيْن له، ما في بطن عمرة حرٌّ، وما في بطن زينب،
حرّ، أو سالم[484]. فإنّ العتق يقع على ما في بطن عمرة، والخيار في ما في
بطن زينب، وسالم، يختار أيّهما شاء، فيُعتقه، ويُمسك الآخر. وإذا قال
الرجلُ، لأمتيْن له: ما في بطن إحداكما حرٌّ. ثمّ قامت إحداهما، وجاءت الأخرى.
فقال: ما في بطن إحداكما حرّ. ثمّ وضعن كلّهنّ، لأقلّ من ستّة أشهر،
فإنّ القول في ذلك، قول المولى. فإن قال: عَنَيْتُ الوسطى، فالقول قولُه. وإن قال: أنا أعيّنه
[وأختاره]،
فهو مصدّق، والقولُ قوله، ويعتق الذي اختار، والأخريان رقيق. وإن قال: أعني
الأولى الذّاهبة، عُتقت الأولى. وقيل له: لابدّ لك من أن تُعتق، إحدى الباقيتين. [فإن قال: أنا
أختار به الأولى، عُتقت الأخرى، وقيل له: لابدّ لك من أن تعتق إحدى][485] الأوليين.

480 هكذا، والأوْلى حاملا.

481 هذه المسألة الهامّة المروية عن أسد بن الفرات، غائبة في **الأصل**، ج 5 ص 131 **والكافي** (ص 117 ب)، **والمبسوط**، ج 7 ص 136. وحضور هذه المسألة يدعم أصالة مخطوطنا، إذ أنّ اسم ذلك العالم مذكور في بدايته وكذلك في وسطه.

482 «لأنّ ما في البطن في حكم العتق كالمنفصل...» (**المبسوط**، ج 7 ص 136). والمقصود بالمنفصل: المولود.

483 **الكافي**، ق. 117 ب.

484 يوضّح السرخسي هذه الصيغة (**المبسوط**، ج7 ص 137). وقد صاغ صاحب **الكافي** (ص 117 ب) هذه المسألة كما يلي: «وإن قال: ما في بطن هذه، وما في بطن هذه حرّ، وسالم، عُتق ما في بطن الأولى، والخيار فيما بين سالم، وما في بطن الثانية».

485 **الأصل**، ج 5 ص 132.

فإن مات، قبل أن يبيّن شيئا من ذلك، عُتق ثلاثةُ أرباعِ ولد الوسطى، وتسعى في
في ربعِ قيمتها، من قبل أنّ العتق، وقع عليه، مرّتين. ويعتق نصفُ ولد الأخرى،
ونصفُ ولد الأولى، وتسعى كلّ واحدة منهما، في نصف قيمتها.[486] وإن كان
هذا في مرض، ومات أمّهات الأولاد، قَبْل المولى، وبقي المولى، ثمّ مات،
وليس له مال، غير الأولاد، فإنّ الثلث يقسّم بينهم على حساب ما يُعتق منهم،
على ما وصفتُ لك قبل هذا. وإذا شهد شاهدان على رجلٍ،
أنّه أعتق ما في بطن إحدى أمتيْه، وقالوا:[487] قد سمّاها لنا، فنسيناها، فإنّي أُبطلُ شهادتهما.
(وكذلك لو شهدا أنّه أعتق إحدى الأمتين، وسمّاها
لنا، فنسيناها). وكذلك لو قالا: لم يُسمِّ، إلّا أنّه أعتق إحداهما،
كان ذلك باطلا، من قبل أنّهم لم يبيّنوا الشهادة. ولو كان هذا في
22 ب وصيّة عند الموت، استحسنتُ أن أجيزه،[488] [وهذا قول أبي حنيفة]. وقال أبو يوسف [ومحمّد]:
إذا شهدا
[أنّه أعتق] إحدى أمتيْه، فهو جائز، وأخيّرُه، على أن يوقع على إحداهما، [والوصية وغيرها في
ذلك سواء][489]. وإذا قال الرجل [لأمته][490]
وهي حامل، قد أعتقتُ ما في بطنكِ، على ألف درهم عليك، فقالت: قد قبلتُ
ذلك، ثمّ وضعت غلام،[491] لأقلّ من ستّة أشهر، فإنّ الغلام حرٌّ، والألف باطل، وقبول الأمة
ذلك،
ليس بجائز عليه، [فقبولها، كقبولها في العتق. ألا ترى] لو أنّها ولدت غلاما، فكاتبت [على
نفسها،] وعليه على ألف درهمٍ،[492] أجزتُ ذلك.

---

486 يتواصل النصّ في **الأصل**، ج 5 ص 133، كما يلي: «وهذا قياس قول أبي حنيفة وأبي يوسف. وقال محمّد: يُعتق ربع ما في بطن الآخرة، إذا مات المولى، قبل أن يبيّن. وكذلك يضرب في الثلث، إذا كان القول في المرض»؛ وانظر **الكافي**، ص 117 ب – ص 118 أ.

487 هكذا، والأوْلى قالا.

488 في **الأصل**، ج ص 133: «أجزتُ ذلك واستحسنتهُ».

489 **الأصل**، ج 5 ص 133.

490 إضافة من **الكافي**، ص 118 أ.

491 هكذا، والأوْلى غلاما.

492 في **الكافي**، ص 118 أ، «على نفسها وعليه على ألف درهم».

وألزمتُ [ذلك الأمَّ، ولم ألزم] الغلامَ المكاتبة، وعُتق بأدائها، وألزمتُ الغلامَ [المكاتبة]، إن كبر، فرضي، أو عقل، فرضي.[493] وإذا
قال الرجل لأمته: ما في بطنك حرٌّ، متى ما أدّى إليّ ألف درهم، فوضعت، لأقلّ من ستّة أشهر، فمتى ما أدّى ألف درهم، فهو حرٌّ. وإذا قال الرجل، لثلاثة[494] إماء له: ما [في]
بطن هذه، حرٌّ، وما في بطن هذه، حرٌّ، أو ما في بطن هذه، حرٌّ. فإنّ ما في بطن الأمة [الأولى]،[495]
حرٌّ، وهو بالخيار في الباقيتين، يُعتق أيّهما شاء، ويُمسك الأخرى.[496] وإذا قال الرجلُ:
إن كان في بطن جاريتي غلام، فاعتقوه. وإن كانت جارية، فاعتقوها، أوصى
بذلك وصية، ثمّ مات. فكان ما في بطنها جارية، وغلام، فإنّهما يُعتَقان جميعا [من ثلثه].[497]
وإذا قال الرجل، لأمته: إن كان أوّل ولد تلدينه غلاما، فأنتِ حرّة. وإن كانت
جارية ثمّ غلام،[498] فهما حرّان. فولدت غلاما، وجاريتين، لا يُدرى أيّهما أوّل، [وتصادقوا على الأمّ]، فإنّ الأمّ، يُعتق نصفُها، وتسعى في نصف قيمتها. وأمّا الغلام، فيُعتق في نصفه، ويسعى في نصف قيمته. وأمّا الجاريتين،[499] فيُعتق من كلّ واحدة منهما ربعها، وتسعى
في ثلاثة أرباع قيمتها.[500]

493 **الأصل**، ج 5 ص 133. يبدو أنّ ذلك الجواب لا يخلو من تناقض. ويعقّب صاحب **الكافي**، ص 118 أ، كما يلي: «قال أبو الفضل: هذا الجواب ليس بسديد، على ما قالوه في **الجامع** وغيره، استحسانا. إلّا أن يُحمل على أنّه قياس، وجواب هذه المسألة في رواية أبي حفص، وهو تامّ سديد، وهو أنّ المكاتبة تجوز، وتلزم الأمّ ولا يسعى الغلام، ولكنّه يُعتق بأدائها».

494 هكذا، والأوْلى لثلاث.

495 إضافة من **الأصل**، ج 5 ص 134؛ **المبسوط**، ج 7 ص 140.

496 «لإدخاله حرف التخيير بين الثانية والثالثة» (**المبسوط**، ج 7 ص 140).

497 **الأصل**، ج 5 ص 134؛ **المبسوط**، ج 7 ص 140.

498 هكذا، والأوْلى غلاما.

499 هكذا، والأوْلى الجاريتان.

500 يُعقّب صاحب **الكافي**، ص 118 أ: «قال أبو عصمة: لا تصحّ هذه المسألة، يجب أن تكون السعاية على كلّ واحد من الجاريتين...». وقد ورد تقريبا نفس التعليق في **المبسوط**، ج 7 ص 140–141. ثم يضيف السرخسي: «والأصحّ ما قاله أبو عصمة».

باب عتق ما في البطن بين اثنين[501]

وإذا كانت الأمة بين رجلين، فأعتق أحدُهما ما في بطنها، وهو غني، فولدت،
بعد ذلك بيوم، غلاما ميّتا، فلا ضمان عليه. فإن كان الرجل ضرب
بطنها، فألقت جنينا ميتا، فإنّ على الضارب ما في جنين الأمة، نصف عشر قيمته، إن كان
غلاما، وعشر قيمتها، إن كانت جارية، [فيضمّن قيمتها].[502] ويكون على المعتق نصف
ذلك لشريكه، ثمّ يرجع بذلك، فيما أدّى (على) الضارب، ويكون ما بقي ميراث،[503]
للّذي أعتقه. فإن كان للجنين أخ حرٌّ، فهو لأخيه، دون الذي أعتقه.
وإذا أعتق إحداهما،[504] وهو موسر، ما في بطن الجارية، ثمّ ولدت،
بعد ذلك بيوم، ولدا حيّا، ثمّ مات، فعلى المعتق نصف قيمة الغلام المولود.
ولو لم تلد، حتّى، أعتق الآخرُ الأمَّ، ثمّ ولدت، بعد ذلك بيوم. والذي
أعتق الأمَّ، غنيّ، فاختار شريكُه أن يُضمّنه، نصف قيمة الأمّ،
فإنّ ذلك له، ويرجع بذلك الضمان، على الأمة، ويكون ولاء الأمة
23 أ [للذي أعتق]ها، وولاء ولدها بينهما نصفينْ، لأنّهما أعتقا جميعا. وإذا دبّر أحدُهما
[ما] في بطن الأمة، ثمّ أعتق الآخرُ، الأمَّ البتّة، وهو غنيٌّ، ثمّ ولدت بعد ذلك بيوم، فإنّ الذي
[أعتق] الأمّ، يضمن نصف قيمة الأمّ، ويرجع بذلك عليها، فيكون ولاء الأمّ، للّذي أعتقها،
وولاء الولد، لهما جميعا.[505]

---

501 هذا العنوان غائب في **الكافي والمبسوط**، بخلاف **الأصل**، ج 5 ص 134.

502 وهذا على قول أبي حنيفة، بخلاف أبي يوسف ومحمّد، اللذين يقولان: «يجب على الضارب ما يجب في جنين الحرّة، لأنّ العتق عندهما لا يتجزّأ» (**المبسوط**، ج 7 ص 141). في **المدوّنة** (ج 7 ص 194)، قال ابن القاسم: «أرى العقلَ بينهما، لأنّ مالكا جعل حرّيته بعد خروجه».

503 هكذا، والأوْلى «ميراثا».

504 هكذا، والأوْلى أحدُهما.

505 في قول أبي حنيفة، وأمّا عند أبي يوسف ومحمّد، «التدبير لا يتجزّأ، فصار كلّه مدبّرا للذي دبّره، واستحقّ ولاء جميعه...» (**المبسوط**، ج 7 ص 142). في **المدوّنة** (ج 7 ص 188)، قال ابن القاسم: «يُفسخ تدبير الذي دبّر، ويقوم على الذي أعتق في قول مالك».

باب العتق بالمال ممّا يعتق قبل أداء المال، والشهادة في ذلك[506]

وإذا أعتق الرجل عبده على مال،[507] أو باعه نفسه، أو وهب له نفسه، على أن يعوّضه من المال، كذا كذا، فذلك كلّه، جائز، والعبدُ حرٌّ، والولاء للمولى، والمال دينٌ على العبد، وشهادة [العبد]، وجنايتُه، والجناية عليه، بمنزلة الحرّ، يُحدُّ حدّ الحرّ، ويُحدّ قاذفُه، وتجوز شهادتُه. وكذلك لو عتقه على وصيف، كان جائزا. وكذلك إذا أعتقه على شيء من العروض، والحيوان، بعد أن يُسمّي شيئا من ذلك معلوما. وكذلك إذا أعتقه على شيء، من ما يُكالُ، أو يوزن، فهو جائز، (وهو كلّه يُشترى)، إذا اشترط من ذلك شيئا معلوما. وإذا اختلف العبدُ، والمولى، في ذلك، فقال العبدُ: قد أعتقتني على ألف، وقال المولى: أعتقتُك على ألفين. فالقول، قول العبد،[508] من قبل أنّ المولى قد أقرّ بالعتق. وادّعى المال، فلا يُصدّق على الفضل، إلّا ببيّنة. فإن أقام كلّ واحد منهما، البيّنة على ما ادّعى، أخذتُ ببيّنة المولى، لأنّه يدّعي الفضلَ. ولو قال المولى: أعتقتُك على ألفي درهم، أمس، فلم تقبلْ. وقال العبدُ: بل قد قبلتُ. فإنّ القول قول، المولى، مع يمينه.[509] أرأيتَ، لو قال: قلتُ لك، أمس، أنتَ حرٌّ، إن شئتَ، فلم تشأْ. وقال العبدُ: قد شئتُ، ألم يكن القولُ قولَ المولى، وعليه اليمين.[510] وإذا أعتق الرجلُ عبده، على شيء،[511] فقال العبدُ: أعتقتني على كُرّ[512] حنطة. وقال المولى: بل أعتقتُك، على وصيف، فالقول، قول العبد، مع يمينه. وعلى المولى البيّنة. فإن أقاما،

---

506 هذا العنوان حاضر في **الأصل**، ج 5 ص 135، بينما هو يقابل في **الكافي** و**المبسوط** : «باب العتق على المال».

507 «من عروض، أو حيوان، أو غير ذلك» (**الكافي**، ص 118 أ، **المبسوط**، ج 7 ص 142).

508 في **المدوّنة** (ج 7 ص 225)، قال ابن القاسم: «القول قول العبد»، بينما قال أشهب: «القول قول السيّد». نلاحظ هنا، أنّ عبارة سيّد هي كثيرة الاستعمال في **المدوّنة**، أي لدى المالكية، بخلاف الأحناف الذين يستعملون خاصّة عبارة مولى.

509 «لأنه أقرّ بتعليق العتق بقبوله المال» (**المبسوط**، ج 7 ص 142).

510 **الأصل**، ج 5 ص 136؛ **الكافي**، ص. 118 ب.

511 «على مالٍ حالّ أو مؤجّل» (**المبسوط**، ج 7 ص 143).

512 الكُرّ: مكيال بابلي يساوي في العراق من حيث الأساس 30 كارة = 60 قفيزا (فالتر هنتس، **المكاييل والأوزان الإسلامية وما يعادلها في النظام المتري**، ترجمة كامل العسلي، منشورات الجامعة الأردنية – عمّان 1970، ص 69).

جميعا البيّنة، أخذتُ ببيّنة المولى.[513] وكذلك كلّ ما اختلفا فيه، [ووقع به]
العتقُ، فالقول [فيه]، قول العبد، وعلى المولى، البيّنة، وليس هذا كالباب
الأوّل. هذا قد أقرّ له بالعتاقة، وزعم أنّه قَبِل ذلك على جُعْل
ادّعاه، وأقرّ أنّه قد قَبِله. فقد أقرّ المولى بأنّ العبد قد عتق.
ألا ترى أنّه لو قال: قد أعتقتُك، أمس، على ألف، وقبلتَ ذلك. وقال العبدُ:
أعتقتني، على غير مالٍ، عُتق العبدُ، ولا يرجع رقيقا أبدا، ويحلف
العبدُ على المال، فإن حلف، برئ، وإن نكل عن اليمين، لزمه المالُ، وإن
[كان] للمولى بيّنة، أخذتُ ببيّنته. ولو كانت أمة، فولدت
23 ب جارية، بعد ما اشترت نفسها، ثمّ ماتت، ولم تترك مالا،[514] كانت [ابنتها حرّة، وليس عليها]
ممّا كان على أمّها، شيء، لأنّ أمّها حرّة، وإنّما المال عليها، دين. فإن كانت [تركت]
مالا، أُخذ من ذلك المال. وكذلك لو أعتقها، على ألف، وليس هذا كالذي قال: [إذا أدّيتَ
إليّ]،[515]
ألفا، فأنتِ حرّة، هذه لم تُعتق بعدُ، حتّى تؤدّي المالَ. وتلك قد عُتقت، وصار المالُ عليها د[ينا].
ولو أعتقها على مال، و[516]باعها نفسها بمال، وجعل لذلك أجلا، عُتقت، وكان المالُ عل[يها]
دينا. ولو اعتقها على مال، أو باعها نفسها بمال، فجَعَل لذلك أجلا، عُتقت، وكان المال
عليها، إلى ذلك الأجل. وإذا أراد أن يشتري، بذلك المال منها، عروضا، فلا بأس بذلك،
يَدًا بِيَدٍ، ولا خير فيه، نسيئة، من قِبل أنّ المال عليها دينٌ. ولو باعها نفسها، بطعام،
بكَيْل معلوم، لم يكن به بأسٌ، أن يبيعها ذلك (الطعام)، بدراهم، أو بعرض غير ذلك، يَدًا بِيَدٍ،
أو شيئا ممّا يُكالُ، أو يوزن، سوى الطعام. ولا خير في أن يبيعها ذلك، نسيئة، من قِبل أنّه دينٌ،

513 **الأصل**، ج 5 ص 136. وفي **الكافي**، ص 118 ب، و**المبسوط**، ج 7 ص 144–145: أخذتُ ببيّنة العبد». ونتساءل عن مصدر الاختلاف في هذا الجواب بين **الأصل** ومخطوطنا من جهة، وبين **الكافي** و**المبسوط** من جهة أخرى.

514 في هذه المسألة، يتحدّث السرخسي عن صبيّ وليس عن جارية، يقول: «فليس على الولد من ذلك المال شيء، لأنّه انفصل عنها، بعد حرّيتها، فكان حرّا. وليس على الحرّ شيء من دين مورّثه إذا مات» (**المبسوط**، ج 7 ص 143).

515 **الأصل**، ج 5 ص 136؛ **المبسوط**، ج 7 ص 143.

516 هكذا، والأولى: «أو»، كما في **الأصل**، ج 5 ص 136.

فلا يبيعه بديْن،[517] ولو أعطى كفيلا بذلك، لزم الكفيلَ المالُ، من قِبل أنّ الأمة صارت حرّة، جائزة
الشهادة.

كتاب العتق بمال ممّا لا يعتق حتّى يؤدّي المال، والشهادة في ذلك[518]

وإذا قال الرجلُ لعبده: إذا أدّيْتَ إليّ ألفا، فأنت حرٌّ. أو قال: متى أدّيْتَ إليّ ألفا، فأنت حرّ، فهو كما
قال، ولا يُعتقُ، حتّى يؤدّي. ومتى ما أدّى، عُتق.[519] وليس للمولى ألّا يقبل منه المالَ، إذا جاءه به. وكذلك إذا قال: إن أدّيتَ إليّ ألفا، فأنت حرّ، [إلّا أنّ ذلك على المجلس]. وإذا اختلفا، فقال العبدُ: قلتَ لي، إذا أدّيتَ
[لي]، خمس مائة، فأنتَ حرٌّ. فقال المولى: بل قلتُ لك: إذا أدّيتَ لي، ألفا، فأنتَ حرٌّ، فالقول قول المولى،
مع يمينه، وعلى العبد البيّنة. فإن أقام البيّنة، أخذتُ ببيّنة العبد، [وإن أقاما جميعا البيّنة، أخذتُ ببيّنة العبد]، وعُتق، إذا أدّى خمس
مائة. وإنّما هذا كمثل رجلٍ، شهدت عليه البيّنة، أنّه قال لعبده: إن دخلت الدار، فأنتَ [حُ]رٌّ. وقال الرجلُ: إنّما قلت: إن كلّمت فلانا،[520] فأنتَ حرٌّ، فأيّ هذين ما صنع، فالعبدُ حرٌّ به، إذا قامت
له البيّنة. وإذا قال له: متى ما أدّيتَ إليّ ألفا، فأنتَ حرٌّ، فله أن يبيعه، ما لم يؤدّيها.[521]
وإذا أدّى كلّها، غير درهم، فهو بمنزلة العبد، في جميع حالاته، في الجناية، وشهادته، وجنايته. ولا يكون هذا بمنزلة المكاتب. ولو مات، قبل أن يؤدّي تمام ألف، كان ذلك،

517 «لأنّ الديْن بالديْن حرام» (**المبسوط**، ج 7 ص 143).

518 هذا العنوان غائب في **الكافي** و**المبسوط**، بخلاف **الأصل**، ج 5 ص 137، مع اختلاف يسير يخصّ استعمال «باب» عوضا عن «كتاب».

519 انظر **المدوّنة**، ج 7 ص 202، 203.

520 عدّة مسائل يقع الربط فيها بين العتق وتكليم فلان وردت في **المدوّنة** (ج 7 ص 155، 156، 158، 172، 177).

521 هكذا، والأولى: «لم يُؤدّها».

لمولاه كلّه. ولو كانت أمة، ولدت أولادا، كان أولادُها أرقّاء للمولى. فإن أدّت، بعد ذلك، عُتقت، ولا يُعتق الولدُ، من قِبل أنّها ليست بمكاتبة. ولو أدّت المالَ، من كسب اكتسبته، عُتقت به. ولو أدّت من مال، أخذته من مال المولى [سرّا]، عُتقت به. (فإن ظهر المولى،
على ما صنعت، أخذها بمالٍ آخر مثله).[522] وكذلك إذا أدّت إليه، مالا، وعُتقت به، ثمّ استُحقّ ذلك المال، كان عليها أن تؤدّي مثله. وإذا قال لها: إذا أدّيتِ
24 أ [إليّ ألفا، كلّ شهر مائة]،[523] فأنتِ حرّة، وقبلت ذلك. فليس هذا بمكاتبة، (وله أن يبيعها)[524] إن لم تؤدّي.[525] وإن أدّت، كما قال: عُتقت. وإن كسرت شهرا واحدا، [ثمّ أدّت][526] إليه ذلك، في غير ذلك الشهر، لم تُعتقْ. ألا ترى، لو قال: إذا أدّيتِ إليّ، ألفا، في شهرٍ، فأنتِ حرّة، ولم تؤدّها، في ذلك الشهر، وأدّتها في غيره، لم تُعتق، لأنّها
[جا]وزت الأجلَ، الذي وقّته.[527] وإذا قال الرجلُ، لعبده، أو لأمته: متى أدّيتِ [إليّ]،[528] ألفا، أنت حرّة. ثمّ مات المولى، قبل أن تؤدّي، فإنّ قوله هذا باطل، لأنّها قد خرجت،
من ملكه، وصارت في ملك غيره. وإذا قال لها: إذا أدّيتِ ألفا، بعد موتي، فأنتِ حرّة، فهذه وصية، وهو كما قال. فإن كان حطّ عنها شيئا من القيمة، كان ذلك من الثلث. وإذا قال الرجل، لعبديْن له: متى ما[529] أدّيتما إليّ ألفا، فأنتما حرّان، فهو كما قال. فإن أدّى

522 في هذه الحالة، إن قال المولى للعبد: هذا مالي، يرى مالك أنّه «لا يُنظر إلى قول السيّد» (**المدوّنة**، ج 7 ص 203).

523 إضافة من **الكافي**، ص 118 ب، و**المبسوط**، ج 7 ص 145.

524 إضافة من **المبسوط**، ج 7 ص 145. وورد في **الأصل**، ج 5 ص 138، و**الكافي**، ص 118 ب: «فهذه مكاتبة، وليس له أن يبيعها (الأمة)». ويلاحظ السرخسي (**المبسوط**، ج 7 ص 145) أنّ هذا الرأي الأخير تمّ الاعتماد فيه على نسخ أبي سليمان الجوزجاني، ثمّ يواصل: «وفي نسخ أبي حفص، رضه، قال: لا تكون مكاتبة، وله أن يبيعها»، وهو الرأي الذي يتناسق مع ما ورد في مخطوطنا. هل هذا يعني أنّ نسخ أبي حفص هي أكثر اتّفاقا مع مخطوطنا؟

525 هكذا، والأَوْلى «لم تُؤدِّ».

526 إضافة من **الكافي**، ص 118 ب، و**المبسوط**، ج 7 ص 145. انظر **الأصل**، ج 5 ص 138.

527 يعقّب صاحب **الكافي**، ص 118 ب، بما يلي: «هكذا في رواية أبي سليمان، هتان المسألتان، وكذلك في كتاب أبي يوسف. ووجدتُ في رواية أبي هشام و [أبي] حفص عن ذلك في المسألة والجواب».

528 إضافة من **الأصل**، ج 5 ص 139، و**المبسوط**، ج 7 ص 146.

529 في **المبسوط**، ج 7 ص 146: «إذا».

أحدُكما،[530] حصّته من [ال]ألف، لم يُعتق، حتّى يؤدّي الباقي ما عليه، من قِبل [أنّه إنّما جعل عتقهما]،[531] إذا أدّيا
ألفا. ولو أدّى أحدُهما ألفا، [كلّها من عنده]، فقال: خمس مائة منها من عندي، وخمس مائة بعث
بها فلان، لأؤدّيها إليك. فأدّيا هذه الألف، عُتقا، لأنّهما قد أدّيا الألف جميعا. ولو أدّى أحدُهما،
الألف كلّها، من عنده، لم يعتقا. وكذلك لو أدّاها عنهما رجل، لم يُعتقا. وكان للّذي
أدّاها، أن يرجع فيها.[532] فإن قال الذي أدّاها للمولى: أؤدّي إليك هذه الألف، على أن تُعتقهما، أو على أنّهما حرّان. فقبلها على ذلك، فإنّهما يُعتقان، [ويرجع بالمال الذي أدّاه].[533] وإذا أدّاها إليه، فقال: هما أمراني [أن أؤدّيها عنهما]، (أو أحببتُ
عتقهما)، فقبلها، عتقا.

وإذا قال الرجل لعبده: متى ما[534] أدّيتَ إليّ ألفا، فأنتَ حرٌّ، فإنّ هذا إذن منه في التجارة، وفي العمل. وكذلك إذا قال: إن أدّيتَ إليّ ألفا، وإذا أدّيتَ إليّ ألفا، فأنت حرٌّ. فإن هذا [مأذون]
له في التجارة.[535] ألا ترى أنه إذا قال له: أدّي[536] إليّ الغلّة، فقد أذن له في التجارة، فهذا أشدّ من ذلك. وإذا قال الرجل لمملوكه، إذا أدّيتَ لي ألفا، فأنت حرٌّ، [فأتاه]
العبدُ بالمال، فأبى أن يقبله، فإنّه يُجبرُ على أخذه، ويُعتق العبدُ. وإذا قال الرجلُ
لعبده: إذا أدّيتَ إليّ ألفا، فأنت حرٌّ. وكان للعبد مالٌ،[537] قد اكتسبه قبل هذه المقالة، فأدّى إليه من ذلك ألفا، فعُتق. ثمّ اطّلع السيّدُ على ذلك، كان للسيّد أن يرجع
عليه بالألف، بمثلها، فإن لم يكن له شيء، [يوم قال هذه المقالة]، فاكتسب مالا بعد هذه المقالة،

530 في **الأصل**، ج 5 ص 139، و**الكافي**، ص 118 ب، و**المبسوط**، ج 7 ص 146، «أحدهما».

531 **الأصل**، ج 5 ص 139.

532 في قول مالك، يُجبَر المولى على قبولها (**المدوّنة**، ج 7 ص 202).

533 انظر **المدوّنة**، ج 7 ص 202.

534 في **المبسوط**، ج 7 ص 147، «متى أدّيت».

535 يضيف السرخسي: «استحسانا، لوجود دليل الإذن» (**المبسوط**، ج 7 ص 147). لم نلاحظ في **المدوّنة** ربطا بين الإتيان بألف درهم، والإذن في التجارة، بل إنّ الحديث هناك عن الإذن في التجارة، أتى في إطار آخر (ج 7 ص 197، 211).

536 في **الأصل**، ج 5 ص 140: «أدِّ»، وهو الصحيح.

537 لمزيد توضيح هذه المسألة، نُذكّر بأنّ قيمة هذا المال هي ألفا درهم (**المبسوط**، ج 7 ص 147).

وأدّى منه، عُتق؛ ولا يرجع عليه السيّدُ بشيء من ذلك، من قِبل أنّ السيّد قد أذن له في أن يكسب،[538]
ويؤدّي إليه. والمالُ الأوّلُ قد كان وجب للسّيّد، لأنّه قد كان له قبل هذه المقالة.
وإن اكتسب بعد المقالة، أربعة آلاف، فأدّى منها ألفا، كان للمولى [أن يأخذ][539]
منها الثلاثة الآلاف الباقية، من قِبل أنّ العبد اكتسبها، وهو[540] [عبدُه، فكلّه للمولى، غير أنّ ما أدّى إليه منه عتق به؛ لأنّ المولى قد جعل له أن يُعتق به].[541]

---

538 يعلّق السرخسي على ذلك كما يلي: «ولم يُرد (المولى) الاكتساب بالتكدّي، لأنّه يُدني المرء ويخسّسه. وإنّما مراده الاكتساب بالتجارة» (**المبسوط**، ج 7 ص 147).

539 إضافة من **الأصل**، ج 5 ص 140 و**المبسوط**، ج 7 ص 147.

540 هنا يتوقّف مخطوطنا. وفي **الكافي**، ص 119 أ، نجد تبريرا لذلك الجواب: «لأنّه كسْبُ عبد». كما ورد في **المبسوط**، ج 7 ص 147: «لأنّه كَسْبُ عبده، بخلاف المكاتَب، فقد ثبت له المالكيّة يدا في مكاسبه، بعقد الكتابة. فلهذا سلّم الفضْلُ له. وهنا ما ثبت للعبد حكمُ المالكية في مكاسبه». ف«كسب العبد مملوك لمولاه».

541 الإضافة من **الأصل**، ج 5 ص 140. وتتواصل تلك الإضافة على حوالي الصفحة، ثمّ يأتي بعدها «باب عتق أمّهات الأولاد». وفي **الكافي**، ص 119 أ، نجد عنوانا مشابها: «باب أمّهات الأولاد». بينما نجد في **المبسوط**، ج 7 ص 149، العنوان التالي: «باب بيع أمّهات الأولاد».
وفيما يلي ننقل من **الأصل**، ج 5 ص 140، ما يقابل الفقرةَ الناقصة في مخطوطنا: «وإذا قال الرجل لعبده: إذا أدّيتَ إليّ ألف درهم، فأنت حرّ، فقال العبد للمولى: حطّ عنّي منها شيئا، أو قال: اقبل منّي مكانها مائة دينار، فحطّ عنه المولى مائة درهم، فأدّى تسعمائة، فإنّه لا يُعتق بها، من قِبل أنّه عبده، والذي أخذ منه إنّما هو مال للسيّد، وليس هذا كالبيع والشراء.
ألا ترى أنه إذا قال: إذا خدمتني سنة، فأنت حرّ، فخدمه أقلّ من سنة، وتجاوز له المولى عمّا بقي، فهو عبد؛ من قِبل أنّه لم يعتق حتّى يكمل خدمة سنة، إنّما هو بمنزلة اليمين. وكذلك إن صالحه من الخدمة على دراهم، أو صالحه من الدراهم التي جعل عليه على دنانير كان هذا باطلا كلّه لا يجوز، ولا يُعتق به إلّا يقول المولى: أنت حرّ إن فعلتَ هذا».

لخّص صاحب **الكافي**، ص 119 أ، تلك الفقرة وما يليها، كما يلي: «وإن قال: إذا أدّيتَ إليّ ألفا، فأنت حرّ. فقال العبدُ للمولى: حطّ عنّي منها شيئا، أو اقبل منّي مكانها مائة دينار. فحطّ عنه المولى مائة دينار، وأدّى تسعمائة، لم يُعتق، من قِبل أنّه عبده، والذي أخذ منه إنّما هو ماله.
ألا ترى أنّه لو قال: إذا خدمتني سنة، فأنتَ حرّ، فخدمه أقلّ من سنة، ويجوز له عمّا بقي، لم يُعتق حتّى يُكمل خدمة سنة، إنّما هو بمنزلة اليمين. وكذلك إن صالحه من الخدمة على دراهم، أو من الدراهم التي جعل عليه على دنانير، كان باطلا، لم يُعتق بها.

وكذلك أن اخدمني وولدي، سنة، ثمّ أنت حرٌّ، أو إذا اخدمتني وإياهم، سنة، فأنت حرٌّ. فإن مات المولى، قبل مضيّ السنة، لم يُعتق به. وإن مات بعضُهم، على تمام السنة، لم يُعتَقْ.
وإذا قال لعبده: أنت حرٌّ، على أن تخدمني سنة، فقبل، فهو حرّ أيضا. والخدمة خدمة البيت المعروفة بين الناس. وقال محمّد يُؤخذ من تركته قيمة ما بقي من الخدمة».
في شرحه لهذه الفقرة، أصلح السرخسي «مائة دينار» الواردة أعلاه في الفقرة، ووضع مكانها «مائة درهم». كما ناقش مسألة عدم عتق العبد في صورة وفاة المولى قبل تمام السنة أي الخدمة. قال: «فإن مات المولى، فللورثة أن يأخذوه بما بقي من خدمة السنة، من قيمته، في قياس قول أبي حنيفة الآخر، وهو قول أبي يوسف. وفي قوله الأوّل، وهو قول محمّد، إنّما يأخذونه، بما بقي من الخدمة. قال عيسى: وهذا غلط، بل على قولهم جميعا هنا، يأخذونه، بما بقي من خدمة السنة، لأنّ الخدمة دينْ عليه، فيخلفه وارثُه بعد موته».
وعند شرحه لقول محمّد في آخر الفقرة المذكورة أعلاه، ذكّر السرخسي بأنّ هذا يرتبط بفرضية وفاة العبد قبل تمام السنة. فما بقي من الخدمة، يؤخذ من تركة العبد.
ناقش أيضا السرخسي مفهوم الخدمة الوارد في الفقرة أعلاه، قائلا: «فإنّ الخدمة عبارة عن خدمة البيت، وهو معروف بين الناس لا يتفاوتون فيه، فلا يفوت بموت المولى. ولكن الأصحّ أن يقول: الخدمة عبارة عن المنفعة، والمنفعة لا تورث. فلا يمكّن إبقاء عين الخدمة، بعد موت المولى. فلهذا كان المعتبر قيمته، أو قيمة الخدمة، على حسب ما اختلفوا فيه...» (**المبسوط**، ج 7 ص 148). وقد كان السرخسي عرّف بمواطن الاختلاف في هذه المسألة بين الثالوث الحنفي.

كتاب السرقة وقطع الطريق

عن محمّد بن أبان عن المعمّر بن منصور
عن أسد بن الفرات عن محمّد بن الحسن
عن أبي يوسف عن أبي حنيفة. نسخة[1]
لِـعَ[لي]...اللخمي[2]

وفيه وضع محمّد بن الحسن في أنّ الحقّ واحد
سمعت جميع ما في هذا الكتاب من محمّد بن أبان سنة ثمانية وسبعين ومائتين.

سمعت جميع ما في هذا الكتاب من أحمد بن محمد بن ال...
حدّثني به عن أبيه عن سليمان بن عِمران عن أسد عن محمّد
[ا]بن الحسن عن أبي يوسف عن أبي حنيفة سنة ثلاث مائة.

---

1 قراءة مبنية على التخمين.

2 لعلّه أبو الحسن علي بن محمّد الربعي المعروف باللخمي (ت 478/1085)، صاحب التبصرة. والتبصرة هي «كتاب في الفقه المقارن بما أنّها تقوم على المقارنة بين الروايات والآراء سواء داخل المذهب المالكي أو خارجه» (انظر مقالنا: «محاولة في التعريف ب**تبصرة اللخمي** من خلال كتاب المديان»، ضمن أشغال الندوة الدولية الأولى «من أعلام الغرب الإسلامي: أبو الوليد الباجي وأبو الحسن اللخمي»، يومي 22 و23 أكتوبر 2014، بجامعة الزيتونة تونس، نشرت ضمن كتاب **إسهام الباجي واللخمي في تطوّر المذهب المالكي**، جمع النصوص وأعدّها للنشر نجم الدين الهنتاتي، تونس 2015، ص 92–112، ص 109). فليس من الغريب أنّ اللخمي كان يستعمل هذا المخطوط قصد المقارنة بين المالكية والحنفية.

 | DOI:10.1163/9789004546646_008

بسم الله الرحمن... الرحيم 1أ

[باب قطع الطريق]

[3]قلت: أرأيتَ القومَ يقطعون الطريق، وهم من أهلِ الإسلام، أومن أهل الذمة، على قوم مسلمين، أو من أهل الذمّة، فقتلوا [وأخذوا المال، فأُخذوا، فأُتي بهم] الإمام [كيف الحكم فيهم؟ قال:] تُقطع أيديهم اليمنا[4] وأرجلهم اليسرى من خلاف، ويقتلهم، أو يصلبهم.[5] قلت: أتُقطع أيديهِم اليمنى، أو اليُسرى؟ قال: بل تُقطع أيديهم اليمنى وأرجلهم اليسرا[6]. قلتُ: أرأيت إن كان فيهم عبدٌ، فالحكم فيه كالحكم على الرجل الحرّ منهم؟ قال: نعم.[7] قلتُ: أرأيت من باشر منهم القتال، فولي القتلَ،[8] ووَلي غيرُه أخذ الأموال، [أو كانت] طائفة منهم وقوفا رِدْءا[9] لهم، أيكون الحكم عليهم سواء ؟ قال: نعم. قلتُ أرأيتَ إن أصابوا الأموال، ولم يقتلوا، هل تقطع أيديهم وأرجلهم من خلاف، ولا يقتلوا ؟[10] قال: نعم.[11] (قلتُ: أرأيتَ إن قتلوا، ولم يُصيبوا

---

3 يبدأ مخطوطنا بباب قطع الطريق، ويأتي بعده باب السرقة، وهذا بخلاف **الأصل**، حيث نجد في الأوّل باب السرقة ثمّ باب قطع الطريق. ونجد في أوّل هذا الباب من كتاب **الأصل** (ج 7 ص 227)، حديثا نبويا مرويا عن ابن عبّاس يخصّ قطع الطريق سيأتي ذكرُه في مخطوطنا لاحقا.

4 هكذا والأوْلى اليمنى.

5 يميّز السرخسي (**المبسوط**، ج 9 ص 195) بين السرقة الكبرى، أي قطع الطّريق، وعقوبتها قطع عضوين، والسرقة الصغرى، وعقوبتها قطع عضو واحد. والقطع هو «جزاء أخذ المال»، وأخذ المال، في السرقة الصغرى، كان خفية، لذلك دخل على العقوبة، «نوع تخفيف»، بخلاف السرقة الكبرى، فالعقوبة فيها «تُغلّظ للمجاهرة».

6 هكذا، والأوْلى اليسرى.

7 **الكافي**، ج 1 ص. 207 أ، نفس الرأي لدى مالك، على أنّ العبد لا يُنفى (**المدوّنة**، ج 16 ص 299).

8 في **الأصل**، ج 7 ص 286: تولّى.

9 الرِدْء: النّاصر، العون (**المنجد**، مادّة ردأ، ص 255).

10 هكذا، والأوْلى «ولا يُقتلون»، كما ورد في **الأصل**، ج 7 ص 286.

11 نفس الرأي لدى مالك، مع وجوب إرجاع المال، إن كان موسرا (**المدوّنة**، ج 16 ص 304،

[الأموال]؟ قال: يُقتلون، ولا تُقطع أيديهم ولا أرجلهم).[12]
قلتُ: أرأيت إن قَتلوا، وأخذوا الأموال، وتابوا، وأصلحوا، فردّوا الأموال إلى أهلها، وأُوتي[13] بهم الإمام بعد ذلك، هل يَقطع
أيديهم وأرجلَهم ؟ قال: لا. قلتُ: لِمَ ؟ قال: لأنّهم قد تابوا وأصلحوا، وردّوا الأموال، وذلك لقول الله: «إلّا الذين تابوا من قبْل أن تقدروا
عليهم» .[14] فقد تابوا وردّوا الأموال. قلتُ: فهل يقتُلهم الإمام بالقتل الّذي أصابوا؟ قال: يُدفعوا[15] إلى أولياء الصلح،[16] فيقتلوهم،
أو يصالحوهم إن شاءوا.[17] قلتُ أرأيتَ من كان منهم واقفا، هل تقتله على هذا الحال؟ قال: لا، إنّما يُدفع من قَتل بعينه إلى أولياء
القتيل، فيُقتصّ منه.[18] قلتُ: أرأيتَ ما أصابوا من جراحة، فيها قِصاص، ولا يُستطاع القِصاص في مثلها، هل تدفع صاحب
[ذلك منه بعينه] إلى صاحبه، حتّى يقتصّ منه؟ (قال): إن كان (ذلك) يُستطاع فيها القِصاص، دُفع إليهم
صاحبه، حتّى يَقتصّ منه إن شاء، وإن كان لا يُستطاع فيها القصاص، لزمه الأَرش في ماله.[19]

وحول إرجاع المال، انظر ص 301، 303).

12 هذه المسألة غائبة في **الأصل**.

13 هكذا، والأوْلى أُتي.

14 آية 34، سورة 5 (المائدة).

15 هكذا، والأوْلى يُدفعون.

16 في **الأصل**، ج 7 ص 286: «القتيل»، والمعنى لا يختلف.

17 أو يعفوا (**المبسوط**، ج 9 ص 199). هذه الإمكانيات الثلاث يأخذ بها مالك مستشهدا في ذلك بما فعله عمر بن الخطّاب (**المدوّنة**، ج 16 ص 301، انظر أيضا ص 300).

18 في **الكافي** (ج 1 ص 207 أ) «يكون ذلك على من باشر القتل، وتولّاه». ويذكر السرخسي (**المبسوط**، ج 9 ص 199): «والقوَد إنّما يجب على من باشر القتل دون الردء»، أي العون. وهذا يخصّ التائبين من المحاربين. أمّا مالك فهو يذهب إلى قتل الجميع (**المدوّنة**، ج 16 ص 301). وقد لخّص السرخسي الحكم العامّ في قطع الطّريق لدى الحنفية، كما يلي: «والمباشر وغير المباشر في حدّ قطّاع الطريق، سواء عندنا، وعند الشافعي، رحه، لا يُقام الحدّ إلّا على من باشر القتل وأخذ المال...».

19 اضطراب في الجملة، وقد ورد في **الأصل**، ج 7 ص 286: «... حتّى يقتصّ منه، إن كان يُستطاع فيها القِصاص، وإن كان لا يُستطاع فيها القِصاص، غرّمتُه الأرْش؟ قال: نعم». وقد لخّص ذلك

قلتُ: أرأيتَ إذا [لم يتوبوا]
وأخذهم الإمام، وقد أصابوا الأموال، وقَتلوا، وجَرحوا جراحات بعضُها
يُستطاع فيها القِصاص، وبعضُها لا يُستطاع فيها القِصاص، هل يَقتصّ منه[20] في الجراحات، أو يُغرّمهم أرش شيء منها؟ [قال: لا]
(ولا قِصاص لأصحاب الجراحات). ولكن تُقطع أيديهم وأرجلُهم من خلاف، ويَقتلهم أو يُصلبون.
قلتُ: لِمَ أبطلتَ الجراحات عنهم، وهو حقّ للمسلمين، وهم مقيمون في الدار، وليسوا هاربين.[21]
قال: لأنّهم أصابوها على وجه الحرب،
فالقتلُ يأتي على ذلك كلّه. قلتُ: أرأيتَ إن عفا عنهم الأولياء، هل يُخلي عنهم الإمام، ولا يقتلهم. قال: لا، ليس عفو الأولياء ها هنا حقّ،[22]
إنّما هذا حدّ الله.[23] أخبرنا محمّد عن أبي حنيفة عن حمّاد (بن أبي سليمان) عن إبراهيم، أنّه قال في الرجل يقطع الطّريق،
يأخذ المال ويقتل، قال: ذلك للإمام، إن شاء قطع يده ورجله، وقتله وصلبه، وإن شاء صلبه، وإن شاء قتله. وإن
أخذ الأموال، ولم يَقتل، قَطع يده ورجله [من خلاف]. وإن قتل، ولم يأخذ الأموال، قتله، ولم يَقطع يده ولا رجله. وإن لم يفعل شيئا من ذلك،
أو أعاد الأموال، عوقب، وحُبس حتّى يُحدث [خيرا].[24] (بلغنا عن عبد الله بن مسعود أنّه قال:

صاحب **الكافي** (ج 1 ص 207 أ): «ويقتصّ من الجراحات التي يمكن فيها القصاص، ويُغرمون أَرْش ما لا يُستطاع فيه القِصاص». ويوضّح السرخسي، ذلك في **المبسوط**، ج 9 ص 199: «ومن باشر منهم الجراحات، ففيما يمكن اعتبار المساواة فيها، يجب القِصاص؛ وفيما لا يمكن، يجب الأرش، كما لو كانت الجراحات منهم من غير قطع الطريق».

20 هكذا، والأَوْلى «منهم»، كما في **الأصل**، ج 7 ص 286.

21 في **الأصل**، ج 7 ص 287: «بمحاربين».

22 هكذا، والأَوْلى حقًّا. وفي **الأصل**، ج 7 ص 287: «بشيء».

23 حتّى الإمام، لا حقّ له في العفو (**المبسوط**، ج 9 ص 197). نفس الرأي لدى مالك (**المدوّنة**، ج 16 ص 301).

24 كلمة غامضة وضّحناها بالاعتماد على **الأصل**، ج 7 ص 287. وفي **المبسوط**، ج 9 ص 199 **والكافي**، ج 1 ص 207 أ: «توبة». ويذهب مالك إلى جلد من قطع الطريق بعصا، وأخاف، وكذلك إلى نفيه وسجنه (**المدوّنة**، ج 16 ص 299). أمّا إن «طال زمانه ونصب نصبا شديدا»، دون أن يَقتل أو يأخذ مالا، فإنّه يُقتل، والإمام غير مخيّر في ذلك (**المدوّنة**، ج 16 ص 299–300).

إذا اجتمعت الحدودُ والقتل، فإنّ
القتل يأتي على ذلك كلّه.[25] وبلغنا عن ابن عبّاس، وإبراهيم النّخعي مثلُه).[26] قلتُ: فإن تابوا، وأصلحوا، وعفا عنهم الأولياء بعد،
[أو صالحوهم]، هل يُجوّزُ ذلك عفوَهم؟ قال: نعم.[27] قلتُ: لِمَ أجزتَه ها هنا؟ قال: لأنّ الحدّ قد وُضع عنهم، إن تابوا وأصلحوا، [فصار
هذا حقًّا للنّاس]، عفوُهم فيه جائز، وصُلْحُهم. قلتُ: أرأيتَ إن تابوا، وأصلحوا، وفيهم عبدٌ قد قطع يد رجل حرّ؟
كيف القول فيه؟ قال يُخيَّر مولاه، فإن شاء دفعه بالجناية، وإن شاء فداه.[28]
قلتُ: فإن كانت فيهم امرأة فعلتْ ذلك؟ قال: عليها في مالها دية اليد.[29] قلتُ: أرأيتَ إن كان العبدُ قَتَل، أو المرأة
[ألستَ] تدفعها إلى أولياء القتيل، إن شاءوا قتلوا، وإن شاءوا عفوا ؟ قال: بلى. قلتُ أرأيتَ إن أخذهم إمامٌ على حالهم التي قطعوا
فيها الطريق، ولم يتوبوا، ولكنّ الذي أصابوا لا يُساوي عشرة الدراهم،[30] أو هو يُساوي ألف درهم، وهم أكثر من مائة
رجل، هل يُقطعون؟ قال: لا.[31] قلتُ: لِمَ ؟ قال: لأنّ ما أصابوا لم يبلغ عشرة دراهم، لكلّ رجل،

---

25 ورد هذا الأثر في **الكافي** (ج 1 ص 203 أ) كما يلي: «وعن ابن مسعود قال: إذا أصاب الحدود والقتل، قُتل وألغي ما سوى ذلك. وعن ابن عبّاس مثله».

26 ما بين قوسين، غائب في **الأصل**، ج 7 ص 287.

27 في **الكافي**، ج 1 ص 207 أ، «ويجوز عفو الأولياء عنهم».

28 في **الأصل** (ج 7 ص 287): «إن شاء فدى بالجناية، وإن شاء دفعه». ويقدّم هذا نموذج عن الاختلافات البسيطة بين ما ورد في **الأصل** وما ورد في مخطوطنا. ونقرأ في **الكافي** (ج 1 ص 207 أ)، «وإن تابوا، وفيهم عبد قد قطع يد حرّ، دفعه مولاه أو فداه». ويواصل السّرخسي (**المبسوط**، ج 9 ص 199) «كما لو فعله في غير قطع الطريق».

29 **المبسوط**، ج 9 ص 197–198. وقد اختار الطحاوي التسوية في العقوبة بين المرأة والرجل في قطع الطريق، بخلاف الكرخي الذي ذكر أنّ «حدّ قطع الطريق لا يجب على النساء، لأنّ المرأة «بأصل الخلقة ليست بمحاربة كالصبي» (**المبسوط**، ج 9 ص 197). أمّا مالك، فهو لا يرى فرقا بين الرجل والمرأة في عقوبة المحاربة (**المدوّنة**، ج 16 ص 302).

30 هكذا، والأولى: «دراهم»، كما في **الأصل**، ج 7 ص 287.

31 عند مالك، «المحارب إذا أخذ المال قليلا أو كثيرا، فهو سواء»، أي أنّ مالكا لا يعتبر النصاب في قطع الطريق، بخلاف السرقة (**المدوّنة**، ج 16 ص 300).

فلذلك درأتُ عنهم الحدّ.[32] قلتُ: فهل
تأخذ منهم المال، إذا درأتَ عنهم الحدّ، قال: نعم.[33] قُلتُ: فهل تقتصّ منهم فيما أصابوا من جراحة عمدا ؟ قال:
من قَتل منهم دُفع إلى أولياء القتيل، فإن شاءوا قتلوه، وإن شاءوا عفوا عنه. ومن جَرَح منهم، دُفع إلى صاحبه، فإن استطاع
أن يقتصّ منه، اقتصّ، وإلّا كان عليه الأرْش في ماله. قلتُ: فإن قطعوا الطّريق في مصر من الأمصار، أو مدينة من المدائن،
وقتلوا، و[أَخذوا] الأموال، وأُخذوا، ورُفعوا إلى الإمام، هل يَقطع أيديهم وأرجلَهم ؟ قال: لا، لأنّ هؤلاء لم يقطعوا
الطّريق، فلا قطع عليهم، ولكن يُنظر من قَتَل منهم قتيلا، فيُدفعُ إلى وليّه، فيقتله إن شاء، ومن جَرَح منهم أحدا، دُفع
إلى صاحبه، فاقتصّ منه، إن كان يُستطاع فيه القِصاص،[34] وإن لم يستطع فيه القِصاص، كان عليه الأرش في ماله،
ويُوجع من بقي منهم عقوبة، ويُستودعوا السجن، حتّى يُحدثوا توبة. قُلتُ: فهل يضمّنهم الأموال إن
كانوا استهلكوها ؟ قال: نعم. قلتُ: فإن قطعوا الطريق بين الكوفة والحيرة على بعض من يذهب من الكوفة إلى الحيرة، أو من الحيرة إلى الكوفة، كيف الحكم فيهم ؟ قال: الحكم فيهم كالحكم في الذين قطعوا في
[جوف الكوفة. قلتُ: فهل] تقطع أيديهم وأرجلهم، وتقتلهم، إذا قطعوا الطريق، في غير مصر، [على المسافرين، فقتلوا]، وأصابوا الأموال ؟ قال: نعم. قلتُ: فإن كانوا في مصر، [أو بين قريتين]،

---

32 يرى الحسن بن زياد أن يكون نصيبُ كلّ واحد منهم عشرين درهما فصاعدا، إذ أنّ عقوبة قاطع الطريق قطعُ عضوين، وليس عضوا واحدا مثل السرقة الصغرى. وقد ردّ السرخسي على هذا الرّأي باعتبار أنّ تغليظ العقوبة يكون نتيجة «قطع الطريق وليس كثرة المال». وهذا بخلاف قول مالك الذي «يَعتبر أن يكون المأخوذ في نفسه نصابا كاملا، أخذه الواحد أو الجماعة» (**المبسوط**، ج 9 ص 200)، وانظر الهامش السابق.

33 «يُضمَّنون المال، إذا دُرِئَ الحدُّ عنهم» (**المبسوط**، ج 9 ص 200)

34 يَعتبر أبو يوسف والشافعي هؤلاء قطّاع طرق، لذلك يُقام عليهم الحدّ (**المبسوط**، ج 9 ص 201). ويبدو أنّ مالكا يساند هذا الرأي (**المدوّنة**، ج 16 ص 302، 304).

1 ب فقطعوا على بعض أهل الطريق، أو قطعوا على قوم ليسوا مسافرين، فالحكم فيهم كالحكم في الذين يقطعون في
جوف المصر ؟ قال: نعم.[35] قُلتُ: أرأيتَ القوم إذا بيّتوا المسافرين بياتا في رحالهم في غير مصر، ولا قرية،[36] فكابروهم،
فقتلوا، وأخذوا الأموال، فالحكم فيهم كالحكم في الذين قطعوا الطريق ؟ قال: نعم. قلتُ: أرأيتَ قوما مسافرين
جميعا نزلوا منزلا في قرية، وأغار بعضُهم على بعض، [فقتلوا]، وأخذوا الأموال، كيف الحكم في هؤلاء ؟ قال: الحكم فيهم
كالحكم في الذين فعلوا ذلك في المصر.[37] قلتُ: لِمَ ؟ قال: لأنّهم معهم في القرية. أمّا الحكم في هؤلاء، أن يُقتل من قتل، وأن
يُقتصّ ممّن جرح، وأن يضمّنوا الأموال، إن كانوا قد استهلكوها، وليس عليهم قطعٌ. قلتُ: فإن نزل منهم
رجل في بيت أو فسطاط وأَغلق عليه بابَه، وضمّ إليه مَتاعَه، فجاء رجل من أصحابه، فنقب عليه بيتَه، فسرقه،
كيف الحكم فيه ؟ قال: الحكم عليه كالحكم على السارق.[38] قلتُ: وكذلك لو سرق رجل من فسطاط شيئا ؟ قال: نعم. قلتُ:
إن أغار الرجل بقطع الطريق، وقتل، ونهب الأموال، فأُتي به إلى الإمام، وهو أقطع اليد اليُمنى، كيف الحكم
فيه ؟ قال: الحكم بقطع رجله اليسرى، وبقتله، أو بصلبه.[39] قلتُ: فإن كان القطع في يده

35 يلخّص الحاكم الشهيد هذه المسائل كما يلي: «وإن قطعوا الطريق في المصر، وما بين الكوفة والحيرة، أو بين قريتين، على قوم غير مسافرين، لم يلزمهم القطع، وأُخذوا بردّ المال، وحُبسوا. والأمر فيمن قَتل منهم أو جَرح للأولياء. وإنّما يلزمهم حكمُ القطّاع، إذا قطعوا الطريق على قوم مسافرين، في غير مصر، ولا قرية، ولا ما بين القرى» (**الكافي**، ج 1 ص 207 أ). وبخلاف ذلك يعتبر مالك أنّ من قطعوا الطريق في مدينتهم التي خرجوا منها، محاربين (**المدوّنة**، ج 16 ص 302).

36 في **الأصل**، ج 7 ص 289: «مدينة».

37 «وإن فعلوا ذلك بمسافرين، وقد نزلوا قرية، لم يلزمهم حكمُ القطّاع. وإن فعلوا بمسافرين في غير قرية، فبيّتوهم، كان هذا وقطع الطريق عليهم سواء» (**الكافي**، ج 1 ص 207 أ).

38 **المبسوط**، ج 9 ص 202. أمّا مالك، فيبدو أنّه يعتبره محاربا (**المدوّنة**، ج 16 ص 304).

39 يذهب مالك إلى الاكتفاء بالقتل، دون قطع للطّرفين، أو لأحدهما، وكذلك إلى عدم الصلب (**المدوّنة**، ج 16 ص 299، 300).

اليسرى، ويدُه اليمنى
صحيحة ؟ قال: لا يقطع يده الباقية، ولا رجله، ولكنّه يُقتل أو يُصلب. [قلتُ:] فإن كان أقطع
الرجْل اليسرى، ويداه صحيحتان،
هل يَقطع يدَه اليمنى، ويقتله، أو يصلبه؟ [قال: نعم].[40] قلتُ: فإن كان أشلّ اليمنى، لا نفع بها ؟
قال: يقطعها، ويقطع رجله اليسرى.
قلت: فإن كان صحيح اليمنى، وكانت الشِمال شلّاء، لا ينتفع بها ؟ قال: لا يَقطع شيء[41] من
يديه،[42] ولا رجليه، ولكن يقتله، أو
يصلبه.[43] قلتُ: وكذلك إن كان أشلّ الرجل اليمنى يابسة لا ينتفع بها ؟ قال: نعم. قلتُ: فإن
كانت رجله اليمنى صحيحة
والشِمال شلّاء، قَطع يده اليمنى ورجله اليسرى، وقتله و[44]صلبه ؟ قال: نعم. قلتُ: فإن كان
صحيح اليدين والرجلين،
قطع الطريق، فقَتل، وأصاب الأموال، ولكنّه قتل بعصا أو بحجر أو بيده،[45] أو
خنق رجلا، حتّى قتله،[46] كيف الحكم فيه ؟ قال: تُقطع يدُه ورجلُه، ويُقتل أو يُصلب. قلتُ:
لِمَ، إنّما قتل بغير سلاح ؟ قال: السلاح
هاهنا، وما ذكرتَ [سواء، ألا ترى][47] أنّه تقطع يده ورجله. قلتُ: أرأيتَ الرجل يقطع الطريق
على الرجُلين، فيَقتُل، ويأخذ

40 إضافة من **الأصل**، ج 7 ص 289.
41 هكذا، والأوْلى شيئا.
42 يرى السرخسي (**المبسوط**، ج 9 ص 202) أنّ «لا يُستوفى القطعُ على وجه يؤدّي إلى تفويت منفعة الجنس، وقد طعن عيسى في هذا الفصل»...ويبرّر عدم تشريع قطع عضوين من شقّ واحد «بالتحرّز عن الإتلاف الحكمي».
43 **الأصل**، ج 7 ص 290؛ **الكافي**، ج 1 ص 207 أ.
44 في **الأصل**، ج 7 ص 290: «أو».
45 كلمة غامضة وضّحناها بالاعتماد على **الأصل**، ج 7 ص 290. وفي **المبسوط** (ج 9 ص 202) «من حديد أو حجر أو عصا أو سوط».
46 في **الكافي** (ج 1 ص 207 أ) «وما قَتل به قاطعُ الطريق من حديد أو حجر أو عصا أو خنق، فهو سواء».
47 **الأصل**، ج 7 ص 290. ورد في **المبسوط** (ج 9 ص 202)، «فهذا كلّه سواء، لأنّ هذا حكم ينبني على المحاربة، فيكون بمنزلة استحقاق السهم بالغنيمة، وثبوت صفة الشهادة، فلا يفترق الحال في ذلك بين القتل بالسلاح، وغيره».

الأموال، وأحدُ الرجُلين أبوه، وهما شريكان، هل يُقطع ؟ قال: لا تُقطع يدُه ولا رجلُه، ولكنّه يُقتل. قلتُ: ولِمَ درأتَ عنه الحدّ ؟ قال: لأنّ أحد الرجلين أبوه.[48] ولو سرق من أبيه شيئا لم أقطعه.

قلتُ: وكذلك إن كان أحدهما أخاه، أو ذا رحم محرّم منه، أو شريكا له مفاوضا ؟ قال: نعم.

قلتُ: أرأيتَ الرجل
يقطع الطريق، فيُصيب المال، ويقتل، فيشهد عليه شاهد بالمعاينة، وشهد آخر على إقراره بذلك، أُجيز شهادتهما عليه، وأُمضي فيه الحكم ؟ قال: لا، قلتُ: لِمَ ؟ قال: لأنّه قد اختلفت شهادتهما.[49]

قلتُ: أرأيتَ
لو شهدا عليه جميعا بالمعاينة، وكانا غير عدلين، أجيز شهادتهما عليه ؟ قال: لا. قلتُ: فإن كانا محدودين في قذف، أو عبدين، أو من أهل الذمّة، فيشهدان [أنّه] قطع على أناس من أهل الذمّة أو مسلمين،
والقاطع مسلم ؟ قال: لا أجيز شهادتهما. قلتُ: فإن كان القاطعُ من أهل الذمّة، أتجيز شهادة الذمّيين إذا كانا لا يُتّهمان في شهادتهما ؟ قال: نعم، وأمضي عليه الحكم. قلتُ: أرأيتَ إن كان الشاهدان مسلمين، ولكنّهما قالا: [نشهد]
أنّه قطع علينا، وعلى أصحابنا، هو وأصحابُه، فأخذوا أموالنا، هل
أجيز شهادتَهما، وأمضي الحكم، وهم شركاءُ أصحابهما. قال: لا، لأنّهما يشهدان لأنفسهما.[50] قلتُ: فإن شهدا
أنّه قطع على غيرهما، فقتل، وأخذ الأموال، فكان المقتول الذي أُخذ مالُه أباهما أو أبا أحدهما، هل تجيز
شهادتهما على هذا، وفي هذه الحال ؟ قال: لا. قلتُ: فإن كان الذي قتل وأخذ ماله، رجلا من عُرْض النّاس،[51] له ولي، ولم
يُعرف، أو ليس له ولي، ولم يُعرف،[52] فشهدا عليه أنّه قطع الطريق عليه، وأخذ ماله، هل أجيز شهادتهما ؟ قال:

---

48 في **الكافي** (ج 1 ص 207 أ–207 ب)، «وإذا قطع الرجل الطريق على رجُلين، وأحدُ الرجلين أبوه، وهما شريكان، أو كان أحدُهما ذا رحم محرّم، أو شريك له مفاوض، لم يلزمه حُكم القطّاع».

49 يوضّح السرخسي «لأنّ الفعل غير القول» (**المبسوط**، ج 9 ص 203).

50 يجيز مالك هذه الشهادة، إذا كان الشهود عدولا (**المدوّنة**، ج 16 ص 303).

51 أي من العامّة (**لسان**، مادّة عرض، ج 4 ص 304).

52 في **الأصل**، ج 7 ص291: «له ولي يُعرف، أو ليس له ولي يُعرف».

لا،[53] إلّا أن يكون خصم معروف.[54] فإن كان معروفا، فإنّي أَقطعُ يدَه، ورجله، وأَقتُلُه، وأَصلبه.
[55] قلتُ: ولا ينظر في عفو
الولي ؟ قال: لا، إنّما هذا إلى الإمام. قلتُ: فإذا كان هذا عندئذ إلى الإمام، وليس إلى الولي منه شيء، فلِم، لا تُجيز
شهادتهما [لأبيهما]؟ قال: لأنّ أباهما بمنزلة أنفسهما، فلا نُجيز شهادَتهما.[56] قلتُ أرأيتَ أهلَ الذمّة، إذا
قطعوا الطريق على المسلمين، فقتلوا، وأصابوا الأموال، فالحكم فيهم كالحكم على المسلمين ؟ قال: نعم.[57] قلتُ:
وكذلك لو قطعوا على أهل الذمّة مثلهم ؟ قال: نعم.[58] قلتُ: أرأيتَ صبيّا قد راهق، ولم يحتلم، فقطع الطريق، وأخذ المال،
(وقتل)، هل تقطع يده ورجله، وتصلبه ؟ قال: لا.[59] قلتُ: ولِمَ ؟ قال: لأنّه صبيّ، ولم يجز عليه الحكم. قلتُ: فهل يعيد
المال، وإن كان قد استهلكه ؟ قال: نعم. قلتُ: فهل يجعل الدية على عاقلته فيما قتل وجرح من جراحة؟ قال:

---

53 في **الأصل**، ج 7 ص 291: «قال: نعم، وأقطع يده ورجله، وأقتله وأصلبه، ولا أفعل ذلك إلّا بمحضر من الخصم».

54 الأولى «خصما معروفا».

55 ورد في **الكافي** (ج 1 ص 207 ب) ما يلي: «وإن شهدا أنّه قطع على رجل من عُرْض الناس، له ولي يُعرف، أو ليس له ولي يُعرف، أقام عليه الحدود، ولا يقتله إلّا بمحضر الخصم، ولا ينظر إلى غيره». ونقرأ في **المبسوط** (ج 9 ص 203): «وإن شهدوا أنّه قطع الطريق على رجل من عُرْض الناس، له وَلِيٌّ يُعرف، أو ليس له ولي يُعرف، لم يُقِم الإمام عليهم الحدّ، إلّا بمحضر من الخصم، لما بيّنّا أنّ السّبب لا يثبت بالشّهادة عنده، إلّا إذا ترتّبت على خصومة الخصم».

56 نقرأ في **المبسوط** (ج 9 ص 203): «وكذلك إن شهدا أنّه قطع الطريق على والدهما، أو ولدهما، لم تجز شهادتهما لأنّهما يشهدان لأبيهما. وهذا لأنّ الحدّ، وإن كان استيفاؤه إلى الإمام، فلا بدّ من خصومة صاحب المال. وفيما كان الخصم أب الشّاهد، أو ابن الشاهد، لا شهادة له، ولأنّ شهادته لأبيه كشهادته لنفسه».

57 نفس الرأي لدى مالك (**المدوّنة**، ج 16 ص 299).

58 **الأصل**، ج 7 ص 291. نفس الرأي لدى مالك (**المدوّنة**، ج 16 ص 302).

59 نفس الرأي لدى مالك (**المدوّنة**، ج 16 ص 302).

نعم. قلتُ: أرأيتَ القوم يقطعون الطريق في دار الحرب، على أناس من المسلمين،[60] أو من أهل الذمّة،[61] فقَتَلوا، وأخذوا الأموال، فأُخذوا، وأُتي بهم الإمام في دار الإسلام، هل يُمضي عليهم الحكم ؟ قال: لا.[62]

2 أ (قلتُ: لِمَ ؟ قال: لأنّهم فعلوا ذلك في دار الشرك و... لحرب عنهم مال)[63]. قلتُ: أرأيتَ القومَ من أهل البَغْي يحاربون المسلمين يغلبون على طائفة من الأرض يكونون فيها، فيقطع قومٌ الطريق من أهل الذمّة، أو منهم على أناس من أهل الذمّة، أو من المسلمين، فأُتي بهم الإمام، إمام أهل البغي، فقضى عليهم بالأموال، وحكم عليهم بغير العدل. فلمّا ظهر عليهم أهل العدل، أُتي بهم إمام أهل العدل، أيُمضي عليهم الحكم كما يُمضى على من قطع الطريق ؟ قال: لا، لأنّه قد حكم فيهم غيرُه، وفعلوا ذلك حين فعلوه، وأحكامه[64] لا تجري عليهم.[65]

قلتُ: أرأيتَ قوما قطعوا الطريق، فرُفعوا إلى القاضي، وقد قتلوا وأصابوا الأموال، فكان من رأي ذلك القاضي أن يُضمّنهم الأموال، ويدفعهم إلى أولياء المقتول، فصالحوهم على الديّات. ثمّ رفعوهم بعد زمان،[66] إلى قاضٍ آخر، أُمضي عليهم الحكم كما يُمضى على من قطع الطريق ؟ قال: لا.[67] قلتُ: لِمَ ؟ قال: لأنّ قاضيا من القضاة قد قضى فيهم، وقد

60 في **الكافي** (ج 1 ص 207 ب) و**المبسوط** (ج 9 ص 203–204): «على تجّار مستأمنين».

61 في **الأصل**، ج 7 ص 292: «أهل العهد».

62 يسمّيهم مالك «الخنّاقين»، فهم يُقْتلون (**المدوّنة**، ج 16 ص 304).

63 تساؤل غائب في **الأصل**، ج 7 ص 292.

64 في **الأصل**، ج 7 ص 292: «أحكامنا»، وهو الأصحّ.

65 **الكافي**، ج 1 ص 207 ب. نقل السرخسي (**المبسوط**، ج 9 ص 203–204) هتين المسألتين كما يلي: «فإن قطعوا الطريق في دار الحرب على تجّار مستأمنين، أو في دار الإسلام، في موضع قد غلب عليه عسكر أهل البغي، ثمّ أُتي بهم إلى الإمام، لم يُمض عليهم الحدّ، لأنّهم باشروا السبب حين لم يكونوا تحت يد الإمام، وفي موضع لا يجري فيه حكمُه. وقد بيّنّا أنّ ذلك مانع من وجوب الحدّ حقّا لله تعالى، لانعدام المستوفى. فإنّ استيفاء ذلك إلى الإمام، ولا يتمكّن من الاستيفاء إذا كانوا في موضع لا تصل إليهم يدُه».

66 في **الأصل**، ج 7 ص 292: «ذلك». وفضّلنا ما ورد في **المبسوط** (ج 9 ص 204).

67 نفس الرّأي لدى مالك (**المدوّنة**، ج 16 ص 304).

صالحوهم[68] أولياء القتيل، وقد أتى عليهم زمان،
فأدرأ عنهم الحدّ بذلك. قلتُ: أرأيتَ قوما يقطعون الطريق، فأصابوا الأموال، وقتلوا، وقامت عليهم البيّنات بذلك، وزُكّوا،
وأمر القاضي فيهم بقطع الأيدي والأرجل، والقتل، فرُفعوا إلى السجن، حتّى يُمضي ذلك فيهم. فانطلق رجل من أهل السجن،
فقَتل منهم رجلا، هل عليه شيء ؟ قال: لا.[69] قلتُ: لِمَ ؟ قال: لأنّهم قد قضى عليهم بالقتل، وهذا حدّ للمسلمين، أقامه رجل من المسلمين،
فليس عليه شيء.[70] قلتُ: وكذلك لو قطع يده أو رجله، وقتله ؟ قال: نعم. قلت: وكذلك لو قطع يده، لم يزد على ذلك، أو قطع
رجله، لم يزد على ذلك ؟ قال: نعم. قُلتُ: أفتُقطع رجلُه إن كان الرجل أيضا قطع يده، وإن كان قطع رجله، قُطعت يدُه،
ويقتل أو يُصلب ؟ قال: نعم. ولابدّ من أن يُمضي فيه حكم الحدّ، ويحكم فيه كما يحكم على أصحابه ؟ قال: نعم. قلتُ: أرأيتَ إن قُدّموا إلى
القاطع، فأخطأ القاطعُ،[71] فقطع يده اليسرى، أو رجله اليُمنى، هل ترى عليه شيء؟[72] قال: لا. قلتُ: فإن كان الإمام هو الذي أخطأ،
أفآخذه بذلك ؟ قال: ليس عليه أيضا شيء. ألا ترى أنّه يُقتل، فيأتي القتلُ على هذه[73]
كلّه.[74] قلتُ: أرأيتَ الرجلَ يأتي الإمامَ، فيُقرّ أنّه
قطع الطريق، وأخذ الأموال، أقرّ بذلك مرّة واحدة، أيجب عليه من الحكم بالحدّ[75] ما يجب على قاطع الطريق، فيقطع يده ورجله،

---

68 هكذا، والأوْلى «صالحهم». وفي **الأصل**، ج 7 ص 292: «صالحوا».

69 يذهب مالك إلى تأديبه دون قتله (**المدوّنة**، ج 16 ص 304).

70 ورد في **المبسوط** (ج 9 ص 204): «ومن قَتَلَ حلالَ الدّم لا شيء عليه، كمن قتل مرتدّا أو مقضيا عليه بالرجم».

71 في **الأصل**، ج 7 ص 293: «القاضي».

72 هكذا، والأوْلى «شيئا»، كما في **الأصل**، ج 7 ص 293.

73 هكذا، والأوْلى هذا.

74 **الأصل**، ج 7 ص 293؛ **الكافي**، ج 1 ص 207 ب. ورد في **المبسوط** (ج 9 ص 204): «فلا شيء عليه، لأنّ دمه حلال، فإنّه يقتله بعد القطع. فلا عصمة في طَرَفه، ولأنّه مجتهد فيما صنع...»

75 في **الأصل**، ج 7 ص 293، لا توجد عبارة «بالحدّ». وفي **الكافي** (ج 1 ص 207 ب): «أُخذ بالحدّ». انظر أيضا **المبسوط**، ج 9 ص 204؛ **المدوّنة**، ج 16 ص 301، 304.

وقتل أو صلب ؟[76] قال: نعم.[77] قلتُ: فإن أقرّ أنّه قتل، ولم يأخذ مالا، أيُقتلُ ؟ قال: نعم.
قلتُ: فإن أقرّ أنّه أخذ مالا، ولم يقتل، قطعتَ يدَه ورجلَه ؟ قال: نعم. قلتُ: وإذا أقرّ بشيء من
ذلك، فيشرح[78] ذلك، وتسأل عن
ذلك، كيف صنعتَ ؟ وماذا أخذتَ ؟ وكيف قتلتَ ؟ قال: نعم. فإن أقرّ، مرّة، لك بشيء
يجب فيه الحدّ، أمضي فيه الحدّ. قلتُ: فإن
أقرّ مرّة واحدة. أقمتُ عليه الحدّ ؟ قال: نعم. قلتُ: فإن رجع عن إقراره، قبل أن يمضي فيه
الحكم والحدّ، أيُدرأ عنه الحدّ ؟
قال: نعم.[79] قلتُ: وتضمّنه المال الذي أقرّ به ؟ قال: نعم. قلتُ: فإن كان أقرّ بقتل، فلِولِيّ القتيل
أن يقتله، وإن جحد ذلك ؟ قال:
نعم. قلتُ: فإن أقمتَ على هذا الحدّ،[80] أو على إنسان شهدت عليه الشهود، فقُطع، هل تضمّنه
المال مع الحدّ ؟ قال:
لا. قلتُ: فإذا درأتَ عن أحد منهم الحدّ، ضمّنتَه المال الذي شهدت عليه الشهود، أو أقرّ به ؟
قال: نعم. قلتُ:
ولا يجب على من قطع الطّريق، فأخذ المال، القطعُ، إلّا بمثل ما يُقطع في مثلة السارق ؟ قال:
نعم.[81] قلتُ: وكلّ شيء
قطعتَ فيه في السّرقة، وكذلك[82] تقيم فيه الحدّ على قاطع الطّريق، وكلّ شيء درأت فيه الحدّ في
السرقة، فإنّك
تدرأ الحدّ فيه عن قاطع الطريق ؟ قال: نعم. قلتُ: فَمَالَكَ لا تقطع اليد في أقلّ من عشرة دراهم.
قال: للأثر الذي

---

76 في **الأصل**، ج 7 ص 293: «ويُقتل ويُصلب»، وهو الأصحّ.
77 «إلّا على قول أبي يوسف رحه، كما في السرقة» (**المبسوط**، ج 9 ص 204).
78 في **الأصل**، ج 7 ص 293 : «فتُفتّش على ذلك».
79 نفس الرأي عند مالك (**المدوّنة**، ج 16 ص 305).
80 في **الكافي** (ج 1 ص 207 ب): «وأخذ بالمال والقوْد».
81 يشرح السرخسي (**المبسوط**، ج 9 ص 204) مختلف هذه المسائل كما يلي: «قال: وإذا أقرّ القاطعُ بقطع الطريق، مرّة واحدة، أُخذ بالحدّ، إلّا على قول أبي يوسف رحه، كما في السرقة. وإن أنكره بعد ذلك، دُرئ عنه الحدُّ لرجوعه عن الإقرار، وأُخذ بالمال والقوْد، لأنّ رجوعه عن الإقرار فيما هو حقّ العبد باطل».
82 هكذا، وفي **الأصل**، ج 7 ص 294: «فإنّك»، وهو الأصحّ.

بلغنا عن رسول الله صلّى الله عليه وسلّم، أنّه قال: لا تُقطع اليدُ في أقلّ من عشرة دراهم.[83] وبلغنا عن علي بن أبي طالب
أنّه قال: لا تُقطع اليدُ في أقلّ من عشرة دراهم، أو دينارٍ.[84] وبلغنا عن عبد الله بن مسعود أنّه قال: لا تُقطع اليدُ في
أقلّ من عشرة دراهم، أو دينارٍ.[85] قلتُ: فإن قطع الطريق، فأخذ دينارا
وهو لا يُساوي عشرة دراهم، هل تُقيم عليه الحدّ ؟ قال: لا.[86] قلتُ: لِمَ ؟ قال: للأثر الذي رُوي عن النبي وغيره. قلتُ وكذلك
اللصّ: إذا سرق دينارا لا يساوي عشرة دراهم ؟ قال: نعم، لا أقطعه. قلتُ: أرأيتَ هذا الذي يَقطع الطّريق، ولِمَ قطعتَ
يده ورجله، وصَلَبْتَه ؟ قال: للأثر الذي بلغنا فيه عن أبي حنيفة عن حمّاد عن إبراهيم أنّه قال: إذا قطع الرجل الطريق،
فقتل وأصاب الأموال، قَطعتُ يدَه ورجلَه، وقتلتُه أو صلبته. فإذا قَتل، ولم يأخذ مالا، قُتل. وإذا أخذ مالا ولم يَقتُل
قطعتُ يده ورجله. فإذا لم يُقدر عليه، طُلِب، فهذا نَفْيُه من الأرض.[87] (محمد عن الكلبي، عن أبي صالح عن ابن عبّاس[88] في قوم من أهل الشرك مُوادعين، قطعوا الطريق، قال: فنزل

83 ورد هذا الحديث في مسند ابن حنبل (أ. ي.، ونسنك، **المعجم المفهرس**، ج 5 ص 428).

84 في **الأصل**، ج 7 ص 294، لم يكرِّر هذا الحديث، وتمّ الاكتفاء بعبارة «مثله». ونفس الشيء بالنسبة إلى أثر ابن مسعود حيث تمّ الاكتفاء بعبارة « كذلك».

85 **الكافي**، ج 1 ص 203 أ. ونصاب السرقة عند المالكية ثلاثة دراهم، أو ربع دينار (**المدوّنة**، ج 16 ص 265–266). أمّا الظاهرية، فهم لا يعتبرون النصاب، أي أنّ القطع يكون في سرقة القليل والكثير، بينما قال ابن أبي ليلى: خمسة دراهم، وعكرمة: أربعة دراهم، أمّا أبو هريرة، وأبو سعيد الخدري، فقد قالا: أربعين درهما (**المبسوط**، ج 9 ص 136–137). وستقع العودة إلى هذه المسألة أسفله.

86 عند مالك، إذا أخذ المحاربُ المال قليلا أو كثيرا، فهو سواء (**المدوّنة**، ج 16 ص 300).

87 يفسّر السرخسي هذه المسألة قائلا: «فإن لم يوجدوا، طُلبوا إلى أن يُوجدوا، أو ينقطع أذاهم، ويأمن المسافرون منهم في طرقهم. وذلك نفيُهم من الأرض في تأويل بعضهم (**المبسوط**، ج 9 ص 198)، وانظر تأويلات أخرى للنّفي، ج 9 ص 135 من نفس المصدر. هذه المسألة ستكرّر أسفله.

88 ورد هذا السند ومتنُه في **الكافي**، ج 1 ص 202 ب–203 أ، كما يلي: «ذكر محمّد عن أبي يوسف عن الكلبي عن أبي صالح عن ابن عبّاس قال: وادع رسول الله صلّى الله عليه وسلّم أبا بردة هلال بن عويمر الأسلمي، فجاء أناس يريدون الإسلام، فقطع عليهم أصحابُ أبي بردة الطريق، فنزل جبريل

جبريل على النبي بالحدّ فيهم، إن أخذ المال،
ولم يَقتُل، قطعت يده ورجله من خلاف؛ وإن قتل، ولم يأخذ مالا، قُتل. فإن قَتل، وأخذ المال،
صُلب،[89] (ومن جاء مسلما،
هَدَم الإسلامُ ما كان في الشرك).[90] محمّد عن الحجّاج بن أرطاة، عن عطية العوفي، عن ابن
عبّاس، أنّه قال: إذا أخذ المالَ، وقَتل،
صُلب. وإذا قَتل، ولم يأخذ مالا، قُتل. وإذا أخذ المال، ولم يَقْتُل، قُطعت يده ورجله من
خلاف.[91] وقال: أبو يوسف [ومحمّد]:[92] بقول
ابن عبّاس [نأخذ]. قال:[93] الرجل إذا قطع الطريق، وأخذ المال، وردّه له،[94] وأقام في أهله
زمانا، ثمّ أُخِذ، هل يُقيم الإمامُ عليه
الحدَّ ؟ قال: لا.[95] قُلتُ: لِمَ ؟ قال: لأنّه ردّ ذلك[96]، وأقام في أهله، وأتى على ذلك زمان.
قلتُ: فهل تُضمّنُه المال ؟ قال: نعم. قُلتُ: [فمالك] لا تُقيم الحدَّ على هذا، أو على السارق،
[أ]وْ على الزاني، [أ]وْعلى المحارب، إذا

على رسول الله، صلّى الله عليه وسلّم، بالحدّ فيهم». انظر أيضا **المبسوط**، ج 9 ص 134.

89 **الكافي**، ج 1 ص 203 أ، مع تقديم وتأخير.

90 **المبسوط** (ج 9 ص 134). وفي **الكافي** (ج 1 ص 203 أ) نقرأ «قدم» عوضا عن «هدم». ويفسّر السرخسي تلك الجملة بما يلي: «فهو معنى قوله جلّ وعلا إلّا الذين تابوا من قبل أن تقدروا عليهم ... ثمّ الإسلام يهدم ما كان في الشرك من الجناية على خالص حقّ الله».
والفقرة أعلاه المحصورة بين قوسين غائبة في هذا الموضع من **الأصل**، ج 7 ص 294؛ لكنّها موجودة في موضعين آخرين من **الأصل**، ج 7 ص 227، 285.

91 يذكر السرخسي أنّ حدّ قطع الطّريق «عندنا»، «على الترتيب بحسب جنايتهم». وهو قول ابن عبّاس وإبراهيم النخعي. «وعند مالك، رحه، هو على التخيير، وهو قول سعيد بن المسيّب، رحه، ولم نأخذ بذلك»، لأنّ الّذي همّ بالقتل هو غير الذي قتل (**المبسوط**، ج 9 ص 135، 195).

92 إضافة من **الأصل**، ج 7 ص 295، ومن **المبسوط**، ج 9 ص 195.

93 هكذا، وفي **الأصل**، ج 7 ص 295: «قلت: أرأيتَ».

94 في **الأصل**، ج 7 ص 295، **والكافي**، ج 1 ص 207 ب: «ثمّ ترك ذلك».

95 في **الكافي** (ج 1 ص 207 ب) «لم يقم عليه الإمام الحدّ استحسانا». وفي **المبسوط** (ج 9 ص 204): «لم يُقم الإمام عليه الحدّ استحسانا، وفي القياس يُقام عليه، لأنّ الحدّ لزمه بارتكاب سببه. ولكن أستحسن لتوبته وتحوّله عن تلك الحالة قبل أن يُقدر عليه. والأصل فيه ما رُوي أنّ الحارث بن زيد قطع الطريق، ثمّ ترك ذلك، وتاب. فكتب علي بن أبي طالب، رضه، إلى عامله بالبصرة أنّ الحارث بن زيد كان من قطّاع الطرق، وقد ترك، وتحوّل عنه، فلا تعرض له إلّا بخير».

96 في **الأصل**، ج 7 ص 295: «ترك ذلك».

أخذته بعد زمان ؟ [قال:] بلغنا عن عمر بن الخطّاب أنّه قال: أيّما قوم شهدوا على رجل بحدّ لم يشهدوا عليه عند

حضرة ذلك، وإنّما شهدوا عن ضِغْن، فلا شهادة لهم.[97] فإذا أتى لذلك زمان، وتاب الرجل، وتحوّل عن ذلك، استحسنتُ [أن]

أدرأ عنه الحدّ. قلتُ: أرأيتَ الرجل يَقطع الطريق، ويشهد عليه الشهودُ بإقراره، وهو يجحد ذلك، هل

2 ب [98] تُقيم عليه الحدّ ؟ قال: لا، ألا ترى أنّه لو أقرّ عند الإمام بذلك، ثمّ رجع عنه، وجحد، درأتُ عنه الحدّ. قلتُ: أرأيتَ القوم

يقطعون الطريق على قوم من أهل الحرب، مستأمنين، وقطعوا عليهم الطريق، في دار الإسلام، فقَتلوا، وأصابوا الأموال،

هل تُقيم عليهم الحدّ ؟ قال: لا،[99] ولكن أُضمّنهم الأموال، وأضمّنهم ديّة القتل، وأوجعهم عقوبة. قلتُ: لِم، لا تُقيم عليهم الحدّ ؟ قال: لأنّ

الذين قطعوا عليهم من أهل الحرب، فلذلك، درأتُ عنهم الحدّ. قلتُ: أرأيتَ الرجل يقطع الطريق، ولا يُصيب مالا، ولا يقتل

أحدا، كيف الحكم فيه ؟ قال: يوجعُ عقوبة، ويُستودع السجن، حتّى يحدث توبة، وليس عليه إلّا ذلك. قلتُ: فإن كان قد

جرح جراحات، يُستطاع فيها القِصاص، اقتصّ منه ؟ قال: نعم. قلت: فإن كان لا يُستطاع فيها القِصاص، آخذ الأَرْش منه

من ماله ؟ قال: نعم. قلتُ: أرأيتَ الرجل من أهل الذمّة، يقطع الطريق، فقتل وأصاب الأموال، ثمّ أُتي به الإمام، فأسلم حين

أُتي به الإمام، هل يدرأ عنه الحدَّ إسلامُه ؟ قال: لا، ولكن يُقيم عليه الحدّ، ويقطع يده ورجله، ويقتله أو يصلبه. قلتُ:

---

97 هذا الأثر سيرد أسفله ص 170، بصيغة مشابهة. والضِّغْن: الحقد والعداوة والبغضاء (**لسان**، ج 4 ص 129، مادّة ضغن).

98 اضطراب في ترتيب الأوراق على هذا المستوى، قوّمناه.

99 **الأصل**، ج 7 ص 295؛ **الكافي**، ج 1 ص 207 ب. يعلّل السّرخسي ذلك بالقول: «لما بيّنّا أنّ السبب المبيح في مال المستأمن قائم، وهو كون مالكه حربيا، وإن تأخّر ذلك إلى رجوعه إلى دار الحرب» (**المبسوط**، ج 9 ص 205).

أرأيتَ القوم، يقطعون الطريق على القافلة العظيمة، فيهم المسلمون، وأهل الذمّة، وفيهم من أهل الحرب أناس
مستأمنون، فقتلوا، قوما من المسلمين، ومن أهل الذمّة، ومن أهل الحرب، وأخذوا أموالهم، أتُمضي فيهم الحدّ، والحكم ؟ قال:
نعم.[100] قلتُ: ولا تدرأ عنهم الحدّ، من ذلك، لمكان أهل الحرب الذين كانوا في القافلة، قال: لا. (قلتُ: لِمَ ؟ قال:
لأنّهم قتلوا من المستأمنين، وأهل الذمّة، فلا أُبطل عنهم الحكم والحدّ، من أجل أهل الحرب).[101] قلتُ: أرأيتَ إن كانوا
إنّما قَتَلوا من أهل الحرب، وأخذوا أموالهم، ولم يقتلوا من المسلمين، ولا من أهل الذمّة أحدا، ولم يأخذوا مالا، أتقيم
عليهم الحدّ ؟ قال: لا. (قلتُ: لِمَ ؟) قال: لأنّهم إنّما أصابوا أهل الحرب.[102] قلتُ: فهل تضمّنهم أموالهم، ودماءَهم ؟ قال: نعم، أُضمّنهم أموالهم، ودماءهم.[103] قلتُ: أرأيت أهل الحرب إذا استأمنوا، لِمَ لا يكونون بمنزلة
أهل الذمّة ؟ قال: ليسوا بمنزلتهم، ألا ترى أنّي لا أضع عليهم الجزية، وأنّي أخلي عنهم، فيرجعون إلى بلادهم، وآخذ منهم العُشر،
على أموالهم، ولا آخذ من أهل الذمّة ذلك، فليسوا بمنزلتهم.[104] قلتُ: أرأيت الرجل يقطع الطريق، فيَقتل، ويُصيب المال،
فلمّا أُتي به الإمام، وقضى عليه بالحدّ، أحرم (مكانه) ؟ قال: يُقام عليه الحدّ، أحرم، أو لم يُحرم.[105] قلت: وكذلك السارق، والزاني ؟

100 في نظر مالك، لا يوجد فارق بين قطع الطريق على المسلمين، وقطعه على الذمّيين. وقد استشهد بحادثة قتل عثمان بن عفّان لمسلم قتل ذمّيا، على وجه الحرابة (**المدوّنة**، ج 16 ص 300، انظر أيضا ص 301–302). كما يذكر أنّ الحُكْم في المحاربين من أهل الذمّة، وأهل الإسلام، والعبيد، واحد في قطع الطريق (**المدوّنة**، ج 16 ص 299).

101 هذا التساؤل بين قوسين، غائب في **الأصل**، ج 7 ص 296.

102 **الأصل**، ج 7 ص 296؛ **الكافي**، ج 1 ص 207 ب؛ **المبسوط**، ج 9 ص 195، 205.

103 في **الأصل**، ج 7 ص 296، كانت الإجابة بالنفي، وهو ما يجعلنا نتساءل عن سرّ هذا الاختلاف.

104 يبرّر السرخسي هذا الرأي «بانعدام العصمة المؤبّدة في مالهم» (**المبسوط**، ج 9 ص 195). وكذلك «لبقاء شبهة الإباحة في ماله، وذلك غير موجود في حقّ المسلمين، وأهل الذمّة» (**المبسوط**، ج 9 ص 205).

105 **الأصل**، ج 7 ص 297؛ **الكافي**، ج 1 ص 207 ب؛ **المبسوط**، ج 9 ص 205.

قال: نعم. قلتُ: وكذلك لو أحرم، بعدما أُتي به الإمام، قبل أن يُمضي عليه الحكم؟[106] قال: نعم. قلتُ: أرأيت الرجل
يقطع الطريق، فيقتل، ويُصيب المال، فأُتي به الإمام، فحبسه الإمام، حتّى ينظر في أمره، فقتله رجلٌ قبل أن يَثبت عليه شيء، ثمّ قامت
عليه البيّنة بما صنع، هل يُقتل الرجلُ ؟ قال: نعم.[107] قلتُ: لِمَ ؟ قال: لأنّه قد قتله قبل أن يُمضي الإمام فيه شيئا. قلتُ: فإن كان
القاتل هو وليّ المقتول، وقد أقام البيّنة، أنّه قتل وليّه، وزُكّوا، هل تقتله ؟ قال: لا، ما أحدّه.[108]
قلتُ: أرأيت الرجل، يقطع الطريق على ابن عمّه، أو ابن خاله، وعلى ذي قرابة منه، ليس بذي رحِم محرّم، فأصاب مالا، هل يَقطع يده ورجله؟
قال: نعم. قلتُ: فإن سرق [منه]، وهو مقيم في المصر، فقطعتَ يده، ولم تدرأ عنه الحدَّ؟ قال: نعم أقطعِ يده، ولا أدرأ عنه
الحدّ. قلتُ: فإن كان ذا رحِم محرّم منه، في الوجهين جميعا، فإنّك تدرأ عنه الحدّ؟ قال: نعم. قلتُ: أرأيت الرجل يقطع الطريق،
(وقتل، وأصاب المال، هل يُطلب، حتّى يُؤخذ ؟ قال: نعم، بلغنا أنّ طلبَه نفْيُة من الأرض.)[109] قلتُ: أرأيتَ إذا لم يَقتل، ولم يُصب
مالا، ولكنّه قد قطع الطريق، فأُخذ، هل عليه حدٌّ ؟ قال: يُجلدُ. قلتُ: هل يُحبس حتّى يحدث توبه ؟ قال: نعم.[110]

106 في **الأصل**، ج 7 ص 297 : «الحدّ».

107 «فعلى قاتله القَوْد» (**الكافي**، ج 1 ص 207 ب)، أي القِصاص، وهو قتل القاتل بدل القتيل. انظر أيضا **المبسوط**، ج 9 ص 205. وانظر **المدوّنة**، ج 16 ص 304-305.

108 في آخر هذا الباب من **الكافي**، نجد عبارة «آخر الكتاب»، ليبدأ باب آخر وهو «كتاب السير» (**الكافي**، ج 1 ص 207 ب)، ونفس الشيء في **المبسوط**، ج 9 ص 205.

109 مسألة مكرّرة، لهذا السبب هي لم تُذكر في هذا الموضع من **الأصل**، ج 7 ص 297. ويقدّم هذا دليلا على التهذيب الذي أُدخل لاحقا على كتاب **الأصل**.

110 بالنسبة إلى **الأصل**، ج 7 ص 297، ينتهي في هذا الموضع بابُ قطع الطريق، وبالتالي كتاب السرقة وقطع الطريق، ويبدأ كتابٌ آخر وهو كتاب الإكراه. بينما يأتي، في مخطوطنا، مباشرة بعد بابِ قطع الطريق، بابُ الحدّ في السرقة.

باب الحدّ في السرقة[111]

قلتُ: أرأيت الشاهدين يشهدان على رجلٍ بالسّرقة، أيُسألان عن السرقة، ما هي ؟ وكيف هي ؟[112] قال: نعم. قلتُ: فإن وصفا
ذلك، وأثبتاه، فنظرتَ في السرقة، فإذا هي لا تُساوي عشرة دراهم، هل تقطع فيها ؟ قال: لا. قلتُ: فإن كانت تساوي
عشرة دراهم، أو أكثر من ذلك، غير أنّ المسروقَ منه غائب، هل يُقطع ؟ قال: لا.[113] قلتُ: فإن كان المسروق
منه حاضرا، يُخاصم، هل يُقطع السارق؟ قال: نعم، إذا كان الشاهدان عدلين. قلتُ: فإن كان القاضي لا يعرف
الشاهدين، أيُحبسُ السارقُ، حتّى يسأل عنهما ؟ قال: نعم.[114] (قلتُ: فإذا زُكّيا، قَطَعَه ؟ قال: نعم). قلتُ: فإن كان
المسروق منه قد غاب، قبل أن يُزكّى الشاهدان، ثمّ زُكّيا، وهو غائب، هل يُقطع ؟ قال: لا، إلا يكون
المسروق منه حاضرا. قلتُ: لِمَ ؟ قال: لأنّه هو الخصمُ. ألا ترى أنّه لو قال: لم يسرق منّي شيئا ؟ لم أقطعه.
قلتُ: أرأيتَ الشاهدين، إذا غابا بعد ما يُزكّيان، وحضر المسروق منه، هل يُقطع السارقُ ؟ قال: لا. قلتُ: لِمَ ؟
قال: لا يقطع أبدا، إلّا بمحضر من الشهود، لأنّي لا أدري لعلّهما سيرجعان عن شهادتهما، أو

---

111 هذا العنوان منعدم في **الأصل**، ج 7 ص 233.

112 ورد في **المدوّنة**، ج 16 ص 265، تقريبا نفس السؤال، توجّه به سحنون إلى ابن القاسم: «أرأيتَ الرجلين يشهدان على الرجل بالسرقة، يسألهما الحاكم عن السرقة، ما هي ؟ وكيف هي ؟ في قول مالك، ومن أين أخذها ؟ وإلى أين أخرجها ؟» هذا التّقارب لا يفيد بالضرورة أنّ سحنون كان يستعمل مباشرة كتاب **الأصل**، بل إنّه يفيد على الأرجح أنّ سحنون كان يعتمد **الأسدية** التي استقى أسد بن الفرات أسئلتها من كتاب **الأصل**، وأجابه عنها بن القاسم، انظر مقالنا المذكور أعلاه حول العلاقة بين **الأسدية والمختلطة والمدوّنة**.

113 يرى مالك قطع السّارق (**المدوّنة**، ج 16 ص 268). وفي ص 296، تُطرح المسألة بشكل آخر، حيث تكون قيمة المسروق ثلاثة دراهم، وتكون السرقة من رجلين، أحدُهما غائب، ويرى مالك قطع السارق حتّى عند غياب أحدهما.

114 نفس الرّأي عند مالك (**المدوّنة**، ج 16 ص 267)، مع أنّه لا يرى أن يكفله القاضي.

يشُكّا،[115] أو يبدو لهما.[116] رجع أبو حنيفة عن هذا،[117] وقال بعد ذلك: يُقطع، حتّى وإن كان الشاهدين[118] غائبين؛ [وهو قول أبي يوسف ومحمّد].
فإنّي أُقيم عليه حدّ السرقة، والخمر، وفي كلّ شيء، إلّا الرجم، فإنّه لا يُقام عليه الحدُّ. وكذلك إذا ماتا. فأمّا إذا عميا، أو عمي أحدُهما، فإنّه لا يُقام عليه الحدُّ، وهو قول أبي يوسف [ومحمّد] أيضا.[119]

3 أ قلتُ: وكذلك لو فسقا، أو عميا، أو ارتدّا[120] عن الإسلام، أو ذهبت عقولهما ؟ قال: نعم. قلتُ: وكذلك الزّنى، وشرب الخمر ؟[121] قال: نعم.
قلتُ: أرأيتَ الشاهدين إذا شهدا بالمال، أو بالطلاق، أو بالعتاق، ثمّ إنّهما غابا، أو ماتا، أو[122] زُكّيا، أيُقضى بشهادتهما ؟ قال:
نعم. (قلتُ: فإذا كان ذلك في حدّ، درأتَ الحدّ عنه ؟ قال: نعم). قلتُ: أرأيتَ إن كان في سرقة [شبهةٌ]، فدرأتَ القطع، هل تَرُدُّ السّرقة،
على المسروق منه ؟ قال: نعم. إنّما أدرأ الحدّ بالشبهة. فأمّا المال، فإنّي أُعيده[123] لصاحبه، إذا زُكّي الشاهدان. قلتُ: أرأيت
إذا شهدا على قِصاص، ثمّ ماتا، أو غابا، ثمّ زُكّيا،[124] أتقضي بالقِصاص ؟ قال: نعم، لأنّه من حقوق النّاس، فأستحسن أن أُمضيه،
وأقضي به.[125] قلتُ: فإن شهد رجلان على رجل بالسرقة، والسارقُ كافر، والشاهدان كافران،

---

115 هكذا، والأوْلى يشكّان.

116 يذهب مالك إلى إقامة الحدّ، دون الالتفات إلى «مغيب الشهود» (**المدوّنة**، ج 16 ص 267، 286).

117 أي رجع إلى قول أبي يوسف ومحمّد الذي يذهب إلى القطع (**المبسوط**، ج 9 ص 143)، كما سيرد في **الأصل**، ج 7 ص 234.

118 هكذا، والأوْلى الشاهدان.

119 **الأصل**، ج 7 ص 234. في قول مالك وابن القاسم، يُقام الحدُّ ولا يُلتفت إلى ما أصاب الشاهدين (**المدوّنة**، ج 16 ص 267).

120 إن ارتدّ الشاهدان، تبطل شهادتهما، في قول مالك (**المدوّنة**، ج 16 ص 267).

121 أي وُجد الشاهدان بعد الشهادة يشربان الخمر (**المدوّنة**، ج 16 ص 267). فهذا لا يُبطل الشهادة.

122 هكذا، والأولى «ثمّ» كما سيرد أسفله.

123 في **الأصل**، ج 7 ص 234: «أُنفذه».

124 في **الأصل**، ج 7 ص 234: «ثمّ مات [أحدُهما]، أو ماتا ثمّ زُكّيا».

125 نفس الرّأي لدى ابن القاسم (**المدوّنة**، ج 16 ص 267–268).

والمسروق منه مسلم، وقد
وصفا لك السرقة، وأثبتاها، وهي تساوي عشرة دراهم، هل تقطع السارق بشهادتهما ؟ قال: نعم.[126] قلتُ: وكذلك لو
كان المسروق منه كافرا ؟ قال: نعم. قلتُ: فإن أسلم السارق، قبل أن تقطعه، وقد قضيتَ بالقطع ؟ قال: إذًا أدرأ عنه
القطع. قلتُ: فهل تردّ السرقة على المسروق منه، أو تجعلها للسارق ؟ قال: [لا]،[127] بل أردّها على المسروق منه. قلتُ: فلِم أبطلتَ
القطع، وأجزتَ هذا ؟ قال: لأنّي قد قضيتُ بذلك قبل أن يُسْلم، فإنّما أدرأ الحدّ بالشبهة. فأمّا المال، فإنّي أُعيده
لصاحبه. قلتُ: وكذلك لو شهد كافران على كافر، بِدَيْن، لكافر، فقضيتَ [له] به، ثمّ إنّه أسلم، بعد ذلك، أجزتَ
الدّيْن عليه، وأخذتَه بالمال ؟ قال: نعم. قلتُ: وكذلك لو شهدا بوديعة، أو طلاق، أو عتاق، فأنفذتَ ذلك، ثمّ
أسلم المشهودُ عليه، أجزتَ ذلك عليه، وأبعدتَه، ولم تردّه ؟ قال: نعم. قلتُ: فإن شهدا بقتل، أو بقطع يده،
فلمّا قضيتَ بذلك، أسلم المشهودُ عليه، أتقطع[128] بشهادتهما
وتُمضي عليه قضاءك ؟ قال: لا، ولكنّي أدرأ عنه ذلك، وأُبطل القِصاص [وهذا قول أبي حنيفة ومحمّد. وقال أبو يوسف مثل ذلك].[129] قلتُ: ولِم، وهذا من حقوق الناس ؟ قال:
أستحسن ذلك، وأكره أن أقتل مسلما بشهادة كافريْن. قلتُ: فلو شهد كافران على رجلين كافرين، [أو مسلميْن] أنّهما
سرقا عشرة دراهم، من رجل، أو ثوبا يساوي عشرة دراهم ؟ قال: لا أقطعهما في هذا. قلتُ: فإن شهدا
أنّهما سرقا ثوبا يُساوي عشرين درهما، ووصفا السرقة، وأثبتاها، هل تقطعهما ؟ قال: نعم. قلتُ: فإن كان

126 لا يجيز مالك شهادة غير المسلمين، لذلك لا يُقطع السارق (**المدوّنة**، ج 16 ص 268).

127 **الأصل**، ج 7 ص 235.

128 في **الأصل**، ج 7 ص 235: «أتقضي بشهادتهما»، وهو الأصحّ.

129 **الأصل**، ج 7 ص 235.

الثّوب لا يُساوي عشرين ؟ قال: لا يُقطعان.[130] قلتُ: وكذلك المسلمان يشهدان على المسلمين ؟ قال: نعم. قلتُ:
فإذا كان لا يبلغ كلّ واحد منهما عشرة دراهم من السرقة لَمْ تقطعه ؟ قال: نعم، لا يُقطع.[131] قلتُ:
[إن] شهدا على رجل واحد، أنّه سرق ثوبا يُساوي عشرة دراهم، والثوب بين اثنين ؟ قال: هذا يُقطع لأنّه قد سرق ما
يُساوي عشرة دراهم. قلتُ: وكذلك لو شهدا على رجل أنّه سرق، من رجل، ثوبا، والمسروق منه الثوب، لا
يملك الثّوب، إنّما هو عنده وديعة، أو عارية، أو مضاربة، والثوب يُساوي عشرة دراهم، فصاعدا، هل هذا
يُقطع ؟ قال: نعم. قلتُ: ولِمَ، وهذا المسروق منه لا يملك الثوب ؟ قال: هو بمنزلة ربّ الثوب، لأنّه في يديْه.[132] قلتُ: أرأيتَ
شاهدين شهدا على رجلين، بسرقة ثوب، يُساوي مائة درهم، والشاهدان كافران، والمشهود عليهما،
أحدُهما كافر، والآخر مسلم، والمسروق منه الثوب مسلم،
أو كافر، أتُجيز شهادتهما، وتقطع السارقين ؟ قال: لا. قلتُ: ولِمَ ؟ قال: لأنّ أحدهما مسلم، ولا أُجيز شهادتهما
على مسلم. قلتُ: فلِمَ لا تُجيزها على الكافر منهما ؟ قال: لأنّ المسلم معه، ولأنّها شهادة واحدة، [في حدٍّ] واحد، فإذا أَبطلتُ بعضها، أَبطلتُ كلَّها. قلتُ: وكذلك لو كان المشهود عليهما كافرَيْن، فأسلم أحدُهما ؟ قال: نعم. قلتُ: أرأيتَ المشهود له بالثوب، أتقضي له به في الباب الذي شهدا فيه، وأحد السارقَيْن مسلم ؟ قال: يُقضى على الكافر بنصف الثوب. قلتُ:

130 حول مختلف هذه المسائل الخاصّة بشهادة «الكافر»، انظر **المبسوط**، ج 9 ص 146.

131 «لأنّ سرقة كلّ واحد منهما نصف النّصاب» (**المبسوط**، ج 9 ص 143). لا يأخذ مالك بذلك، ويقول بقطع سارقين إن سرقا متاعا قيمته ثلاثة دراهم، بل إنّه يقول، حتّى وإن كان عددهم «عشرة» (**المدوّنة**، ج 16 ص 268).

132 نفس الرأي لدى مالك (**المدوّنة**، ج 16 ص 269). ويلخّص السرخسي تلك المسألة كما يلي: «ويُقطع السارق من المستودع، والمضارب، والمستعير، والغاصب، والمرتهن، عندنا». ويضيف: «وعلى قول زُفر والشافعي، رحمهما الله، لا يُقطع بخصومة هؤلاء، ما لم يحضر المالك» (**المبسوط**، ج 9 ص 144، 189).

فهذا، والباب الآخر[133]، إذا كان السارقان كافرين، فأسلم أحدُهما، فدرأتَ عنه القطع، أيُقضى بالثوب للمشهود له ؟ قال: يُقضى بحصّة الكافر منهما له، ويتركُ ما [بقي] في يدي المسلم، إلّا أن يكون قُضي به عليهما، قبل أن يُسلم.[134] قلتُ: أرأيتَ شاهدين شهدا على رجل، بالسرقة، فسألتَهما: كيف سرق ؟ فقالا: نقب البيت، ثمّ أدخل يده، فسرق هذا الثوب، هل تقطعه ؟ قال: لا. قلتُ: لِم ؟ قال: لأنّه لم يدخل البيت.[135] قلتُ: أرأيتَ إن دخل البيت، فسرق الثّوب،

هل تقطعه ؟ والثوب يُساوي عشرة دراهم، وقد شهدا على هذا، وأثبتاه، ووصفاه؟

3 ب قال: نعم. قلتُ: فهل تَستحسنُ للشاهدين، إذا كانا يشهدان،[136] ألّا يشهدا على السرقة، يريدان بذلك أن يدرآ الحدّ عن السارق ؟ قال: نعم، أستحسن ذلك لهما. قلتُ: فإن قال صاحبُ الثوب: إذن يذهب

ثوبي، إن لم يشهدا لي، أيسعهما أن يشهدا أنّ الثوب ثوب هذا، أَخذه هذا، ولا يذكران السرقة، فيُردّ على

هذا ثوبُه، ولا يُقطع السارق ؟ قال: نعم. قلتُ: وكلّ[137] من كان في يديه شيء أو في بيته، فأخذه منه أحد، أَيَسَع

الرجلَ، أن يشهد، أنّه لفلان الذي كان في يديه ؟ قال: نعم. قلتُ: كيف يسعه أن يشهد بهذا، وهو لا

يعلم أكان ملكَه أم لا ؟ [قال]: أرأيتَ رجلا اشترى أَمَةً من رجل، وأشهد عليه شهودا، فأخذها منه رجلٌ، أو أبِقت

منه، [أ]ما يسعُ الشهود الذين شهدوا شراءها، أن يشهدوا أنّها لفلان ؟ أرأيتَ لو ولدت عنده أولادا، وأبِق

بعضُهم، فوجده في يدي رجل، والشهود يعرفون أنّه ولدها، أما يسعهم أن يشهدوا أنّ هذا مملوك لفلان ؟

هذا واسع كلّه، وهكذا أمرُ الناس. إنّما الشهادة في هذا، على الظّاهر؛ فأمّا الغيب، فلا يعلمه إلّا الله. أرأيتَ

133 في **الأصل**، ج 7 ص 236: «الأوّل».

134 **الأصل**، ج 7 ص 236؛ **المبسوط**، ج 9 ص 146.

135 وعند أبي يوسف، يُقطع (**المبسوط**، ج 9 ص 147)، وكذلك مالك، حتّى وإن كان «أخذه بقصبة» (**المدوّنة**، ج 16 ص 271، 275).

136 هكذا، والأوْلى شاهدين.

137 في **الأصل**، ج 7 ص 237: «وكذلك».

رجلا تزوّج امرأة، وغاب عنها، فقَدِم، وقد تزوّجت رجلا غيره، أما يسعُ الشهود أن يشهدوا أنّها امرأته؟
قلت: بلى ؟ قال: فهذا وذاك سواء. أرأيتَ رجلا باع من رجل مَتاعا، بألف درهم، وكتب عليه فيها ذكر حقّ، فمات الذي عليه
المال، أو جحد، أما يسع الشّهود الذين شهدوا عليه بالمال، أن يشهدوا له بالمتاع،[138] قلت: بلى. قال: فهذا وذاك
سواء، ألا ترى أنّهم إنّما شهدوا بالظاهر، وأنّهم لا يدرون لعلّه أن يكون قد قبض المال كلّه، ولكنّهم يسعهم أن
يشهدوا بما علموا، ولم يكلّفوا بما سوى ذلك. قلتُ: أرأيتَ الرجلين يشهدان على الرجل بالسرقة، فسألتَهما: كيف سرق ؟ فقالا: نقب الباب،[139] فدخل، وأخذ المتاع، فجمعه، فأدركاه، فأخذاه قبل أن يُخرجه، هل تقطعه ؟
قال: لا، لأنّه لم يسرقه بعدُ.[140] بلغنا عن عامر وإبراهيم، أنّه[141] يُدرأ عنه القطع في هذه الحال.[142] قلتُ: أرأيتَ لو كان الرجل
رمى بالثياب في السكّة، وهو في الدار بعدُ، ثمّ خرج، فأخذها،
هل يُقطع ؟ قال: إذا كانت تساوي عشرة دراهم، قُطع، لأنّ السّرقة هكذا [تؤُخذ].[143] قلتُ:

138 في **الأصل**، ج 7 ص 238: «بالمال».

139 في **الأصل**، ج 7 ص 238، **والكافي**، ج 1 ص 203 أ، **والمبسوط**، ج 9 ص 139: «البيت»، وهو الأصحّ.

140 «وعند الشافعي، يُقطع، لأنّ سرقته قد تمّت بأخذ المال المحرز، والخروج بعد ذلك ليس تتميم فعل السرقة، بل للنّجاة من صاحبه» (**المبسوط**، ج 9 ص 147). ويذكر مالك، أنّ من «أدخل قصبة، فأخرج (ثوبا)، قُطع» (**المدوّنة**، ج 16 ص 271). وبالمقابل، يتّفق الأحناف على أنّ تمام السرقة يكون بالإخراج من الحِرْز (**المبسوط**، ج 9 ص 163، 164).

141 في **الأصل**، ج 7 ص 238: «أنّهما قالا ذلك». فصياغة الجملة هنا هي أكثر تهذيبا ممّا هي عليه في مخطوطنا.

142 وعن علي بن أبي طالب، «في رجل أُخِذ وقد نقب البيت، ولم يُخرج المتاع، قال: لا حدّ عليه» (**الكافي**، ج 1 ص 203 أ)، ويواصل السرخسي، «وبه نأخذ» (**المبسوط**، ج 9 ص 139).

143 **الأصل**، ج 7 ص 238؛ **الكافي**، ج 1 ص 203 ب. «وعند زُفر لا يُقطع لأنّه خرج من الحرز، ولا مال في يده» (**المبسوط**، ج 9 ص 148). ويعلّق السرخسي على هذا: «هذه مبالغة في الحيلة من السارق» (نفس الموضع). كما يذكر أنّ علي بن أبي طالب نعت هذا السارق باللصّ الظريف (المبسوط، ج 9 ص 147).

أرأيتَ لو أخذ كارة،[144] وهو في
الدّار، فناولها [145] رجلا على باب الدار، هل يُقطع واحدٌ منهما ؟ قال: لا يُقطع واحد منهما.
قلتُ: أرأيتَ لو كانوا
جماعة رجال، فدخلوا الدار، فجمعوا المَتاع جميعها، فحملوه على رجل منهم، فكان هو الذي خرج
به، فشهد
الشهودُ على ذلك، هل يُقطعون، وقد خرجوا مع الرجل الحامل، والمَتاع يُساوي ألف درهم ؟
قال: أمّا في القياس،
فينبغي ألّا يُقطع إلّا الذي خرج بالمتاع.[146] وأمّا في الاستحسان، فيُقطعون كلُّهم، وبه يأخذ أبو
يوسف.[147] قلتُ: أرأيتَ
إذا شهدوا[148] الشهود على السارقيْن، فقالوا: نشهد عليهما أنّهما سرقا هذا المتاع، فسألهم
كيف سرقاه ؟ فقالوا: نقبا البيتَ، ودخل أحدُهما، فاستخرج المَتاع، فلمّا خرج به إلى السكّة،
حملاه جميعا. قال:
أرى إن تعيّن[149] الذي دخل البيت، فسرق المتاع، فقطعتُه، وإبراء الآخر من القطع، ولكنّي
أعزّره. وإن لم يتعيّن السارق
منهما الداخل البيت، لم أقطع واحدا منهما، ولكنّي أُعزّرُهما.[150] قلتُ: أرأيتَ المَتاع، وهو في

144 الكارَة: «عِكْم الثياب، وهو منه. وكارَة القصّار من ذلك، سُمّيت به، لأنّه يكوّر ثيابه في ثوب واحد، ويحملها...». وكذلك «ما يُحمل على الظهر من الثياب» (**لسان**، ج 5 ص 449، مادّة كور). انظر أيضا هذه المسألة أسفله. ولم يهتدِ محقّق **الأصل**، ج 7 ص 238، إلى تلك العبارة، ووضع مكانها ضميرا، «أخذها» عوضا عن «أخذ كارة».

145 ورد في **المبسوط** (ج 9 ص 147): «قال: فإن ناول صاحبا له على الباب، لم يُقطع واحدٌ منهما، لأنّ الذي وقف خارج البيت لم يَدخل الحرز، والآخر لم يُخرج المال». انظر أيضا **الكافي** (ج 1 ص 203 ب).

146 وهو قول زفر والشافعي (**المبسوط**، ج 9 ص 149).

147 في **الأصل**، ج 7 ص 238: «وبه يأخذ أبو حنيفة وأبو يوسف ومحمّد». وفي **الكافي** (ج 1 ص 203 ب)، «وبه نأخذ». وفي **المبسوط** (ج 9 ص 149)، «وهو قول علمائنا».

148 هكذا، والأوْلى: شهد.

149 في **الأصل**، ج 7 ص 238: «أثبتوا».

150 يلخّص السرخسي ذلك في **المبسوط** (ج 9 ص 149) بما يلي: «وإن دخل البيت، وأخرج المتاع بعضُهم دون البعض، فالقطع على من دخل البيت وأخرج، إن عُرف بعينه. وإن لم يُعرف، فعليهم التعزير، ولا يُقطع واحد منهم، لأنّ فعل السرقة إنّما تمّ من بعضهم، وهو غير معروف بعينه، فيصير

أيديهما، أيرّده على ربّ
البيت، والشهود يشهدون أنّه مَتاعه ؟ قال: نعم. قلتُ: أرأيتَ السارقَ يَشهد عليه الشاهدُ بالسرقة، فيقول
السارق: هذا المَتاع متاعي استودعتُه هذا المشهود له، فجحدني، هل تقطعه، وقد قال هذه المقالة ؟ قال:
لا. قلتُ: فإن قال: هذا المتاع متاعي، اشتريتُه من هذا المشهود له، هل تقطعه ؟ قال: لا. قلتُ: لِمَ ؟ قال: لأنّها ليست سرقة.[151]
قلتُ:[152] أرأيتَ إن ادّعى المشهود عليه هذه المقولة،[153] فقال: استحلف المشهود له: ما هذا متاعي، هل أستحلفُه ؟ قال:
نعم. قال[154]: أفلا ترى أنّك قد جعلتَه خصما، فأوجبتَ عليه اليمين ؟ [155]
[قال]: أرأيتَ لو أبى أن يحلف، [ألم تكن] تدفع المتاعَ إلى المشهود عليه بالسرقة ؟ قلت: بلى. قال: فكيف أقطعه في متاع
أقضي له به؟ قلتُ: أرأيتَ إذا حلف، لِمَ لا يُقطع السارقُ ؟ قال: للشبهة التي دخلت، ألا ترى أنّك قد جعلته خصما
استحلفته عليه ؟ قلتُ: وكذلك لو قال السارق: هو أمرني بهذا، درأتَ عنه الحدّ ؟ قال: نعم.[156] قلتُ: أرأيتَ الشاهدين
يشهدان على رجل بالسرقة، هل تسألهما: ما سرق ؟ وكيف سرق ؟ وأين سرق ؟ قال: نعم. قلتُ: فإن قالا: بابَ دار، أو

ذلك شبهة في درء العقوبة عنهم».

151 **المبسوط**، ج 9 ص 149.

152 مقارنة **بالأصل**، ج 7 ص 239، يوجد اختلاف في تركيب الجملة : «قلتُ: لِمَ، وأنت إذا رخّصتَ في هذا لم يُقَمْ حدٌّ على سارق؟ قال: أرأيتَ...»

153 في **الأصل**، ج 7 ص 239: «المنزلة».

154 نلاحظ هنا اضطرابا في عبارات «قال» و«قلت»، وهو أمر موجود أيضا في **الأصل**، ج 7 ص 239.

155 في **الكافي** (ج 1 ص 203 ب)، «وإن حلف لم أقطعه عليه».

156 يعلّق السرخسي (**المبسوط**، ج 9 ص 150): «لا يجوز استيفاء الحدّ باليمين»، بخلاف الشافعي الذي يقول: «لا يجوز أن يسقط الحدّ بمجرّد الدعوى، لأنّ ذلك لا يعجز عنه سارق، فيؤدّي ذلك إلى سدّ باب الحدّ».

[باب] مسجد، هل تقطعه ؟[157] قال: لا. قلتُ: لِمَ ؟ قال: لأنّ هذا شيء ظاهر لم يُحرَز، ولا أقطعه في شيء ظاهرٍ لم يُحرَز. قلتُ: أرأيتَ
إن قالا: سرق ثوبا قد بُسط على حائط، فأُظهر إلى السكّة،[158] هل يُقطع ؟ قال: لا يُقطع أيضا، لأنّ هذا ظاهر. قلتُ:
فلو قالا: سرق خشبة أو سَاجة،[159] في السكّة ؟ قال: لا أقطعه. قلتُ: فلو شهدا أنّه سرق ثوبا من الحمّام ؟
قال: لا أقطعه. قلتُ: لِمَ ؟ قال: لأنّ الحمّام بيت مشترك قد أُحرز فيه،[160] ولا أقطع من سرق منه.[161] قلتُ: وكذلك
لو أنّ رجلا أذن[162] لرجل، فدخل عليه بيته، فسرق منه، لم يقطع ؟ قال: نعم، لا يُقطع. قلتُ: وكذلك التاجرُ
يفتح حانوتَه في السوق، وأذن للنّاس في الدخول عليه، يشترون منه، فيُسرقُ منه ثوبٌ، يُساوي عشرة
دراهم ؟ قال: هذا لا يُقطع، لأنّه قد أذن له.[163] قلتُ: أرأيتَ لو شهدوا على رجل أنّه نقب بيتا، فدخل عليه،
فكابره ليلا،[164] حتّى سرق مَتاعه ليلا، والمتاع يُساوي ألف درهم،[165] أكنتَ تقطعه ؟ قال:

---

157 **الأصل**، ج 7 ص 239؛ **الكافي**، ج 1 ص 203 ب؛ **المبسوط**، ج 9 ص 150. وعند مالك، يُقطع من يسرق باب دار (**المدوّنة**، ج 16 ص 274).

158 **الكافي**، ج 1 ص 203 ب؛ **المبسوط**، ج 9 ص 150.

159 وهو مفرد ساج، وهو خشب يُجلب من الهند (**لسان**، ج 3 ص 362، مادة سوج).

160 في **الأصل**، ج 7 ص 239: «أذن». وورد في **المبسوط**، ج 9 ص 151: الحمّام «حرز في نفسه».

161 يقول مالك، إن كان مع المتاع في الحمّام من يحرزه، يُقطع السارق، وإن لم يكن ذلك، لم يُقطع (**المدوّنة**، ج 16 ص 274).

162 **الأصل**، ج 7 ص 240؛ **الكافي**، ج 1 ص 203 ب؛ **المبسوط**، ج 9 ص 150.

163 **الكافي**، ج 1 ص 203 ب. ورد تبريرٌ لذلك في **المبسوط**، ج 9 ص 150: لأنّ «كلّ داخل، بحكم الإذن، بمنزلة صاحب الدّار والحانوت، فينعدم هتكُ الحرز من هذا الوجه».

164 في **المدوّنة**، ج 16 ص 275، «فكابره بالسّلاح، فأخذ متاعه». ويذهب مالك إلى قطع يده ورجله، لأنّه «محارب»، والإمام مخيّر في قتله أم لا.

165 في **المبسوط**، ج 9 ص 151: «وإذا لم يكن مع المال حافظ، فلا قطع عليه، سُرق منه ليلا أو نهارا. فإذا كان هناك حافظ، فعليه القطع...». وفي **المدوّنة**، ج 16 ص 275: «أرأيتَ إن شهدوا عليه أنّه كابره نهارا في الزّقاق، بالسّلاح، على متاعه، أتجعله محاربا، في قول مالك ؟ قال: إن كان شيئا على

نعم. قلتُ: فإن كان كابره
في [طريق] الكوفة، ليلا أو نهارا، ثمّ أخذ منه ثوبا يُساوي مائة درهم، أكنتَ تقطعه ؟ قال: لا. قلتُ:
4 أ من أين اختلفا ؟ قال: هما في القياس سواء، غير أنّي أستحسن في هذا، فأدرأ الحدّ. قلت: فلو شهد شاهدان
على المرأة بالسرقة، ووصفا السرقة، وأثبتاها، والسرقة تساوي مائة درهم، أكنتَ تقطعها ؟ قال: نعم. قلتُ: أرأيتَ
لو شهدا على عبد، أو مُكاتَب ؟ قال: نعم. قلتُ: ولو شهدا على أَمَة ؟[166] قال: نعم. قلتُ: لو شهدا على
صبي ؟ قال: لا أقطع الصبي في السرقة.[167] قلتُ: وكذلك المعتوه ؟ قال: هو بمنزلة الصبي، لا أقطعه. قلت: فلو
شهدا على رجل مجنون، يجنّ ويفيق ؟ قال: إذا شهدا أنّه قد سرق (في حال جنونه، لم أقطعه). قلتُ فإن
شهدا أنّه في حال إفاقته، ووصفا السرقة، وأثبتاها، وهي تساوي عشرة دراهم، قطعتَه ؟ قال: نعم.[168]
قلتُ: أرأيتَ لو شهدا على رجلين بالسرقة، وأحدهما أبو المسروق منه، والمَتاع يساوي ألف درهم ؟ قال:
لا أقطع واحدا منهما.[169] قلتُ: لِمَ ؟ قال: لأنّ أبا المسروق منه أحد السارقين، فلا أقطع إذا سرق الرجلُ من
ولده، فإذا درأتُ القطع عن أحدهما، درأتُه عن الآخر. قلتُ: ولا يُقطع الرجل، إذا سرق من أبيه، ولا من
أمّه، ولا من جدّه، ولا من جدّته، ولا ولد، ولا ذي رحم محرّم ؟ قال: نعم،[170] لا يُقطع في

وجه المحاربة، لقيه في موضع، فكابره بالسلاح، وإن كان في مصر، فهو محارب عند مالك».

166 نفس الرأي في **المدوّنة**، ج 16 ص 292، إن أقرّ بذلك.

167 نفس الرأي في **المدوّنة**، ج 16 ص 292.

168 نفس الرأي في **المدوّنة**، ج 16 ص 275. هذه المسائل ستكرّر أسفله.

169 **الأصل**، ج 7 ص 241؛ **الكافي**، ج 1 ص 203 ب؛ **المبسوط**، ج 9 ص 151. نفس الرأي لدى مالك (**المدوّنة**، ج 16 ص 277).

170 ورد في **المبسوط**، ج 9 ص 151: «قال: ومن سرق من ذي رحم محرّم منه، لم يُقطع عند علمائنا. وقال الشافعي رحه في الوالدين والمولودين كذلك، وفي غيرهم يجب القطع...». وعند مالك، إن

شيء من هذا. ألا ترى أنّ بعض الفقهاء يقولون:
مالُ الرجل لأبيه، فكيف أقطعه في شيء يقول بعض الفقهاء هو له. ألا ترى أنّي أُجبر ذا الرحم المحرّم على النّفقة، فلمّا
دخلت هذه الشبهة، درأتُ القطع. قلتُ: فإذا سرق رجلان منه، سرقه أحدُهما، ذو رحم محرّم، فدرأتُ الحدّ
عن ذي الرحم المحرّم، أفلا تقطع الآخر ؟ قال: لا، لأنّها سرقة واحدة، فإذا درأتُ الحدّ عن أحدهما، درأتُه عن الآخر.[171]
[قلت:] أرأيتَ لو كان أحدُ السارقين [شريك المسروق منه مفاوضا له]،[172] هل كنتَ تقطع واحدا منهما ؟ قلتُ:[173] لا. قال: فهذا وذاك
سواء. قلتُ: أرأيتَ الرجلين، يشهدان على رجل بالسرقة، من أبيهما، هل يُقطع ؟ قال: لا، ولا أجيز شهادتهما لأنّهما شهدا
لأبيهما. قلتُ: وكذلك لو شهدا لامّهما، أو لجدّهما، أو لجدّتهما
أو شهدا لابن أحدهما، أو ابنته، أو ابنة أبنه، أو ابن ابنه. أو شهدا لامرأة أحدهما، أو شهدا لُمكاتَب أحدهما، أو
شهدا لعبد أحدهما، أو شهدا لعبد قد أُعتق نصفُه، وهو يسعى في النصف الآخر لأحدهما ؟ قال: نعم، هذا كلّه
باطل، لا تجوز شهادتهما.[174] قلتُ: أرأيتَ لو شهدا على أبيهما، أنّه سرق من رجل من عُرْض الناس، أو على أمّهما، أو جدّهما،
أو على جدّتهما ؟ قال: نعم. [قلتُ]: أو على ابنه، أو على ابنته، أو على ابنة ابنه، أو على ابنة ابنته، أو على امرأة أحدهما، أو
على مُكاتَب لأحدهما، أو على عبد أحدهما، أو على عبد قد عُتق نصفُه، وهو في النصف الآخر لأحدهما،

سرق الوالد من ولده، فهو لا يُقطع، وإن سرق الولد من والده، فهو يُقطع (**المدوّنة**، ج 16 ص 276).

171 **الأصل**، ج 7 ص 241؛ **الكافي**، ج 1 ص 203 ب. ورد في **المبسوط**، ج 16 ص 152: «إنّها سرقة واحدة، فلا يكون بعضها موجبا للعقوبة، وبعضها غير موجب، كالخاطئ مع العامد، إذا اشتركا في القتل».

172 **الأصل**، ج 7 ص 241؛ **المبسوط**، ج 9 ص 152.

173 هكذا، ولعلّها: قال. وانظر **الأصل**، ج 7 ص 241.

174 يُجيز مالك شهادة الأخوين لأخيهما إن «كانا صالحين» (**المدوّنة**، ج 16 ص 277).

فشهدا على أحدٍ من هؤلاء بالسرقة، ووصفاها، وأثبتاها، والسرقة تساوي مائتي درهم، هل تقطعه ؟ قال: نعم. قلتُ:
وكذلك لو شهدا عليه بمال ؟ قال: نعم. قلتُ: أرأيتَ لو شهدا على السارق بالسرقة، فسألتَهما عن السرقة، ما هي ؟ فقالا:
هو مصحف، أكنتَ تقطعه فيه ؟ قال: لا.[175] قلتُ: فإن كان يساوي مائة درهم ؟ قال: وإن كان. قلتُ: لِمَ ؟ قال: لأنّه القرآن، فلا أقطع فيه. قلتُ:
أرأيتَ لو شهدا عليه بالسّرقة، فسألتهما ما سرق ؟ فقالا: سرق لحما، أو خبزا، أو شيئا من الفاكهة، رمّانا، أو عنبا، أو نحو
ذلك، يساوي أكثر من عشرة دراهم ؟ قال: لا، لا قطع في شيء من ذلك.[176] قلتُ: لِمَ ؟ قال: لأنّ هذا طعام كلّه، لا يبقى.[177] (وبلغنا عن
رسول الله صلّى الله عليه وسلّم أنّه قال: لا قطع في ثمر ولا كَثَر.)[178] أرأيتَ لو سرق بقْلا[179] أكنتَ تقطعه ؟ قال: لا، قال:
وهذا وذلك سواء. قلتُ: وكذلك لو سرق ريحانا، أو حنّاء، أو وَسْمة،[180] أو كِلْد[181] رُطَب في

---

175 يتّفق الثالوث الحنفي على ذلك، بخلاف الشافعي الّذي يرى أنّ «الجِلد والبياض مال متقوّم، قبل أن يُكتب فيه القرآن (**مبسوط**، ج 9 ص 152–153). ويذهب مالك أيضا إلى قطع سارق المصحف (**المدوّنة**، ج 16 ص 277). وانظر أسفله.

176 **الأصل**، ج 7ص242؛ **الكافي**، ج 1 ص 203 ب.

177 «وعن الحسن قال: قال رسول الله صلّى الله عليه وسلّم: «لا قطع في طعام» (**الكافي**، ج 1 ص 203 أ). وفي **المبسوط** (ج 9 ص 139): «لا قطع في الطعام المهيّأ للأكل». فإنّ ذلك «ممّا يتسارع إليه الفساد، ولا يمكن ادّخاره». أمّا مالك، فهو يرى قطع سارق الطعام، مثل البطّيخ، أو القثاء، أو اللحم... (**المدوّنة**، ج 16 ص 277).

178 أبو داود، حدود، 13؛ الترمذي، حدود، 19؛ النسائي، سارق، 13؛ ابن ماجه، حدود، 27؛ الدارمي، حدود، 7؛ **الموطّأ**، حدود، 32؛ أحمد بن حنبل، 3، 463؛ 4/140، 142 (ونسنك، **المعجم**، ج 5 ص 428). ذكر صاحب **الكافي** أنّ الكَثَر هو الجُمّار (ج 1 ص 203 أ). والجُمّار شحم النخلة الّذي في وسطها، وقيل هو النخل الصغار (**المبسوط**، ج 9 ص 139؛ **لسان**، ج 5 ص 377، مادّة كثر). هذا الحديث غير مذكور في هذا الموضع من **الأصل**، ج 7 ص 242.

179 البَقْل: جميع النباتات العشبية التي يتغذّى بها الإنسان (**المنجد**، ص 45، مادّة بقل).

180 الوَسْمة: ورق النيل، أو نبات يُختضب بورقه (**المنجد**، مادّة وسم، ص 901). وانظر تعليق محقّق **الأصل**، ج 7 ص 242 هامش8.

181 كَلَدَ الشيء: جمعه، وجعل بعضه على بعض (**لسان**، ج 5 ص 427، مادّة كلد)، ولعلّ المعنى يقابل

شجره ؟ قال: لا أقطع في
شيء من هذا.[182] قلتُ: أرأيتَ إذا سرق أُشْنانا،[183] أو نُورَة،[184] أو جصّا،[185] أو زِرْنيخا،[186] أو شيئا من نحو هذا، ممّا يُساوي عشرة دراهم ؟
قال: لا أقطعه،[187] ولو قطعتُ في هذا لقطعتُ في السَرْقين،[188]
ليس يُقطع في شيء من هذا. قلتُ: أرأيتَ إن سرق نبيذا، أو لبنا، [أو ماء]، وذلك يُساوي عشرة دراهم ؟ قال: لا يُقطع.
قلتُ: وكذلك لو سرق خمرا، أو خنزيرا، أو سَكَرا ؟[189] قال: هذا كلّه حرام، ولا يُقطع في شيء من هذا. قلتُ: وإن كان

العذق. وقد ذكر في هذا الإطار الحاكم الشهيد (**الكافي**، ج 1 ص 203 أ) أثرا لعمر بن الخطّاب يفيد أنّه لا قطع على العذق. وفي **الأصل**، ج7ص 242، نقرأ: «وذلك كلّه رطب في شجره، أو في غير شجره».

182 اعترض سحنون على رأي مالك الذي يقول بالقطع في سرقة الطعام، بالحديث التالي: «لا قطع في ثمر معلّق، ولا في حريسة جبل» (**المدوّنة**، ج 16 ص 278).

183 كلمة غير واضحة في مخطوطنا، وقد وردت في **الأصل**، ج 7 ص 242، **والكافي** (ج 1 ص 203 ب): «أشنان»، بينما في **المبسوط** (ج 9 ص 153)، حُرْض. والأُشْنان، والإشْنان، من الحَمْض، معروف، الذي يُغسل به الأيدي (**لسان**، ج 1 ص 78، مادّة أَشَن)، وهو أنواعٌ، منها الأصفر يُسمّى الغاسول.
والحُرْض، هو من الحمض، ومنه يُسوَّى القِلْي الذي تُغسل به الثياب (**لسان**، ج 2 ص 62 مادّة حرض).

184 النُورة هي صنف من القطران (**لسان**، ج 6، ص 275، 361، مادّة نَوَر وهَنَأ). وانظر أسفله.

185 الجِصّ والجَصّ: ما يُطبخ، فيصير كالحجارة، فيُبنى به (**لسان**، ج 1 ص 427، مادّة جصص). ما تُطلى به البيوت من الكلس (**المنجد**، ص 92).

186 الزِرْنيخ: جسم بسيط متبلّر، رمادي سهل القصم، إذا خُلط مع الكلس حلق الشعر. مركّباته سامّة جدّا (**المنجد**، ص 298، مادّة الزِرْنيخ)، وهو بالفرنسية arsenic.

187 يقول الشافعي بقطع مَنْ سرق تلك الموادّ إن بلغت قيمتها النصاب، إلّا التراب والسَرْجين، (**المبسوط**، ج 9 ص 153). والسَرْجين هو ما تُدمل به الأرض (**لسان**، ج 3 ص 273، مادّة سَرْجن). ويُشاطر عموما مالك الشافعي في ذلك الرأي (**المدوّنة**، ج 16 ص 278).

188 كلمة غامضة وضّحناها بالاعتماد على **الأصل**، ج 7 ص 242. والسِرْقين هو السرجين المذكور في الهامش السابق.

189 **الأصل**، ج 7 ص 242؛ **المبسوط**، ج 9 ص 154. والسَكَر هو الخمر المعتصر من العنب (**لسان**، ج 3 ص 308، مادّة سكر).

يُساوي عشرة دراهم ؟ قال: وإن كان. قلتُ: وإن كان لأهل الذمّة ؟ قال: وإن كان لأهل الذمّة، فإنّي لا أقطع فيه.[190] قلتُ: فإن
كان الذي سرقه كافرا ؟ قال: وإن كان كافرا، فإنّي لا أقطعه. قلتُ: أرأيتَ إن سرق الدف، [أ]والطبل، أو البرّبَط، أو المزمار
وهي تساوي أكثر من عشرة دراهم ؟ قال: لا أقطعه، هذا ممّا لا ينبغي للمسلمين أن تتّخذه. قلتُ: أرأيتَ إذا سرق
شيء[191] من الطير بازٍ أو صقر،[192] أو غير ذلك ؟ قال: لا يُقطع في شيء من ذلك. (وقال أبو حنيفة: لا قطع في صيد برّ، ولا
بحر). قلتُ: أرأيت إن سرق شيئا من الوحوش،[193] وهو يُساوي أكثر من عشرة دراهم ؟ قال: لا يُقطع. والطيرُ كلّه
سواء، هذا كلّه صيد.[194] قلتُ: أرأيت إن سرق [كلبا أو] فَهْدا، أو كلب صيد ؟ قال: لا يُقطع.[195] قلتُ: إن سرق الثمر من
رؤوس الشجر، أو الحنطة، وهي سنبل لم يُحصد، وعلى ذلك حائط، قد استوثق منه، وقد أحرز. فسرق ما
يُساوي عشرة دراهم، أو أكثر. قال: لا يُقطع في شيء من هذا، لأنّه بلغنا عن رسول الله صلّى الله عليه وسلّم
أنّه قال: لا قطع في ثمر ولا كَثَر.[196] قلتُ: أرأيتَ الرجلَ سرق النخلة بأصلها، [والشجرة بأصلها]، من البستان، وهي تُساوي أكثر من

190 نفس الرأي لدى مالك مع فارق يتمثّل في تغريم ثمنه لفائدة الذمّي أو المعاهد (**المدوّنة**، ج 16 ص 278).

191 هكذا، والأَوْلى: شيئا.

192 **المدوّنة**، ج 16 ص 278. والبازي، طير من الجوارح، يُصاد به (**المنجد**، ص 24، مادّة بأز).

193 في **الأصل**، ج 7 ص 243: «الوحش».

194 ورد في **الكافي** (ج 1 ص 203 ب) وفي **المبسوط** (ج 9 ص 154): «ولا قطع في البازي، والصقر». وبالمقابل، قال مالك: «من سرق شيئا من الطّير قُطع» (**المدوّنة**، ج 16 ص 278).

195 إن سرق الرجل السباعَ التي لا تُؤكل لحومها، يرى مالك قطعه إن كان يُنتفع بجلودها، «إن ذُكّيت»، وبيعت (**المدوّنة**، ج 16 ص 278). أمّا الكلب، صائدا كان أو غير صائد، فلا قطع فيه، في رأي ابن القاسم (**المدوّنة**، ج 16 ص 279).

196 **المبسوط**، ج 9 ص 155. وورد أيضا في ص 153 ما يلي: «وبالإجماع، المراد بالثمار، الرطبةُ، لأنّه يتسارع إليها الفساد».

عشرة دراهم ؟ قال: لا يُقطع في شيء من ذلك.[197] قلتُ: أرأيتَ الثمرات المحرزة، وجُعلت في دهليزه،[198] وعليها باب، أو
حنطة، قد حُصدت، ثمّ جُعلت في الحصيرة،[199] فسَرق منها رجلٌ، ما يُساوي عشرة دراهم ؟ قال: هذا يُقطع.[200]

4 ب قلتُ: أرأيتَ إن لم يكن في الحظيرة، وكان في الصحراء، ولم تكن عند من يحفظها، هل يُقطع من سرق
منها ؟ قال: لا.[201] قلتُ: أرأيتَ إن كان صاحبه قائمًا عليه يحفظه،[202] فجاء اللصّ، فسرق منه، ليلا، ما يُساوي عشرة
أو أكثر ؟ قال: هذا يُقطع. قلتُ: لِمَ، وهي في الصحراء ؟ قال: لأنّ صاحبه عليه يحفظه، هذا بمنزلة ما
قد أُحرز. قلتُ: وكذلك الرجل المسافر، يكون بالصحراء، فيجمع مَتاعه، فيبيتُ عليه، فيُسرق منه ما
يُساوي عشرة دراهم، هل يُقطع السارق ؟ قال: نعم.[203] قلتُ: أرأيتَ إن كان في فسطاط، قد جمع متاعه
فيه، فيُسرق منه ثوب، يُساوي عشرة دراهم ؟ قال: أقطعُه. قلتُ: فإن سرق الفسطاط،

---

197 لا يُقطع سارق النخلة، إن كانت «قائمة ثابتة» (**المدوّنة**، ج 16 ص 279).

198 في **الأصل**، ج 7 ص 243: «حظيرة».

199 حصيرة التمر: الموضع الذي يُحصر فيه، وهو الجرين. (**لسان**، ج 2، ص 96، مادّة حصر). وحضيرة لها تقريبا نفس المعنى (**لسان**، ج 2، 96، مادّة حضر). علما بأنّ هذين اللفظين لا يتماشيان وسياق النصّ الذي يخصّ الحنطة. كان من الأوْلى استعمال لفظ بيدر. ونجد في **الأصل** (ج 7 ص 243) **والكافي** (ج 1 ص 204 أ) **والمبسوط** (ج 9 ص 155): «حظيرة»، وهي التي سيرد ذكرها لاحقا، وهي تقابل ما أحاط بالشيء، وهي تكون من قصب وخشب (**لسان**، ج 2، ص 109، مادّة حظر). ويبدو أنّ هذه العبارة هي الأصحّ.

200 ورد في **المبسوط** (ج9 ص 139): «أمّا الحنطة ونحوها، يتعلّق بسرقتها القطعُ، بعد تمام الإحراز، وقبل تمام الإحراز، لا يتعلّق بها القطعُ».

201 يذهب مالك إلى قطع السارق، «سواء كان صاحب الأمتعات عندها، أو لم يكن عندها، ليلا كان أو نهارا» أو «إن ذهب صاحبها لاستقاء الماء» (**المدوّنة**، ج 16 ص 279).

202 في **الكافي** (ج 1 ص 204 أ): «نائم عندها يحفظها»، وهو الأصحّ. ويذكر السرخسي (**المبسوط**، ج 9 ص 155) «أنّ الناس يعُدّون النائم عند متاعه حافظا لها».

203 نفس الرأي لدى مالك (**المدوّنة**، ج 16 ص 279).

بعينه ؟ قال: لا أقطعُه. قلتُ: لِمَ ؟ قال: لأنّه ظاهر لم يُحرزه، وصاحبُه في جوفه. قلتُ: فلو أنّ جُوالِقا،[204]
وهو على ظهر بعير أو دابّة، فشقّه، فسرق منه ثوبا، يُساوي عشرة دراهم، هل تقطعه ؟ قال: نعم.[205]
قلتُ: فإن سرق الجُوالِق[206] كما هو ؟ قال: لا أقطعه. قلتُ: فكلّ شاهدين شهدا على شيء ممّا ذكرتَ
بما يُقطع فيه، فأنفذت شهادتهما، فقطعت السارق، ولم يقدر على السرقة بعينها، هل
تُضمّن هذا السارق ؟ قال: لا. قلتُ: لِمَ ؟ قال: لا يجتمع القطع والضمان. [قلتُ:] فكلّ شيء ممّا ذكرتَ، إذا شهدت
به الشهود، ممّا لا يُقطع فيه، هل تُضمّن السارق السرقة، إن لم يقدر عليها بعينها ؟ قال: نعم. قلتُ: والقول، قولُ السارق في قيمتها ؟ قال: نعم. قلتُ: أرأيتَ شاهدين شهدا على رجل بالسرقة، فسألتهما: ما سرق ؟ وكيف سرق ؟ فقالا: نبش ميّتا، فسرق كسوته. قال: لا أقطعه.[207] قلتُ: لِم ؟ قال:
لأنّ كفن الميّت ليس محرز.[208] وقال أبو يوسف: أقطع النبّاش. وقال محمّد: لا أحفظ قطع النبّاش عن أبي يوسف.[209] قلتُ: أرأيتَ رجلا ألقى ثوبه في الصحراء، فسُرق، هل تقطع من سرقه ؟
قال: لا. قال: فكذلك كفن الميّت.[210] قلتُ: أرأيتَ شاهدين
شهدا على رجل، بالسرقة، فسألتهما: كيف سرق ؟ فقالا: اختلس من هذا عشرة دراهم، هل تقطعه ؟

---

204 الجُوالِق والجُوالَق: وعاء من الأوعية، وهو اللبيد أي المخلاة (**لسان**، ج 1 ص 448، مادّة جلق).

205 انظر في **المدوّنة** مسائلا مشابهة (ج 16 ص 279–280).

206 في **الكافي** (ج 1 ص 204 أ): الجَواليق؛ وفي **الأصل** (ج 7 ص 244) و**المبسوط** (ج 9 ص 147): الجُوالق.

207 **الكافي**، ج 1 ص 204 أ، ويذهب مالك إلى القطع (**المدوّنة**، ج 16 ص 280).

208 هكذا، والأوْلى محرزا. وفي **الأصل**، ج 4 ص 244: «بمحرز». ومباشرة بعد هذه العبارة، ورد في **الأصل**: «وهذا في قول أبي حنيفة ومحمّد. وكذلك بلغنا عن عبد الله بن عبّاس وعامّة الصحابة، أنّ مروان سألهم عن ذلك، فلم يُثبتوا له شيئا، فعزّره أسواطا، ولم يقطعه».

209 في **المبسوط** (ج 9 ص 159)، قال الشافعي بقطع النبّاش. وانظر اختلاف الصحابة في هذه المسألة.

210 سأل سحنون ابنَ القاسم عن الفرق بين النبّاش وبين الذي طرح ثوبه في الصحراء، فقال: «لأنّ القبر حرز لما فيه» (**المدوّنة**، ج 16 ص 280).

قال: لا، لأنّه في الأثر عن علي بن أبي طالب، أنّه قال: لا يُقطع المختلسُ.[211] قلتُ: أرأيتَ شاهدين شهدا على
رجل، بالسرقة، فسألتهما: كيف سرق ؟ فقالا: كان في كُمّ هذا الرجل مائة درهم، مصرورة في
داخل كّمه، فأدخل يده فطرّه،[212] فسرقها. قال: هذا يُقطع.[213] قلتُ: فإن قالا: كانت الدراهم مصرورة في ظاهر كّمه، فطرّها، (فسرقها) ؟ قال: هذا لا يُقطع، (وليس هذا بمنزلة الجُوالق الذي شقّه
فسرق منه).[214] قُلتُ: أرأيتَ شاهدين شهدا على رجل بالسرقة، فسألتَهما: كيف سرق؟ فقالا: مر[رنا]، وهو قائم عند حائط، ومعه مَتاع، والحائط منقوب، ولم [نره] يخرج من النقب، هل تقطعه ؟
قال: لا، لم يشهد هذان بشيء. قلتُ: فهل يدفع المتاع إلى ربّ الدار ؟ قال: لا، لأنّهما لم يشهدا [له] بشيء. قلتُ: أرأيتَ شاهدينْ شهدا على رجل بالسرقة، فسألتَهما: ما سرق ؟ فقالا: سرق صبيّا حرّا، هل تقطعه فيه ؟ قال: لا. قلتُ: لِم ؟ قال: لأنّ هذا ليس بمالٍ.[215] قلتُ: فإن كان على الصبي حُليّ يُساوي
مائة مثقال؟ قال: لا أقطعه أيضا. قلتُ: لِم ؟ قال: للشبهة التي دخلت فيه. ألا ترى أنّه لو سرق ثوبا

---

211 **الكافي**، ج 1 ص 204 أ، وفي **المبسوط**، ج 9 ص 140: «وتلك الدعارة المغالبة، لا قطع فيها، وفي رواية أخرى الغالبة». ثمّ يعلّق السرخسي: «والخلسة لا تكون سرقة، فإنّ المختلس يستدير صاحب المتاع، ولا يُسارق عينه» (**المبسوط**، ج 9 ص 140، 160–161). ولتبرير عدم قطع المختلس، يذكر ابن القاسم ما يلي: «قال مضت به السنّة، وقد قاله زيد بن ثابت: لا يُقطع المختلس». (**المدوّنة**، ج 16 ص 275، 280). ونلاحظ هنا أنّ المالكية لا يستشهدون كثيرا بأقوال علي بن أبي طالب، بخلاف الأحناف.

212 طَرَّ الثياب، شقّها وقطعها ليسرق ما فيها (**المنجد**، ص 462، مادّة طرّ)، ومنها الطرّار، وهو النشّال. قال أبو حنيفة ومحمّد: «اختصاص الطرّار بهذا الاسم لمبالغة في سرقته، لأنّ السارق يُسارق عين حافظه في حال نومه وغفلته عن الحفظ. والطرّار يُسارق عين المنتبه، في حال إقباله على الحفظ، فهو زيادة حذق منه في فعله». لذلك يلزمه القطعُ في رأيهما (**المبسوط**، ج 9 ص 161).

213 نفس الرأي لدى مالك (**المدوّنة**، ج 16 ص 280).

214 ورد في **المبسوط**، ج 9 ص 147، ما يلي: «لو سرق من الجُوالق، وأدخل يده، وأخرج المتاع، قُطعت يده».

215 في قول مالك، يُقطع السارق إذا سَرق الصبيَ «من حرزه» (**المدوّنة**، ج 16 ص 281).

لا يُساوي عشرة دراهم، ووجد في جانبه،[216] عشرة دراهم مصرورة، [لا يعلم بها]، لم أقطعه.[217]
بلغنا عن إبراهيم
أنّه قال في الرجل سرق الصبي الحرّ، عليه الحليّ، أو ليس عليه، أنّه لا يُقطع.[218] فإن سرق: عبدا صغيرا،
لا يُعبّر على نفسه بالشيء،[219] فإنّه يُقطع.[220] أوَ لا ترى أنّه لو سرق
مصحفا فيه كواكب فضّة،[221] تبلغ عشرة دراهم، لم أقطعه. قلتُ: أرأيتَ لو سرق جِرابا فيه مال، أو جُوالقا، فيه مال كثير، [أو كساء فيه مال]، هل يُقطع ؟ قال: نعم.[222] قلتُ: من أين اختلف هذا، والباب الأوّل ؟ قال:
هذا وعاء، في هذا توضَع الأموال، إنّما سرق السارق ها هنا المال، ولم يسرق الخرقة، وإنّما سرق [هناك]
المصحف، ولم يسرق الكواكب، وسرق [هناك] الصبي، ولم يسرق الحليّ الذي عليه. قلتُ: أرأيتَ لو
سرق ثوبا فيه مال عظيم [مصرور]، وقد علم اللصّ به، والثوب لا يُساوي عشرة دراهم ؟ قال: إذا كان
هكذا [بيّنا]، أقطعه فيه. قلتُ: أرأيت شاهدين شهدا على رجل بالسرقة، فسألتَهما

---

216 **الكافي**، ج 1 ص 204 أ. وفي **المبسوط**، ج 9 ص 161 «جيبه»، وهو الأصحّ.

217 **الكافي**، ج 1 ص 204 أ، **المبسوط**، ج 9 ص 161. يبدو هنا أنّ أسد بن الفرات أو سحنون غيّر قيمة النصاب، لتصبح ثلاثة دراهم، حتّى تكون المسألة متماشية مع فقه مالك، ويرى مالك قطع السارق في هذه الحالة (**المدوّنة**، ج 16 ص 281). نلاحظ هنا أيضا اتّفاقا في تسلسل المسائل بين مخطوطنا و**المدوّنة**.

218 «في قولهم جميعا»، أي الثالوث الحنفي، «لأنّه غصب أو خديعة» (**الكافي**، ج 1 ص 204 أ). وفي **المبسوط**، ج 9 ص 161، ذهب أبو يوسف إلى قطعه، «لأنّ قيمة الحليّ نصاب كامل لو سرقه وحده، يلزمه القطعُ». نلاحظ في **الأصل**، ج 7 ص 246 تقديما وتأخيرا.

219 في **الأصل**، ج 7 ص 246: «بشيء». في **الكافي**، ج 1 ص 204 أ: «لا يَعْقل»، وفي **المبسوط**، ج 9 ص 162: «ويتكلّم». ستتكرّر هذه المسألة أسفله.

220 هذا في قول أبي حنيفة، ومحمّد. وقال أبو يوسف: «أستحسن أن لا أقطعه» (**الكافي**، ج 1 ص 204 أ، **المبسوط**، ج 9 ص 140، 162). ويذهب مالك إلى قطع سارق الصبي، من حرزه، حرّا كان أم عبدا (**المدوّنة**، ج 16 ص 281).

221 في **الكافي**، ج 1 ص 203 ب، «مصحفا مفضّضا». ويذهب أبو يوسف إلى قطع سارقه.

222 السرخسي، **المبسوط**، ج 9 ص 161.

ما سرق ؟ فقالا: سرق شاة، والشاة تُساوي أكثر من عشرة دراهم، هل تقطعه ؟ قال: نعم. قلتُ: أرأيت لو قالا: سرقها من مرعاها ؟ قال: لا أقطعه. قلتُ: أيسألهما: كيف سرقها، ومن أين سرقها ؟ قال: نعم. قلتُ: فإن قالا: دخل داره، (ليلا)، فاحتملها، فسرقها. قال: هذا يُقطع. قلتُ: وكذلك، لو سرق بقرة، أو جملا، أو حمارا، أو فرسا ؟ قال: نعم. قلتُ: [وكذلك] كلّ شيء من ذلك،

يسرقه من مرعاه، فإنّه لا يُقطع فيه. قال: نعم.[223] قلتُ: أرأيت إذا كانت البقر أو الغنم،

تأوي [في الليل] إلى حائط، قد بُني لها، عليه باب، ومعها من يحفظها فيه، أوْ ليس معها أحد،

غير أنّ الباب يُغلق عليها، فشهد شاهدان، على رجل أنه كسر الباب، [ليلا]، ثمّ

دخل، فسرق بقرة، فقادها قودا [أو ساقها، أو قالا: ركبها][224]

حتّى أخرجها، هل تقطعه ؟ قال: نعم. قلتُ: أرأيت إن قال أحدهما سرق[225]

بقرة، وقال الآخر: سرق ثورا ؟ قال: قد اختلفت شهادتُهما،[226] فلا تجوز. [قلت]: فإن شهدا جميعا، على 5 أ

بقرة، واختلفا في لونها ؟ قال: لا تجوز شهادتهما عليه، ولا أقطعه، في قول أبي يوسف [ومحمّد]؛[227] وأقطعه، في قول أبي

حنيفة، وأجيز شهادتهما.[228] قلتُ: فهل تُضمّنه ؟ قال: لا، لأنّ شهادتهما قد اختلفت، [في قول أبي يوسف ومحمّد]. قلتُ: وكذلك،

لو شهدا عليه، أنّه سرق ثوبا، فقال هذا:[229] مروي، وقال الآخر: هروي ؟ قال: نعم، [وهذا قول أبي حنيفة، وقال أبو يوسف ومحمّد:] لا أجيز شهادتَهما،[230] ولا

---

223 **المبسوط**، ج 9 ص 162.

224 **الأصل**، ج 7 ص 247؛ **المبسوط**، ج 9 ص 162، و**الكافي**، ج 1 ص 204 أ.

225 **الكافي**، ج 1 ص 204 و، **المبسوط**، ج 9 ص 162.

226 في **المدوّنة**، ج 16 ص 281، الاختلاف بين الشاهدين في كون المسروق نعجة أو كبش، والشهادة لا تجوز. ونتساءل عن مغزى هذا التغيير في صنف الحيوان من قبل سحنون.

227 «قال الكرخي، في لونين متشابهين، كالحمرة والصفرة، تُقبل [الشهادة] عنده» (**المبسوط**، ج 9 ص 162).

228 **الكافي**، ج 1 ص 204 أ.

229 في **الأصل**، ج 7 ص 247 و**الكافي**، ج 1 ص 204 أ: «فقال أحدُهما»، وهو الأصحّ.

230 **الأصل**، ج 7 ص 247؛ **الكافي**، ج 1 ص 204 أ؛ **المبسوط**، ج 9 ص 162.

أقطعه، ولا أضمّنه. قلتُ: فإن اختلفا في السرقة،[231] فقال أحدهما: سرق ليلة الجمعة، وقال الآخر سرق،
ليلة الخميس ؟ قال: تُطرح شهادتهما، ولا أجيزها، ولا أقطعه، ولا أضمّنه شيئا.[232] قلتُ: أرأيت إن شهدا
أنّه نقب البيت، فدخله، فسرق ثوبا، غير أنّه شقّه في البيت نصفين،[233] قبل أن يخرج به، ثمّ خرج به، والذي [بقي منه]،
يساوي عشرة دراهم، أو أكثر من ذلك، هل تقطعه ؟ قال: نعم. قلتُ: لِمَ، أليس قد ضمن الثوب ؟ قال: [إنّما] أضمّن ما
نقص منه، وما بقي فهو لصاحبه، فلذلك، يُقطع.[234] قلتُ: أرأيت لو سرق شاة، فذبحها في الدار، قبل أن
يُخرجها، ثمّ أخرجها مذبوحة، تساوي أكثر من عشرة دراهم، هل تقطعه ؟ قال: لا. قلتُ: لِمَ ؟ قال: لأنّه يُضمّن
قيمتها، حيّة، وصار لحمها له، فلا يُقطع فيما قد جعلته له.[235] (وقال أبو يوسف: أقطعه، إذا كان يساوي عشرة دراهم. وقال محمّد: لا أحفظ أنّه يقطعه عن أبي يوسف).[236] قلتُ:

---

231 في **الأصل**، ج 7 ص 247: «الوقت»، وهو الأصحّ.

232 يلخّص الحاكم الشهيد هذه المسألة كما يلي: «وإن اختلفا في الشهادة في الوقت، لم تَجُز الشهادة» (**الكافي**، ج 1 ص 204 أ). نفس الرأي لدى مالك (**المدوّنة**، ج 16 ص 281)، مع الإشارة إلى أنّ أسد بن الفرات أو سحنون في سؤاله لابن القاسم ذكر يوم الخميس ويوم الجمعة، وليس ليلة الخميس وليلة الجمعة.

233 **المبسوط**، ج 9 ص 163.

234 يذكر السرخسي (**المبسوط**، ج 9 ص 163) أنّ السارق لا يُقطع بالاتّفاق إن شقّ الثوب نصفين داخل الدار، ثمّ أخرجه، ولا تجاوز قيمته عشرة دراهم، إذ «المعتبر كمال النصاب عند تمام السرقة، وتمامه بالإخراج من الحرز، فإذا لم تكن قيمته نصابا عند الإخراج، لم يلزمه القطع». وحول موقف مالك من المسألة انظر أسفله الهامش الموالي.

235 في **المبسوط**، ج 9 ص 165: «لأنّها (الشاة) صارت لحما، واللحم ممّا يتسارع إليه الفسادُ. وإتمام فعل السرقة فيما يتسارع إليه الفسادُ غير موجب للقطع». في مسألة ذبح الشّاة، وشقّ الثّوب داخل الحرز، يرى مالك القطع إن بلغت قيمة المسروق ربع دينار عند إخراجه، «ولا يُنظر إلى قيمته داخل الحرز» (**المدوّنة**، ج 16 ص 282).

236 اعتمادا على **المبسوط**، ج 9 ص 165، يبدو أنّ أبا يوسف قال بتضمين السارق، وليس بقطعه.

أرأيت الثوب، أليس قد يُضمّن في حال قيّمتَه كلّه، إذا شاء ربّ الثوبِ ؟ قال: بلى، (وليس هذا كالشاة).

قلت: فإذا قال ربّ الثوب: قد شقّ ثوبي نصفين، فأنا أضمّنه قيمته كلّه، وأدفع إليه ما بقي من الثوب، [ففعل ذلك، وضمّنه قبل أن يرفعها إلى القاضي][237]

هل تقطعه ؟ قال: لا،

[وهذا قول أبي حنيفة ومحمّد]. وفي هذا قول آخر، [قول أبي يوسف]، أنّ كلّ شيء يجب عليه قيمته كلّها، إن شاء ذلك ربّ المتاع،

[أخذه]، وإن شاء ضمنه ما نقص، وأخذ ما بقي من ثوبه، فإذا كان، يكون له

الخيار، على هذا الوجه، ولا يكون على السارق قطع، في واحد من الوجهين.[238] قلتُ: أرأيت الشاهدين يشهدان على رجل بالسّرقة، فسألتَهما: ما سرق ؟ فقالا: سرق مملوكا لهذا الرّجل،

هل تقطعه في المملوك ؟ قال: إن كان يتكلّم، ويعقل، لم أقطعه؛[239] وإن كان صغيرا، لا يتكلّم، ولا يعقل،

قطعتُه.[240] قلتُ: من أين اختلفا، قال: إذا كان يعقل ويتكلّم، فهذا يُسمّى خديعة من السارق، وهي ليست

سرقة، أو اغتصاب اغتصبه، نفسه، فاحتمله. فإن كان لا يعقل، ولا يتكلّم، [فهذا] بمنزلة البهيمة،

سرقها السارقُ [وهو قول أبي حنيفة ومحمّد]. وقال أبو يوسف: وأمّا أنا، فإنّي أستحسن ألّا أقطعه، في شيءٍ من ذلك. قلتُ:

أرأيتَ السارق، يسرق المَتاع، فتقطعه فيه. ويُردّ المتاع على ربّ المتاع؛ وأنّ السارق عاد

---

237 **الأصل**، ج 7 ص 248.

238 يوضّح السرخسي (**المبسوط**، ج 9 ص 164) هذه المسألة كما يلي: «فأمّا إذا شقّ الثوب في الحرز، ثمّ أخرجه، وهو يساوي عشرة، فإن كان هذا العيبُ يمكن نقصانا يسيرا، فعليه القطع بالاتّفاق، ولأنّ حقّ صاحب الثوب في تضمين النقصان، وليس له أن يضمّنه القيمة، إذا كان العيبُ يسيرا.
فأمّا إذا كان النقصانُ فاحشا، فإن اختار أخْذ الثوب، وبتضمين النقصان، فعليه القطع. وإن اختار أن يضمّنه قيمة الثوب، وسلّم له الثوب، فلا قطع عليه في قول أبي حنيفة ومحمّد، رحمهما الله. وقال أبو يوسف، رحه، لا يُقطع في الوجهين جميعا».

239 يقول مالك أيضا بعدم القطع (**المدوّنة**، ج 16 ص 281). وإن كان العبد أعجميا، وهو كبير، يُقطع سارقه، في قول مالك (نفس الموضع).

240 **الأصل**، ج 7 ص 248. وردت هذه المسألة أعلاه. وقد أسقطها السرخسي من شرحه في هذا الموضع، أي في ص 165 من **المبسوط**، بما أنّه كان ذكرها في ص 162.

وسرق ذلك المَتاع نفسه، هل تقطعه فيه ثانية ؟ قال: لا. قلتُ: لِمَ ؟ قال: لأنّي قد قطعتُه مرّة فيه،
فأستحسن ألّا أقطعه فيه ثانية. وأمّا في القياس، فينبغي أن يُقطع،[241] ولكنّي أدعُ القياس.[242]
قلتُ: أرأيت الشاهدين، يشهدان على رجل بالسرقة، فسألتهما عن السرقة، فأثبتاها،
ووصفاها، فقطعتَ يده اليُمنى. ثمّ سرق من بعد ذلك، هل تقطع رجله اليسرى ؟ قال: نعم.
قلتُ: فإن سرق ثالثة بعد ذلك، هل تقطعه ؟ قال: لا.[243]
قلتُ: لِمَ ؟ قال: أستحسنُ ذلك، وللأثر الذي عن علي بن أبي طالب رحمه الله. ولكنّي أُضمّنه[244]
المسروق، وأحبسه في السجن، حتّى تحدث[245] توبةً.[246] قلتُ: أرأيتَ شاهدين، شهدا على رجل،
بالسرقة، فوصفاها، وأثبتاها، فقُطعت يدُ إنسان آخر. فقالا: هذا السارق الّذي
شهدنا عليه، ولكنّا أخطأنا بذلك الرجل الأوّل ؟ قال: لا أجيز شهادتهما على
هذا، وأضمّنهما دية يد ذلك الأوّل. (بلغنا ذلك عن علي بن أبي طالب). قلتُ:
أرأيتَ إن لم يرجعا عن شهادتهما،[247] ولكنّك وجدّتهما عبدَيْن، أو أحدَهما،
أو وجدتَ أحدهما محدودا، في قذف، كيف القول في دية يده المقطوعة هذه ؟[248]
قال: ديته على بيت المال.[249] قلتُ: أرأيتَ إن لم يكونا كذلك، وكانا حُرّيْن، فقالا: قد
شككنا في شهادتنا، فقالا ذلك قبل أن يقطع يده، وقبل أن يقضي بالقطع ؟ قال:

---

241 وبالقياس يأخذ أبو يوسف والشافعي (**المبسوط**، ج 9 ص 165).

242 **الكافي**، ج 1 ص 204 ب. يذهب مالك إلى قطعه (**المدوّنة**، ج 16 ص 269).

243 في رأي مالك، تُقطع أعضاء السارق الأربعة، ثمّ إن أعاد السرقة، «ضُرب وحُبس» (**المدوّنة**، ج 16 ص 282). ستكرّر هذه المسألة.

244 حول تضمين السارق، يطرح سحنون مسائلا في صورة إعسار السارق، أو إيساره (**المدوّنة**، ج 16 ص 282–283).

245 في **الأصل**، ج 7 ص 249: «يحدث»، وفي **المبسوط**، ج 9 ص 176: «تحقّق».

246 **الكافي**، ج 1 ص 203 أ، 204 ب. وهو أيضا رأي ابن مسعود (**المبسوط**، ج 9 ص 140–141، 166، 169)، وانظر أعلاه.

247 يوجب الشافعي في هذه الحالة القِصاص على الشاهدين، وبالتالي فهو يقول بقطع يدَيْن بيد واحدة. وقد اعترض على ذلك السرخسي (**المبسوط**، ج 9 ص 169).

248 **الأصل**، ج 7 ص 249؛ **المبسوط**، ج 9 ص 169.

249 في **الكافي**، ج 1 ص 204 ب: «كان دية اليد على بيت المال». وقد ربط السرخسي جَعْل دية اليد على بيت المال بكون الشاهديْن «وُجدا عبديْن»، «لأنّ هذا خطأ من الإمام، لما استوفاه لله تعالى» (**المبسوط**، ج 9 ص 169).

إذًا لا أقطعه، وأدرأ عنه الحدّ. قلتُ: فكيف يُصنع بالسرقة وهي قائمة
بعينها ؟ قال: أَترُكُها في يده، لأنّ الشاهدين قد رجعا عن شهادتهما.
قلتُ: فإن كان قد قضيتُ بالقطع، والسرقة قائمة، ثمّ رجعا عن شهادتهما، هل أنّي
أقطعه ؟[250] قال: أدرأ عنه الحدَّ ولا أقطعه. وأمّا السّرقة، فإنّي أُسلّمها للمشهود
له، لأنّي قد قضيتُ بها [له][251]، فلا أصدّقها عليه. قلتُ: أرأيتَ إن لم يرجعا عن
5 ب شهادتهما، حتّى يُقطع الرجلُ. ثمّ إنّ الشاهدين يشهدان عليهما أنّهما قد رجعا عن شهادتهما وهما منكران
لذلك. قال: لا ألتفتُ إلى شهادة الشاهدين عليهما بذلك. قلتُ: أرأيتَ إن شهدا عليهما بذلك، قبل أن أُمضي الحدّ[252] ؟
قال: أُمضي الحدّ، ولا ألتفتُ إلى شهادة الشاهدين عليهما بذلك.[253] قلتُ: لِمَ ؟ قال: لأنّ [هذا ليس ممّا أردّ به الشهادة. قلت: فلو أنّهما شهدا]
عليهما، أنّهما قالا: لا شهادة عندنا، أو قالا: إنّا مستأجران ؟ قال: لا ألتفتُ إلى شيء من ذلك، ليس هذا ممّا أجرّح
به الشهادة، ولا ممّا أقبل عليهما.[254] لو فُتح هذا للنّاس، لم تستقم شهادة. إذا شهد على رجل شاهدان أنّهما قالا
هذه المقالة، فيجيء الآخر بشاهدين [أيضا] على شهادته، أنّهما قالا هذه المقالة، فهذا[255]
لا يستقيم، ولا يعمل به. قلت: أرأيت لو شهد شاهدان على رجل بالسرقة، فقال: أنا أجيء بشاهدين أنّهما محدودان
في قذف، هل تقبل ذلك منه ؟ قال: نعم، هذا جرح للشهادة يُبطلها، إذا أثبت على الشاهدين.[256] قلتُ: فإن قال
الآخر: أنا آتي على شاهديه، بمثل هذا أيضا، أليس قد صار هذا، والباب الأوّل سواء، قال: ليس

---

250 في **الأصل**، ج 7 ص 249: «قبل أن تقطعه».

251 **الكافي**، ج 1 ق 204 ب.

252 وفي **الكافي** (ج 1 ص 204 ب): «قبل أن يُقطع».

253 **المدوّنة**، ج 16 ص 285.

254 يبرّر السرخسي ذلك الرأي بأنّ الشهادة على الرجوع بالشهادة كانت «في غير مجلس الحكم» (**المبسوط**، ج 9 ص 169).

255 **الأصل**، ج 7 ص 250.

256 **المدوّنة**، ج 16 ص 284–285. يبدو أنّ مالكا يقبل شهادة المحدود في القذف، إن عُرف منه «تَزيُّدا في الخير، أو توبة عن حالة كانت لا تُرضَى قبل» شهادته (**المدوّنة**، ج 16 ص 285).

هذا مثل ذلك، لأنّ هذا
أتى بشاهدين يشهدان أنّهما محدودان في قذف، وسئل: الشاهدين،[257] من حدّهما ؟ وكيف كان أمرهما ؟ فإنّهما يشهدان الآن على
القاضي الّذي حدّهما، ويشهدان على أمر وعمل، قد كان. وهذان لا تُقبل شهادتهما أبدا، في هذا ولا غيره. واللذان
يشهدان على الشاهدين، أنّهما قالا: شهدنا بِزُور، إنّما شهدا على قول [منهما]، وهذا القول لا يُبطل شهادتهما. ألا ترى
أنّي لو أبطلتُ شهادتهما في هذا، وصدّقتُ الشاهدين عليهما، كانت شهادتُهما عندي جائزة في غير هذا.
والمحدود في قذف، لا أُجيز شهادتَه أبدا في هذا، ولا في غيره. فالشهادة عليهما أنّهما محدودان في قذف، أو
عَبْدان، جُرْحٌ، أقبله منهم، لأنّي أُبطل[258] شهادتهما في كلّ شيء. والشهادة
على أنّهما مستأجران، أو على أنّهما شهدا بزورٍ، أو فاسقان، أو شاربا خمرٍ ليس
بجرْح،[259] [لأنّي] أقبل شهادتهما في
غير هذا، إذا كانا عدلَيْن. قلتُ: أرأيتَ الّذي يُحدّ في قذف، وهو عبد، ثمّ يُعتق، أتقبل شهادته ؟
قال: لا. قلتُ: لِمَ ؟ قال:
لأنّه حُدّ، وهو مسلم، (بلغنا ذلك، عن إبراهيم النخعي). قلتُ: أرأيتَ لو ارتدّ عن الإسلام، ثمّ أسلم، أتَقبل شهادته أبدا؟ قال:
لا.[260] قلتُ: لِمَ ؟ أليس الشرك الّذي كان فيه أعظم من الحدّ ؟ قال: بلى، ولكنّه قد وجب في شهادته حدّ، لا تُقبل منه[261] شهادتُه،
وهو مسلم، فإذا كفر ازداد شرّا، و لم يزدد خيرا. قلتُ: أرأيتَ العبدَ، لِمَ لا تَقبل شهادتَه،[262] وهو مسلم ؟ قال: للأثر الذي

257 هكذا، والأوْلى الشاهدان.
258 في **الأصل**، ج 7 ص 250: «لا أبطل».
259 في **المدوّنة** (ج 16 ص 284): «أو أكلة الربا، أو مجانين، أو نحو هذا...».
260 يطرح سحنون مسألة مشابهة تخصّ النصراني الذي يُسْلم، وقد كان حُدّ في الفرية. ويرى ابن القاسم أنّ شهادته تُقبل (**المدوّنة**، ج 16 ص 285).
261 في **الأصل**، ج 7 ص 251: «لكنّي قد وجدتُ في شهادته أن لا تقبل».
262 كان سؤال سحنون من جانب آخر: «هل تجوز شهادة العبد في شيء من الأشياء ؟ قال (ابن القاسم): قال مالك: لا تجوز شهادة العبد في شيء من الأشياء» (**المدوّنة**، ج 16 ص 285).

جاء فيه، ولإبطال المسلمين شهادته. قلتُ: فالصبي، لِم لا تَقبل شهادتَه ؟ قال: لأنّه صبيّ لا تجري عليه الأحكام، ولم
تجب عليه الفرائض، ولا يجوز شيء من أمره. قلتُ: أرأيتَ المرأتين، لِم لا تقبل شهادتُهما في السرقة ؟ قال: للأثر الذي جاء
أن لا تقبل شهادة النساء في القِصاص، ولا في الحدود. قلتُ: أرأيتَ إذا شهد امرأتان ورجل، على رجل، بالسرقة،
والسرقة قائمة بعينها، فدرَأْتَ الحدَّ عنه بشهادة النساء، هل تقضي بالسرقة، للمشهود له ؟ وهل تُعيدها للرّجل،
إذا كان قد استهلكها ؟ قال: نعم،[263] لأنّ هذا، الآن، قد صار مالا، فأقضي بشهادتهما بالمال. قلتُ: أرأيتَ
الشّهادة على الشّهادة، هل تُجيزها في السرقة؟ قال: لا[264] قلتُ: لِم ؟ للأثر الذي جاء؛[265] ولقول الفقهاء: لا تجوز شهادة على
شهادة، في قِصاص، ولا في حدّ.[266] قلتُ: أرأيت شاهدين شهدا على شهادة شاهدين، على رجل أنّه سرق من رجل عشرة
دراهم، هل تقطعه ؟ قال: لا. قلتُ: فهل تُضمّنه الدراهم ؟ قال: نعم.
قلتُ: لِم ؟ قال: لأنّ ضمان الدراهم مال. فأنا أجيزُ شهادة الشاهدين على شهادة الشاهدين، على المال.
قلتُ: أرأيتَ إذا شهدا على السرقة، فشهدا على رجلين أنّهما سرقا، من هذا الرجل، ألف درهم، ووصفا السّرقة،

263 نفس الرأي لدى مالك (**المدوّنة**، ج 16 ص 285).

264 يبدو أنّ مالكا يُساند هذا الرأي، رغم غموض جوابه عن هذه المسألة (**المدوّنة**، ج 16 ص 285).

265 يعلّل السرخسي (**المبسوط**، ج 9 ص 169) ذلك بما يلي: «لأنّ شهادة النساء ضرب شبهة من حيث أنّ الغالب عليهنّ الضلال، والنسيان. وإليه أشار الله تعالى وتبارك في قوله: «أن تَضِلَّ إحداهُما فتُذَكِّرَ إحداهما الأخرى» (البقرة، 2 آية 282).

266 يختصر الحاكم الشهيد هتين المسألتين بما يلي: «وإذا شهد رجل، وامرأتان بسرقة مال على رجل، لم يُقطع، وأُخذ بالمال؛ وكذلك الشهادة على الشهادة» (**الكافي**، ج 1 ص 204 ب، انظر شرح ذلك في **المبسوط**، ج 9 ص 169–170).

وأثبتاها. وأحد المشهود عليهما غائب، لم يوجد، ولم يُقدر عليه، هل يُقطع هذا ؟ قال: نعم.[267] قلتُ: فإن
جاء الغائب، [فقدّمه] ربُّ المال إلى القاضي، فقال: اقْطعْه، فإنّ الشهود قد شهدوا عند[ي]، [أ]يقطعه القاضي،
بشهادة الذين شهدوا عنده، أم يسأله أن يعيدهم؟ قال: لا أقطعه، [إلّا] بشهادة الشهود، لأنّهم لم يشهدوا
عليه، وهو حاضر. ولكنّ القاضي يقول: أعد عليّ شهودك.[268] قلتُ: فإن كان أولئك الشهود قد ماتوا،
أو غابوا، لم يأخذ بشهادتهم ؟ قال: لا.[269] قلتُ: فإن جاء شاهدين[270] غيرهما، فشهدا على مثل ذلك، [فأثبتاه]،
ووصفاه، [وزكّيا]، هل تقطعه ؟ قال: نعم. قلتُ: لِمَ ؟ قال: لأنّ الشهود شهدوا عليه بالسرقة.[271] قلتُ:
أرأيتَ الشهود إذا شهدوا على رجل بالسرقة، وأثبتوا ذلك، ووصفوه، والقاضي يعرف أنّهم أحرار، مسلمون، غير أنّه لا يعرف عدلهم، ولم يطعن فيهم السارقُ، هل يقطعه، أو يؤخّره حتّى يسأل عنهم ؟ قال: بل نحبسه،[272] ونسأل عنهم، فإن زُكّوا، أقطعه.[273] قلتُ: وكذلك كلّ شاهد في حدّ أو قِصاص ؟ قال: نعم. قلتُ: وأمّا الشهادة في الأموال، أوفي الطلاق، أو في العتاق، إذا [كانت هكذا،
فإنّك]، تقضي بها، ولا تسأل عنهما إذا لم يطعن الخصمُ ؟[274] قال: نعم. قلتُ: فإن [استربتَ شيئا

267 هذا قول الثالوث الحنفي. وقد كان أبو حنيفة، في قول أوّل، لا يقول بقطعه، وهو قول زُفر (**المبسوط**، ج 9 ص 170). ويرى مالك إجازة الشهادة على الغائب (**المدوّنة**، ج 16 ص 285–286).

268 «فلهذا يُشترط إعادة البيّنة على الغائب ليُقطع» (**المبسوط**، ج 9 ص 170).

269 **المدوّنة**، ج 16 ص 285–286.

270 هكذا، والأوْلى شاهدان.

271 ورد في **الكافي**، ج 1 ص 204 ب، ما يلي: «وإذا شهد شاهدان على رجلين أنّهما سرقا من هذا الرجل ألف درهم، وأحدُ الرجلين غائب، يُقطع الحاضر. وإن جاء الغائب، بعد ذلك، لم يُقطع بالشهادة الأولى، حتّى تُعاد عليه كلّ البيّنة، أو غيرها، فيُقطع حينئذ (**الكافي**، ج 1 ص 204 ب).

272 **الأصل**، ج 7 ص 253؛ **المبسوط**، ج 9 ص 142، 170.

273 نفس الموقف لدى ابن القاسم (**المدوّنة**، ج 16 ص 289).

274 **المبسوط**، ج 9 ص 170.

من أمرهم] سألت عنهم ؟ قال: نعم. وقال أبو يوسف: أمّا أنا، فإنّي أسأل عنهم في هذا كلّه،
[وهو قول محمّد].[275] قلتُ:
6 أ أرأيتَ شاهدين يشهدان على رجل بالسرقة، وهي سرقة قديمة منذ زمان. وقد وصفا السرقة، وأثبتاها،
والشاهدان، من أهل الصلاح، يعرفهما القاضي، هل يَقطع السارق، بشهادتهما ؟ قال: لا. قلتُ: ولِمَ ؟ قال: لأنّك ذكرتَ
أنّ ذلك كان منذ زمان، وكلّ شيء من السرقة، وشرب الخمر، والزنا، والسكر، إذا تقادم هكذا، فإنّي لا أقيم فيه الحدّ.[276] بلغنا عن عمر
ابن الخطّاب، أنه قال: «أيّما قَوْم شهدوا [على حدّ]، فلم يشهدوا على حضرة ذلك،[277] فإنّما شهدوا على ضِغْنٍ، فلا شهادة لهم».
وأَستقبِحُ أن يسرق الرجل، وهو شابّ، أو شرب خمرا، أو زنى، فأُتي به، بعد مائة سنة، فأحدّه. قلتُ: أرأيت ما كان
من ذلك من قذف، أو جراحة فيها قِصاص أو أَرْش ؟ قال: أمّا هذا، فإنّي أُمضي فيه الحكم، حديثا كان، أو قديما، هذا من حقوق
الناس. قلتُ: أرأيت ما كان من سارق، سرق، فأُتي به، من يومه ذلك، أو من بعد الغد، أو كانوا من الإمام نائين،[278] وأُخذ السارقُ
حين سرق، ثمّ ساروا به إلى الإمام، فساروا به أيّاما، حتّى أبواب الإمام، ثمّ شهدت به الشهود، وأثبتوا السرقة،
ووصفوها ؟ قال: إذا كان هكذا، وكانت السرقة تساوي عشرة دراهم، فصاعدا، وكان الشهود عدولا، أقمتُ

---

275 إضافة من **الأصل**، ج 7 ص 253. «فالقاضي يقضي عند أبي حنيفة، رحه، قبل أن يسأل عنهم، إلّا أن يطعن الخصمُ فيهم، أو يستريب فيهم. وعندهما [محمّد وأبو يوسف]، لا يقضي ما لم يسأل عنهم، على كلّ حال» (**المبسوط**، ج 9 ص 170–171).

276 **الأصل**، ج 7 ص 253؛ **الكافي**، ج 1 ص 204 ب. يذهب مالك إلى إقامة الحدّ على شارب الخمر، حتّى وإن تاب وأصبح «فقيها من الفقهاء، عابدا، بعد شُرْب الخمر، وهو شابّ» (**المدوّنة**، ج 16 ص 286).

277 في رواية أخرى: «من كانت عنده شهادة، فلم يشهد حيث رآها، أو حيث علم، فإنّما يشهد على ضغْن» (محمد رواس قلعجي، **موسوعة فقه عمر**، ص 172–173). وانظر رواية أخرى في نفس الموضع.

278 **الأصل**، ج 7 ص 253؛ **الكافي**، ج 1 ص 204 ب.

عليه الحدّ. قلتُ: أرأيت الزاني، إذا أُخذ على زنا، ثمّ أُتي به الإمام، من يومه ذلك، أو كان الإمام عنه
نائيا، [فساروا به إليه]، أَهو عندك، في هذا، بمنزلة السارق ؟ قال: نعم. قلتُ: أرأيت شارب الخمر، إذا أُتي به الإمام بعد ذلك اليوم،
الذي يشرب فيه ؟ قال: لا أحدّ الشارب في شيء من ذلك، إلّا إن أُتي به حين يشرب، وريحُها توجد فيه. فأمّا إذا كان
بعد يوم، أو يومين، فإنّي لا أحدّه. قلتُ: وكذلك السكران بغير الخمر، إذا أُتي به، وقد ذهب عنه السكر ؟
قال: نعم، لا يُحدُّ.[279] قلتُ: فإن أُتي به سكران، حبستَه، حتّى يصحّ،[280] ثمّ حددتَه؟
قال: نعم.[281] قلتُ: أرأيتَ الرجل شهد عليه الشاهدان بسرقة ثوب، وقد قطعه قميصا، أو قَباءً،[282] أو صَبَغَه
أسود، ولم يَخِطْه بعدُ، ثمّ قَطَعْتَه فيه بشهادة شاهدين، أتردّ الثوب على المسروق منه ؟ قال: نعم. قلتُ: ولِمَ، وقد
تغيّر عن حاله ؟ قال: إنّما تغيّر بنقصان، ألا ترى أنّه ثوبه بعينه ؟ قلتُ: وكذلك لو كان هذا الثوب على حاله هذه، في
يد رجل قد اشتراه، أو في يد رجل قد رهنه[283] السارقُ عنده ؟ قال: نعم. قلتُ: فإن كان الثوب قد خيّطه قَباء محشوا،
أو جبّة محشوة،[284] أو صبغ أحمر، وقد قطعت فيه يد السارق، هل تردّ الثوب إلى المسروق منه

279 يذهب مالك إلى إقامة الحدّ (**المدوّنة**، ج 16 ص 286)، انظر أعلاه.

280 هكذا، والأوْلى: يَصْحُو، أي ذهب عنه السكر (**لسان**، ج 4 ص 18، مادّة صحا).

281 إضافة من **الأصل**، ج 7 ص 254: «وهو قول أبي حنيفة وأبي يوسف. وقال محمّد: حدّ الخمر، وحدّ السكر مثل ذلك، إذا أُتي به الإمام، وقد ذهب ذلك عنه، إلّا أنّه لم يتقادم، أُقيم الحدّ عليه، كما يُقام على الزاني والسارق». وقد توسّع السرخسي في مسائل طريفة حول الخمر، واستنكاه شاربها (**المبسوط**، ج 9 ص 171–172). وحول موقف مالك من هذه المسألة، انظر **المدوّنة**، ج 16 ص 286.

282 القَباء: من الثياب، الذي يلبس، مشتقّ من ذلك لاجتماع أطرافه (**لسان**، ج 7 ص 196، مادّة قبا).

283 في **الأصل**، ج 7 ص 254: «وهبه».

284 في **المدوّنة** (ج 16 ص 287): «فجعله ظهارةَ جُبّة، أو ظهارة قلانس، أو بطائن للجباب». وإن أراد صاحب الثوب استرجاع ثوبه، له ذلك، «وإن كان مقطوعا وأفتقه». وقال ابن القاسم إنّه

؟ قال: لا. قلتُ: لِمَ ؟
قال: لأنّه قد تغيّر عن حاله، بزيادة، وصار على غير الحال الّذي كان عليه. قلتُ: فلو كانت السرقةُ حنطا،[285]
فجعلها سَوِيقًا[286] لتّهُ بِسَمْن، فوجدته على ذلك، وقد قطعت فيه يد السارق ؟ قال: لا أردّ السويق للمسروق منه، لأنّه قد تغيّر، وزيد فيه.[287] قلتُ: وكذلك السرقة، لو كانت دراهم، فسبكها ؟ قال: لا. أمّا
هذا، فإنّه يأخذها، لأنّها فضّته بعينها،[288] والسبك يُنقصها.[289] قلتُ: وكذلك لو صاغها قُلْبا ؟[290]
قال: نعم.
قلتُ: أرأيت لو كانت السرقة صُفْرا،[291] فجعلها قُمْقُمًا،[292] أو كانت حديدا، فجعلها درعا ؟ قال: لا يأخذها، لأنّ هذا قد

يقول بذلك، وهو يقيسه على رأي مالك في الخشبة التي وضعها السارق في بنيانه، فَلِصاحبها استرجاعها، «وإن كان فيه خراب بنيانه» (**المدوّنة**، ج 16 ص 287).

285 في **الأصل**، ج7 ص 254: «طعاما»؛ وفي **الكافي**، ج 1 ص 304 ب: «حنطة»، وهو الصواب، وقد وردت الكلمة أعلاه.

286 السَوِيق: ما يُتّخذ من الحنطة والشعير (**لسان**، ج 3 ص 370، مادّة سَوَق).

287 إضافة من **الأصل**، ج 7 ص 254–255: «وهو قول أبي حنيفة وأبي يوسف. وأمّا في قول محمّد: فإنّ للمسروق منه الثوب، إذا صبغ أحمر، أو السويق إذا لُتّ بسمن، أن يأخذ ذلك، ويعطى السارق. وما زاد الصبغ فيه والسمن، فإنّي أسلّم ذلك للسارق، وأضمّنه قيمة الثوب، أو سويقا مثله، لم يكن له ذلك، لأنّ السارق قد قُطع، فلا يضمّن». وانظر **الكافي**، ج 1 ص 304 ب، و**المبسوط**، ج 9 ص 172. وفي **المدوّنة** (ج 16 ص 287)، يُباع السويق لإعطاء حنطة للمسروق منه من ثمنها.

288 في **الأصل**، ج 7 ص 255: «ففعلُها في السبك يُنقصها».

289 للثالوث الحنفي آراء مختلفة في هذه المسألة (**المبسوط**، ج 9 ص 174). وفي رأي ابن القاسم، تُرجَع الفضّة، وَزْنًا بِوزن، وهذا مخافة الوقوع في الربا، إن أُعطِي السارقُ «قيمة عمله» (**المدوّنة**، ج 16 ص 287).

290 القُلْب: السوار (**محقّق الأصل**، ج 7 ص 255 هامش 7).

291 الصُفْر هو النحاس الجيّد، وقيل ضرب من النحاس (**لسان**، ج 4، ص 49، مادّة صفر).

292 القُمْقُم: ما يُستقى به من نحاس/ ضرب من الأواني (**لسان**، ج 5 ص 324، مادّة قَمَم). في **المبسوط** (ج 9 ص 174): قُمْقمة؛ وفي **المدوّنة** (ج 16 ص 287): قُمْقُم.

تغيّر عن حاله، وزاد خيرا،[293] ولأنّ الدراهم إذا صاغها، فقد زادها شرّا، ولأنّ الفضّة في هذا، والذهب لا
يُشْبِهان ما سواهما. قلتُ: أرأيتَ لو كانت السرقة ساجة،
فجعلها أبوابا،[294] وقد قطعتَه فيها، هل تأخذها من صاحبها [الذي سرقها] ؟ قال: لا.[295] قلتُ: فكلّ شيء من عروض، من مَتاع،
قطعتَ فيه السارق، وقد غيّرها عن حالها، بشيء يزيدها خيرا، فإنّك لا تأخذها من السارق، وكلّ شيء غيّرها
[ممّا] يزيدها شرّا، فإنّك تأخذها منه ؟ قال: نعم. قلتُ: ولِمَ كان هذا هكذا ؟ قال: أمّا ما زادت شرّا، فهي
سرقة بعينها، يأخذها، إذا قدر عليها، ولا يُضمّن السارقُ نقصانها لأنّه قد قُطع فيها. وإنّما إذا كانت
قد تغيّرت بزيادة (خيرا) فيها، فإنّ ربّ السرقة، لا يأخذها، وزيادة السارق فيها.[296] قلتُ: أرأيتَ لو سرق
شاة،[297] فقطعتَه فيها، ثمّ وجدتَها بعد ذلك، وأولادَها، أيأخذها ربُّ السرقة وأولادها معها ؟ قال:
نعم.[298] قلتُ: ولِمَ، وهذا زيادة ؟ قال: لأنّ زيادة هذا من السرقة بعينها،[299] ولم يزدْ السارقُ فيها من
عنده شيئا، وليس هذا من عمله. قلتُ: أرأيتَ السارق سرق القطن، أو الصوف، أو الكتّان، فقطعتَه فيه، وتأخذه منه، وتدفعه إلى صاحبه، ثمّ إنّ صاحبه صنع منه ثوبا يساوي مائة درهم، فسرقه ذلك اللصّ أيضا، هل تقطعه فيه ؟ قال: نعم. قلتُ: أوَليس قد قلتَ: إذا قطعته في سرقة،

---

293 «لأنّ للصّنعة قيمةً في هذه الأعيان» (**المبسوط**، ج 9 ص 174). وهو أمر لا يقول به المالكية، مخافة الوقوع في الربا (انظر أعلاه).

294 ورد في **المدوّنة** (ج 16 ص 287): «أرأيتَ إن سرق من رجل خشبة، فصنعها بابا ؟»

295 في رأي ابن القاسم، للمسروق منه قيمة الخشبة (**المدوّنة**، ج 16 ص 287).

296 لم نلاحظ في **المدوّنة** (ج 16 ص 287) تدقيقا حول مسألة الزيادة خيرا، أو شرّا في المَتاع المسروق، وربّما يعود هذا إلى خوف المالكية من الوقوع في الربا.

297 حسب مالك، يُقطع سارق الشاة من سوق الغنم، سواء كانت مربوطة أو غير مربوطة (**المدوّنة**، ج 16 ص 274).

298 نفس الرأي لدى مالك (**المدوّنة**، ج 16 ص 287).

299 في **الكافي**، ج 1 ص 205 أ: «لأنّ الزيادة من نفسها، وليست من السارق».

ثمّ سرقها ثانية، لم أقطعه ؟ قال: بلى، وذلك إذا كانت السرقة بعينها، و[لو سرق] القطن بعينه، أوالكتّان
بعينه، (إذا قطعته فيه)، لم أقطعه. فأمّا إذا صَنَع منه ثوبا، فسرقه ثانية، فإنّ هذا غير ذلك.[300]
قلتُ: أرأيتَ الرجلَ يشهد عليه الشاهدان، بالسرقة، وهو أشلّ اليد اليُمنى،
6 ب ويدُه الشِمال صحيحة، هل تقطعه ؟ قال: نعم. قلتُ: لِمَ ؟ قال: لأنّ يده الشمال صحيحة، فلستُ أُبالي [إن] كانت يده اليمنى صحيحة أو شلّاء.
قلتُ: أرأيت إذا كانت يده الشمال شلّاء، يابسة، واليُمنى صحيحة، هل تقطع اليُمنى ؟ قال: لا.
قلتُ: لِمَ ؟ قال: لأنّ الشِمال شلّاء لا ينتفع
بها، فإذا قطعتُ اليمنى لم تكن له يد ينتفع بها، فلذلك درأتُ الحدّ.[301] قلتُ: فإذا كانت يداه جميعا شلّاوين، يابستين ؟ قال:
فكذلك أيضا لا أقطعه.[302] قلتُ: فإن كانت يداه صحيحتين، وكانت رجله الشِمال شلّاء، يابسة ؟ قال: أقطع يده اليمنى.
قلتُ: أرأيت إن كانت رجلُه اليمنى هي اليابسة، والشِمال صحيحة ؟ قال: لا يقطع. (قلتُ: لِمَ ؟ قال) لأنّه يكون من شقّ واحد، ليس له يد،
ولا رجل.[303] قلتُ: أرأيت إذا كانت يداه، ورجلاه صحيحتين، فشهدت عليه الشهود بالسرقة، ووصفوها، وأثبتوها،
فحبستَه، حتّى تسأل عن الشهود، قطع إنسان يده اليُمنى، عمدا، هل تقتصّ له ؟ قال: نعم. قلتُ: لِمَ ؟ قلتُ: لأنّ الحدّ لم [يجب] عليه بعدُ.[304]

---

300 «لأنّ العين تتبدّل بالصنعة» (**المبسوط**، ج 9 ص 174).

301 **الأصل**، ج 7 ص 256؛ **الكافي**، ج 1 ص 305 أ. يبرّر السرخسي ذلك قائلا: «لأنّ شرط استيفاء القطع أن لا يكون مفوّتا منفعة الجنس» (**المبسوط**، ج 9 ص 175)، وهو أمر لا يعتبره مالك، لأنّه قال بقطع يد السارق اليُسرى. وقد اعترض ابن القاسم على هذا الرأي، وذهب إلى قطع رجله اليُسرى (**المدوّنة**، ج 16 ص 288). ويتحدّث السرخسي أيضا في هذا الإطار عن «منفعة المشي»، و«منفعة البطش». ويقول إنّ «منفعة البطش ليست من جنس منفعة المشي» (**المبسوط**، ج 9 ص 175–176). هذه المسألة ستكرّر أسفله.

302 إن كانت أطراف السارق الأربعة شلّاء، لا يُقطع السارق، بل يُضرب ويُحبس، في قول مالك (**المدوّنة**، ج 16 ص 288).

303 و«لا يمكنه المشي بعَصى، بخلاف ما إذا كانت يدُه اليُسرى صحيحة» (**المبسوط**، ج 9 ص 175).

304 «فالقاطع استوفى يدًا متقوّمة من نفس محترمة، فعليه القصاص» (**المبسوط**، ج 9 ص 175). ويقبل ابن القاسم بالقِصاص إن لم تقع تزكية الشهود (**المدوّنة**، ج 16 ص 288).

قلتُ: فهل تقطعه إذا زُكّي الشهودُ عليه، بالسرقة ؟ قال: لا. قلتُ: ولِم ؟ قال: لأنّ اليد التي كان يجب الحدّ فيها، قد ذهبت.[305]
قلتُ: أرأيت إن لم يقطع يده اليُمنى، ولكن قطع اليُسرى ؟ قال: أقتصّ من قاطعه، إذا كان عمدا من مفصل؛ ولا أقطعه في
السرقة، لأنّي أكره أن أتركه بغير يد. قلتُ: أرأيت إن لم يقطع يده اليسرى، ولكن قطع رجله اليُمنى ؟ قال: هذا والباب
الأوّل سواء. قلتُ: فإن لم يقطع رجله اليمنى، ولكن قطع رجله اليسرى، فاقتصصتُ له من صاحبه، هل تقطعه في السرقة ؟
قال: نعم. قلتُ: أرأيت القطع فيما كان من يديه، ورجليه، خطأ ألستَ تدرأ عنه الحدّ، كما تدرأ عنه، إذا كان عمدا ؟ قال:
بلى. قلتُ: وكلّ من درأتَ عنه الحدّ في السرقة، فإنّك تُضمّنه السرقة، إن كان قد استهلكها، وإن كانت قائمة بعينها،
رددتَها إلى صاحبها ؟ قال: نعم. قلتُ: أرأيت إن زُكّي الشاهدان، وقَضى القاضي عليه بالقطع بالسرقة، فأُخرج ليُقطع،
فجاء رجل، فقطع يده اليمنى، ولم يؤُمر بذلك، هل عليه شيء ؟ قال: لا، وهذا بمنزلة
الحدّ الذي يُقام عليه.[306] قلتُ: أرأيت لو أمر القاضي بقطع يده [اليمنى]، فقطع الحدّادُ، يده اليُسرى، هل ترى عليه شيئا ؟ قال: لا، أدع
القياس، وأستحسن أن يكون هذا بذلك.[307] قلتُ: وكذلك لو قال له الحدّاد: أخرج يدك اليُمنى، فأخرج يده اليُسرى، فقال:
هذه اليمنى، فاقطعها، فقطعها ؟ قال: ليس على الحدّاد شيء في القياس، ولا في الاستحسان. قلتُ: أرأيتَ الرجل شهد

305 **الأصل**، ج 7 ص 256؛ **الكافي**، ج 1 ص 305 أ.

306 نفس الرأي لدى مالك، مع إضافة تأديب السلطان للرّجل «فيما صنع» (**المدوّنة**، ج 16 ص 288).

307 ورد في **الكافي** (ج 1 ص 205 أ) ما يلي: «وإن أمر القاضي بقطع يده اليمنى، فقطع الحدّاد يساره، لم يكن عليه شيء، استحسانا. ولم يذكر ها هنا اختلافا. وذكر في **الجامع الصغير** أنّ أبا يوسف ومحمّد قالا: إن تعمّد ذلك الحدّاد، ضُمِّن ديةَ يده». هذا النصّ يجعلنا نستنتج أنّ الحاكم الشّهيد يستعمل في مختصره مصدرا آخر غير كتاب **الأصل**، نعني **الجامع الصّغير** لمحمّد بن الحسن الشيباني.
وورد في مسألة خطأ الحدّاد في **المبسوط** (ج 9 ص 176) ما يلي: «وأبو حنيفة أخذ بالاستحسان لما بيّنّا أنّ الحدّاد مجتهد، وفعله حصل في موضع الاجتهاد». ومن جهته لا يرى مالك معاقبة الحدّاد المخطئ (**المدوّنة**، ج 16 ص 288).

عليه الشهود بالسرقة، (ثمّ إنّه حُبس)، فانفلت من السجن، فمكث زمانا، ثمّ أُخذ، فأمر به القاضي في تلك السرقة، التي شهد عليه
فيها، هل يقطعه ؟ قال: لا. قلتُ: لِمَ ؟ قال: لأنّه قد أتى عليه زمانا،[308] [فانفلت]. قلتُ: فإن كان القاضي قد قضى عليه بالقطع، فأمر به،
ليُقطع، [فانفلت]، فأُخذ بعد زمان، هل تقطعه ؟ قال: لا. قلتُ: فهل تُضمّنه السرقة، إن كان قد استهلكها ؟ قال: نعم. قلتُ: إن كان قد انفلت بعد
ما قضى عليه القاضي بالقطع، فاتبعه الشرط، فأخذوه من ساعته ؟ قال: هذا يُقطع. قلتُ: أرأيت السارقَ، يؤخذ، فيردّ
السرقة على أهلها، قبل أن يُرفع إلى الإمام، ثمّ يُؤتى به (إلى) الإمام، بعد ذلك، وشهد عليه الشهود، هل تقطعه ؟ قال: لا. قلتُ:
لِمَ ؟ قال: لأنّه قد ردّ السرقة، قبل أن يُرفع إلى الإمام، فرُفع وليس بسارق.[309] قلت: أرأيتَ إن كان رُفع، والسرقة معه، لم يردُّها، حتّى شهدت
عليه الشهودُ، ثمّ زُكّوا، وأثبتوا السرقة، ووصفوها، هل يَرُدّ الإمام السرقة، على ربّ السرقة، ويقطع السارق ؟ قال: نعم.[310] قلتُ: أرأيتَ الرجل،
شهد عليه الرجلان بالسرقة، ووصفاها، وأثبتاها، فلمّا أراد أن يقطعه، إذا أصابع يداه[311] اليمنى مقطوعة، هل يَقطع ما بقي من
يده اليمنى ؟ قال: نعم.[312] قلتُ: فإن كانت يدُه اليمنى صحيحة، أو [بها] إصبع، أو إصبعين، هل يقطعه أيضا ؟ قال: نعم. قلتُ: فإن كانت يدُه اليمنى غير مقطوعة،
ويدُه اليُسرى غير[313] مقطوعة الأصابع ؟ قال: لا أقطع اليمنى، لأنّي أتركه بغير أصابع يد. قلتُ: أرأيت إن كانت الشِمال صحيحة
الأصابع كلّها، غير إصبع واحد ؟ قال: إن كانت هذه الإصبع الإبهام، لَمْ

308 هكذا، والأولى: «زمان»، كما في **الأصل**، ج 7 ص 257. يرى مالك قطع السّارق «وإن تقادم» (**المدوّنة**، ج 16 ص 286).

309 **الكافي**، ج 1 ص 205 أ.

310 وردت في **المدوّنة** مسألة مشابهة تخصّ رفض ربّ المتاع أن يقوم على السارق. فإن رفعه أجنبي إلى القاضي، فهو يُقطع في رأي مالك (**المدوّنة**، ج 16 ص 269).

311 هكذا، والأوْلى: يده، كما في **الأصل**، ج 7 ص 258.

312 الإجابة في هذه المسألة في **المدوّنة** غامضة، ويبدو أنّ مالكا ذهب إلى قطع اليد اليمنى التي بها إصبع مقطوع، مع قطع إصبعٍ من اليد اليسرى، أو قطع الرجل اليسرى (**المدوّنة**، ج 16 ص 288، 302).

313 الأوْلى حذف عبارة «غير»، كما في **الأصل**، ج 7 ص 258.

أقطع اليمنى، لأنّ الإبهامَ قوامُ اليد. وإن كانت إصبعا غيرها قطعت يد اليمين. قلتُ: فإن كانت إصبعان مقطوعتين من اليُسرى ؟

قال: لا أقطع اليُمنى، لأنّي أدعه بغير يدين.[314] قلتُ: أرأيتَ إن كانت اليدان كلتاهما صحيحتين، وكانت رجله اليُمنى مقطوعة

الأصابع، هل تَقطع يدَه اليُمنى ؟ قال: إن كان يستطيع أن يقوم على رجله، ويمشي عليها، قطعتُ يده. وإن كان لا يستطيع أن يقوم عليها،

ولا يمشي، لمْ أقطع يده. قلتُ: أرأيتَ إن كانت قُطعت يدُه، قبل ذلك، فسرق مرّة أخرى، فأردتُ أن أقطع رجله اليُسرى، فوجدتُ رجله

اليُمنى، كما وصفتُ لك ؟ قال: إن كان يستطيع أن يمشي عليها، قطعتُ رجله اليُسرى، وإن كان لا يستطيع أن يمشي عليها، لمْ أقطع رجله

اليُسرى، لأنّ هذا لا يستطيع أن يمشي [عليها].[315] (قلتُ: فإن كانت رجلُه اليُمنى صحيحة غير إصبع واحدة منها مقطوعة، أو إصبعين ؟ قال:

أقطع رجله اليُسرى، لأنّ هذا يستطيع أن يمشي.) قلتُ: فإن كان لا يستطيع أن يمشي عليها، إذا كانت إصبعان مقطوعان[316] ؟

قال: إذًا لا أقطع رجله اليُسرى. قلتُ: فإن كان القطع إنّما هو في يده اليُمنى ؟ قال: إذًا لا أقطعه، إذا كانت رجله اليُمنى على

ما وصفتَ. (قلتُ: فكلّ شيء دَرأْتَ عنه الحدّ، فإنّك تُضمّنه فيه السرقة، إن كان استهلكها، وهي ممّا يجب فيه القطع ؟ قال: نعم).[317]

قلتُ: أرأيتَ الرجل يسرق المرّات، (لم) يُؤتى[318] به (إلّا) في [آخر] مرّة، فتَقطعه، هل يكون هذا القطعُ لكلّ سرقة سرقها، قبل أن تقطعه ؟ قال:

---

314 يلخّص الحاكم الشهيد هذه المسائل كما يلي: «وإذا كانت إصبعان من اليد اليمنى أو اليسرى مقطوعة، لم تُقطع اليمنى في السرقة، وكذلك إن كانت الإبهام وحدها مقطوعة. وإن كانت إصبعه واحدة سواها مقطوعة، قطعت اليمنى» (**الكافي**، ج 1 ص 205 أ؛ **المبسوط**، ج 9 ص 176–177).

315 هنا يتحدّث السرخسي عن «تفويت منفعة المشي» (**المبسوط**، ج 9 ص 177).

316 هكذا، والأوْلى: مقطوعتين.

317 «وكلّ شيء درأتُ فيه القطع، ضمّنته السرقة، إن كانت مستهلكة. وإذا قطعتُه، لم أضمّنه؛ وإن كانت قائمة رددتُها» (**الكافي**، ج 1 ص 205 أ؛ **المبسوط**، ج 9 ص 177). ويربط مالك مسألة إرجاع المال، بعد القطع، بالجانب الاجتماعي لدى السارق. فالموسر يُرجع المال، بخلاف المعسر الذي «لا يُتبع به دينا» (**المدوّنة**، ج 16 ص 304).

318 هكذا، والأوْلى لم يؤْتَ.

نعم.[319] قلتُ: وهل تُضمّنه شيئا من السرقات، وقد قامت عليه فيها البيّنة كلّها ؟ قال: أضمّنها إياه كلّها، إلّا السرقة التي
أُثبتت عليه، فقطعتهُ فيها. قلتُ: لِم ضمّنتَه السرقات، (وقد قلتَ القطع للسرقات كلّها ؟ قال: إنّما عند الله،
ألّا يُقطع إلّا مرّة واحدة. فأمّا السرقات الّتي سرقها)، فإنّي أضمّنها إياه. [وهو قول أبي يوسف ومحمّد]. وكان أبو حنيفة يقول: لا أضمّنه شيئا من
ذلك.[320] قلتُ: أرأيتَ الرجل، شهد عليه الرجلان بالسرقة، فسألتَهما: ما سرق ؟ فقالا: لا ندري، غير أنّه نقب بيت هذا[321]
7 أ الرجل، ثمّ أخرج منه مَتاعا، يحمله، ما ندري ما هو، هل تقطعه ؟ قال: لا، هؤلاء لم يشهدوا بشيء. قلتُ: أرأيتَ إن شهدوا
أنّه خرج بِكَارَة،[322] لا يدرون ما فيها، أو لا يدرون ما هي، هل تقطعه ؟ قال: لا. قلتُ: أرأيتَ إن شهدوا أنّه سرق هذا المتاع،
و[فتّشتُ] هذا المتاع، فإذا هو شيء مختلف،[323] يُساوي مالا عظيما، وقد شهدت الشهودُ أنّه [نقب بيت] هذا، فسرقها
من بيته، هل تقطعه ؟ قال: نعم. قلتُ: أرأيت إن كان للّصّ[324] شهود على المشهود له بديْن، هل تقطعه ؟ قال: نعم. قلتُ: لِم
تقطعه في مال غريم له ؟ قال: لأنّه لا يملكه، وغريمه، وغيره، في هذا سواء. قلتُ: فإن قال السارق: إنّما أردتُ أن آخذها
رهنا في حقّي، أو أقضي حقّي ؟[325] قال: إذًا أدْرأ عنه الحدّ.[326] قلتُ: أرأيت إن كان الغريم

---

319 نفس الرأي لدى مالك (**المدوّنة**، ج 16 ص 289).

320 **الأصل**، ج 7 ص 259؛ **الكافي**، ج 1 ص 205 أ، **المبسوط**، ج 9 ص 177. وعند مالك، من سرق الشيء مرّتين، قُطع مرّتين (**المدوّنة**، ج 16 ص 269).

321 **الكافي**، ج 1 ص 205 أ، **المبسوط**، ج 9 ص 177.

322 في **الكافي**، ج 1 ص 205 أ: «وأخرج منه نكارة». والأصحّ هو **المبسوط**، ج 9 ص 177 «وخرج منه بِكارة». وقد مرّ شرحُ هذه العبارة التي لم يهتدِ إليها محقّق **الأصل**، ج 7 ص 259.

323 «ثياب مختلفة»، في **الكافي**، ج 1 ص 205 أ، و**المبسوط**، ج 9 ص 178.

324 في **الأصل**، ج 7 ص 259: «له».

325 في **الأصل**، ج 7 ص 259–260: «أن آخذها رهنا لي بحقّي، أو قِصاصا لحقّي».

326 يعلّل السرخسي ذلك بالقول: «لشبهة اختلاف العلماء رحمهم الله». وهو يُميّز بين كون الديْن من جنس ما أخذه السارق، وهو جائز، وبين كون الدين خلاف جنس حقّه، فهو غير جائز، ويؤدّي

عبدا، والسارق حرّا، أيكون العبدُ
والحرُّ، هاهنا، سواء ؟ قال: نعم.[327] قلتُ: أرأيتَ إن كان السارق من أهل الذمّة، أو كان مسلما،
وكان المسروقُ منه من أهل الذمّة ؟ قال:
هو سواء في ذلك كلّه.[328] قلتُ: أرأيتَ الرجل من أهل الحرب، يدخل دار الإسلام، بأمان،
فشهد عليه شاهدان بالسرقة،
ووصفاها، وأثبتاها، هل تقطع يده، والسرقة تساوي مائة درهم ؟ قال: لا.[329] قلتُ: لِمَ ؟ قال:
لأنّه من أهل الحرب مستأمن،
فلا أقيم عليه الحدود. قلت: فهل تُضمّنه السرقة ؟ قال: نعم. [وهو قول أبي حنيفة ومحمّد. وقال
أبو يوسف: أقطعه، ولا أضمّنه][330]. قلتُ: أرأيت الشهود إذا شهدوا على رجل
بالسرقة، فأشكل على الإمام قيمة السرقة، ولم يَدْرِ تُساوي عشرة دراهم أو لا، واختلف أهل
العلم في قيمتها. فقال
بعضُهم: عشرة، وقال بعضهم: أقلّ ؟ قال: لا أقطعه. قلتُ: أرأيتَ إن أراها الإمامُ رجلا من أهل
العلم بها، فقال: هي
تساوي عشرة دراهم، أيُقطع السارقُ ؟ قال: بل يدعو المعرّفين بها إيّاه،[331] فإذا اجتمع اثنان
على أنّها تُساوي
عشرة دراهم، [-وإن لم يره أحد بعد ذلك-]، قطعتُه. قلتُ: أرأيت الشهود يشهدون على السّارق،
أنّه سرق دينارا، أو مثقالا من ذهب،
وذلك لا يُساوي عشرة دراهم، هل تقطعه ؟ قال: لا.[332]

إلى القطع. ويرفض ابن أبي ليلى القطع في هذه الحالة (**المبسوط**، ج 9 ص 178).

327 حول إقرار العبد والمُكاتَب والمدبّر وأمّ الولد بالسرقة، انظر **المدوّنة**، ج 16 ص 292.

328 إن سرق الذمّي، تُقطع يدُه في قول مالك (**المدوّنة**، ج 16 ص 270).

329 يذهب مالك إلى قطعه (**المدوّنة**، ج 16 ص 289).

330 **الأصل**، ج 7 ص 260. ويذهب ابن أبي ليلى إلى قطعه (**الكافي**، ج 1 ص 205 أ، **المبسوط**، ج 9 ص 178)، وكذلك مالك (**المدوّنة**، ج 16 ص 291). وانظر أسفله.

331 في **الأصل**، ج 7 ص 260: «يدعو آخر».

332 يعلّل السرخسي (**مبسوط**، ج 9 ص 179) ذلك بما يلي: «لقيام الدليل على أنّ نصاب السرقة يتقدّر بعشرة دراهم، وغير المنصوص يُقام مقام المنصوص عليه، باعتبار القيمة. فإذا لم تبلغ قيمته نصابا، لم يتمّ شرط القطع...» ونقرأ في **الكافي** (ج 1 ص 205 ب): «وإن سرق دينارا أو مثقال ذهب يُساوي عشرة دراهم، لم يُقطع». نرجّح هنا أنّ أداة النفي «لا»، تنقص أمام يُساوي.

قلتُ: أرأيتَ الشهود يشهدون على رجل بالسرقة، ولا يعرفون اسمه، واسم أبيه، ولكنّهم يعرفون وجهه،
فيقولون: هو هذا، فيشهدون على السرقة بعينها، ويصفونها، ويقلّبونها، ويشهدون أنّ السرقة تساوي عشرة دراهم، هل تقطعه ؟ قال: نعم، هؤلاء قد أثبتوا الشهادة، وليس يضرّهم في شهادتهم ألّا يعرفون[333] اسم السّارق،
ولا اسم أبيه. قلتُ: أرأيتَ الشهود إذا شهدوا بالسرقة، فسألتَهم كيف سرق ؟ فقالوا: نشهد أنّه دخل على هذا الرجل بيته، فسرق منه هذا المَتاع. فقال السارق: إنّه قد أَذن لي في دخول بيته، أو قال: كنتُ ضيفا
عليه،[334] نازلا، أو [قال:] بيتُه لي، هل تدرأ عنه القطع ؟ قال: نعم.[335] قلتُ: أرأيتَ الرجل يبيتُ مع الرجل، في بيته، فيشهد الشهود
أنّه قد سرق من هذا الرجل الذي هو في بيته، مائة درهم، هل تقطعه فيها ؟ قال: لا، لأنّه قد أذن له في الدخول
عليه. قلتُ: أرأيت القومَ يكونون في الدار جميعا، كلّ رجل في [منزل] مقصورة، وباب عليه مغلق، دون مقصورة صاحبه،
فنقب[336] رجل منهم على صاحبه، فسرق سرقة تُساوي ألف درهم، هل تقطعه، وقد شهد عليه الشهودُ بالسرقة،
ووصفوها، وأثبتوا ذلك ؟ قال: نعم، إذا كانت دار[337] عظيمة، (فيها مقاصير مختلفة بأبواب شتّى، قُطع.)[338] قلتُ: أرأيت الرجلَ
يكون له المنزل، فيؤاجره، ثمّ يُغير على المستأجر، فينقب عليه، فيسرق مَتاعه،[339] والمستأجر في

333 هكذا، والأَوْلى: «يعرفوا».

334 حول إضافة سارق من قبل أبي بكر الصدّيق، انظر **المبسوط**، ج 9 ص 140. يقول مالك أيضا بعدم قطع السارق الضيف، ويصفه ب«الخائن» (**المدوّنة**، ج 16 ص 272، 275).

335 في **المبسوط**، ج 9 ص 179: «كما لو ادّعى مِلْك العين لنفسه». انظر أيضا ص 141. انظر كذلك **الأصل**، ج 7 ص 261.

336 في **الكافي**، ج 1 ص 205 ب: «فبعث»، وانظر **الأصل**، ج 7 ص 261؛ **المبسوط**، ج 9 ص 179.

337 هكذا، والأَوْلى: دارا.

338 في **الكافي**، ج 1 ص 205 ب: «إذا كانت دارا عظيمة، فيها مقاصير، كلّ مقصورة مسكن على حالها».

339 المسألة ملخّصة في **الكافي**، ج 1 ص 205 ب: «وإذا أجّر الرجل منزله من رجل، وهو في منزل آخر، فسرق من المستأجر»...

دار، عليها باب مغلق،
والذي أجره في دار أخرى. فشهد شهود بالسرقة، ووصفوا ذلك،
وأثبتوه، والسرقة تساوي مائة درهم، هل تقطعه ؟ قال: نعم.[340] قلتُ: أرأيت الرجل تكون له الدار العظيمة، فيها الحجر،
وهو في حجرة منها، ويُؤاجر حجرا منها أخرى، من رجل، فإنّ المستأجر نقب على ربّ الدار، فسرقه، فهما [سواء، أيّهما]
سرق من صاحبه، يُقطع ؟ قال: نعم، (إذا كان ما يجب فيه القطع. وقول آخر: لا أرى عليه القطعَ).[341] قلت: الرجل يشهد
عليه الشهودُ بالسرقة، فوصفوا ذلك وأثبتوه، فسألتَ عن الشهود، فلم يُزَكّوا له في السرّ، ولكنّهم زُكّوا
في العلانية. [فخرجت مسألتَهم] في السرّ أنّهم قوم شرّ.[342] هل يقطع بشهادتهم ؟ قال: لا. قلتُ: أرأيتَ إن شهدوا
بالسرقة، فسألتَهم: ما سرق ؟ فقالا: حنطة، أو شعيرا، أو سمسما، أو تمرا، أو زبيبا، أو سمنا، أو بُرّا،[343] أو زيتا، أو خلًّا
فشهدوا على شيء من هذا، بعينه، أو على شيء من الحبوب، سوى ما سمّيتُ لك، بعينه، والسرقة تساوي عشرة
دراهم فصاعدا، ووصفوا السرقة، وأثبتوها، وزُكّوا، هل يُقطع ؟ قال: نعم. قلتُ: فإن كانت السرقة

---

340 هذا في قول أبي حنيفة، وقال أبو يوسف ومحمّد: لا يُقطع. وكذلك إن سرق المستأجر من المؤاجر في قول أبي حنيفة (**الكافي**، ج 1 ص 205 ب، **المبسوط**، ج 9 ص 179–180).

341 ما بين قوسين لا نجده في **الأصل**، ج 7 ص 261. وبالمقابل نجد في ذلك الموضع: «وقال أبو يوسف: قال أبو حنيفة: إذا كانت الدار عظيمة مثل دار الوليد ونحوها، وفيها منازل وحُجر متقاربة، فسرق بعضهم من بعض، من حجرة صاحبه، فأخرجها إلى الدار، قُطع. وكذلك لو أنّ رجلا ليس من أهل الدار، ودخل الدار، فسرق من حجرة منها، ثمّ خرج من الحجرة إلى الدار، ثمّ أُخذ قبل أن يخرج من الدار، قُطع».

342 في **الأصل**، ج 7 ص 262: «سوء».

343 في **الأصل**، ج 7 ص 262: «أرزا».

سَوِيقا، أو دقيقا، أو صوفا، أو كتّانا، أو قطنا، أو سلاحا،[344] أو سيفا، أو درعا من حديد، أو طستا،[345] أو
إبريقا،[346] أو قُمْقُما،[347] أو خفافا، أو قلانس، أو بزّا،[348] أو مُسوحا،[349] أو حبالا،[350] أو جُوالِقا، فشهدوا على شيء من ذلك،
بعينه، وأثبتوه، وزُكّوا، والسرقة تُساوي عشرة دراهم فصاعدا، هل يُقطع ؟ قال: نعم. قلتُ: أرأيت إن كانت
السرقة شَعْرا من شعر العنز، أو من غزل، أو أديما عربيا، أو صحفا [ليس فيها كتاب]، أو قراطيس، أو سكاكين، أو مقاريض،[351]
أو مرايا، أو كرايا،[352] أو [أرشية]،[353] [والسرقة] تساوي مائة درهم فصاعدا، فيشهدون على سرقة من هذا، ووصفوه، وأثبتوه، وزُكّي الشهودُ،
7 ب هل تقطعه في هذا ؟ قال: نعم. قلتُ: أرأيتَ السرقة إذا كانت زعفرانا، أو زَنْبَقا،[354] أو عودا، أو عنبرا، أو حِنّاء، أو وَسِمَة،

344 في **الأصل**، ج 7 ص 262: «مُشاقّة»، وهي ما بقي من الكتّان بعد المشق (عن محقّق **الأصل**، ج 7 ص 262 هامش 1).

345 الطّسْتُ: إناء من نحاس لغسل الأيدي.

346 في **الأصل**، ج 7 ص 262: «تَورا».

347 القُمقُم: سبق شرحها ص 177.

348 البَزّ: الثياب / ضرب من الثياب (**لسان**، ج 1 ص 203، مادّة بزز). وفي **الأصل**، ج 7 ص 262: «فروا».

349 المُسوح: جمع مِسْح: الكساء من الشَعَر (لسان، ج 6 ص 52، مادّة مسح).

350 **الأصل**، ج 7 ص 262.

351 المقاريض هي جمع لمِقْراض: وهو المقصّ يُقطع به الثياب (**المنجد**، ص 620، مادّة قرض).

352 إن صحّت القراءة، كرايا، جمع كَرّ: قيد من ليف، أو خوص/ حبل يُصعد به على النّخل/ الحبل الغليظ (**لسان**، ج 5 ص 390، مادّة كَرَر؛ **المنجد**، ص 678 مادّة كرّ). وفي **الأصل**، ج 7 ص 262: «حرابا».

353 إن صحّت القراءة، أرْشِية هي جمع رِشاء، وهو رَسَن الدلو، وهو الحبل (**لسان**، ج 3 ص 76، مادّة رشا). والعبارة غائبة في **الأصل**، ج 7 ص 262.

354 الزَّنبَق: دهن الياسمين (**لسان**، ج. 3 ص 203، مادّة زَنبق). وفي **الأصل**، ج 7 ص 262: «وَرْسا».

أو كَتَما،[355] [أو خطميا][356]، أو غير ذلك من الطيب، فسرق شيء[357] من ذلك يساوي عشرة دراهم،[358] هل تقطعه ؟ قال: نعم. قلتُ فإن كان تِبْرا،
أو لؤلؤا، أو ياقوتا، أو زمرّدا، أو فيروزجا،[359] فسرق شيئا من ذلك، يُساوي عشرة دراهم، هل تقطعه ؟ قال: نعم.
قلتُ: أفليس قد قلت: لا أقطع في حجر، وهذا حجر ؟ قال: إنّما أدرأ القطع، في الملح، [والحجارة]، والفخّار، والنورة، والجصّ،[360]
وأشباه ذلك. فأمّا الياقوت، والرّمد،[361] فليس من هذا الباب. قلتُ: فهل تَقطع في الزّجاج،[362] إذا كان يساوي
عشرة دراهم، فصاعدا ؟ قال: لا. قلتُ: فهل تَقطع في الرصاص، أو الصهر،[363] أو الحديد، أوالشَبَه،[364] إذا كان يُساوي عشرة
دراهم، فصاعدا؟ قال: نعم. قلتُ: فهل تَقطع في شيء من الأشربة، لبن، أو نبيذ،[365] أو شبه ذلك ؟ قال: لا. قلتُ: فهل
تَقطع في البواري،[366] أو في القصب، أو في الحطب [الطّرفاء]، والخشب، وأشباه ذلك، وهو

355 الكَتَم: من شجر الجبال، ورقه كورق الآس، وهو شِباب للحنّاء (عن محقّق **الأصل**، ج 7 ص 262 هامش 8).

356 عبارة غائبة في مخطوطنا. والخَطْمي: ضرب من النبات يُغسل به (**لسان**، 2 ص 281، مادّة خطم؛ وانظر **الأصل**، ج 7 ص 262).

357 هكذا، والأوْلى شيئا.

358 في **الأصل**، ج 7 ص 263: «مائة درهم». يرجّح المحقّق في الهامش 1: «عشرة دراهم».

359 الفيْرُوزَجُ والفيروز، حجر كريم.

360 يضيف السرخسي (**المبسوط**، ج 9 ص 153)، «الحَرْض»: وهو من الحمض، ومنه يُسوّى القِلْيُ، الذي تُغسل به الثياب (**لسان**، ج 2 ص 62، مادّة حرض).

361 هكذا والأوْلى: الزمرّد.

362 يضيف السرخسي جوهر الزجاج، الذي يُقطع سارقُه، إن كان معمولا، فهو «بمنزلة المعمول من الخشب» (**مبسوط**، ج 9 ص 180–181).

363 قراءة مبنية على التخمين، ولعلّها الصّهير، وهو الذّائب (**المنجد**، ص 438، مادّة صهر). وربّما أيضا الصُّفْر كما ورد في **الأصل**، ج 7 ص 263، وقد مرّ شرحها.

364 الشَبَهُ: ضِرب من النحاس (**لسان**، ج 3 ص 394، مادّة شبه).

365 هكذا، والأوْلى «لبنا أو نبيذا»، كما في **الأصل**، ج 7 ص 263.

366 البواري، جمع بُورِية وبُوري وبُورِياء: الحصير المنسوج (**لسان**، ج 1، ص 271، مادّة بور؛

يُساوي عشرة دراهم،
فصاعدا ؟ قال: لا.[367] قلتُ: فهل تَقطع في الأبواب،[368] وفي الساج، وفي الجذوع، وهي محرزة في بيت، والذي سُرق منها
يساوي عشرة دراهم، فصاعدا ؟ قال: نعم، ما خلا الجذوع، فإنّه لا يُقطع فيها.[369] قلتُ: والسفينة،[370] والفسطاط،
إذا سُرق منهما، بمنزلة السرقة (من البيت) ؟ قال: نعم. (قلتُ: وكلّ شيء درأتَ عنه القطع، فإنّك تُضمّن السارق قيمة
السرقة ؟ قال: نعم.) قلتُ: أرأيتَ الرجل شهد عليه الشهود من المسلمين، أنّه سرق من هذا العبد متاعا، فوصفوا
السرقة، وزُكّوا، والسرقة تساوي مالا عظيما، هل تقطعه ؟ قال: نعم. قلت: وكذلك لو شهدوا أنّه
سرق من أَمَة ؟ قال: نعم. قلتُ: وكذلك لو شهدوا عليه، أنّه سرق من رجل من أهل الذمّة، أو من عبد لأهل
الذمّة، أو أمة لأهل الذمّة ؟ قال: نعم. قلتُ: وكذلك لو شهدوا أنّه سرق من مال يتيم ؟ قال: نعم. قلتُ: وكذلك
[لو] شهدوا أنّه سرق مال رجل من أهل الحرب مستأمن في دار
الإسلام، قد حلّ[371] بأمان ؟ قال: هو في القياس مثل الأوّل،[372] ولكنّي أدعُ القياس، وأَستحسنُ، فأدرأ عنه الحدّ لأنّ المسروق
منه، من أهل الحرب،[373] ليس من أهل الذمّة. ألا ترى أنّه لو قتله عمدا، لم أقتله. قلتُ:

الفيروزآبادي، مجد الدين، **القاموس المحيط**، دار الجيل بيروت د. ت.، نسخة من طبعة مكتبة ومطبعة مصطفى البابي الحلبي – مصر 1371/1952، ج 1، ص 391، مادّة البَوْر).

367 يبرّر السرخسي ذلك بكون الخشب «يوجد مباح الأصل، غير مرغوب فيه...» لكن، «إن غلبت الصنعة على الأصل، فإنّ قيمة الخشب تزداد بالصنعة أضعافا» (**المبسوط**، ج 9 ص 181).

368 يُقطع سارق باب الدار، عند مالك (**المدوّنة**، ج 16 ص 274).

369 يذهب مالك إلى قطع من سرق جذعا من النخل مُحرزا (**المدوّنة**، ج 16 ص 278).

370 نفس الرّأي لدى مالك، فقد قال إنّ السفينة «حرز لما فيها» (**المدوّنة**، ج 16 ص 290).

371 في **الأصل**، ج 7 ص 264: «قد دخل».

372 وهو قول زُفر، لأنّ «ماله محرز بدارنا، فإنّه معصوم كمال الذمّي» (**المبسوط**، ج 9 ص 181).

373 **الأصل**، ج 7 ص 364؛ **الكافي**، ج 1 ص 205 ب. ويذهب مالك إلى قطع المسلم، إن سرق من الحربي المستأمن، وكذلك قطع هذا الأخير، إن سرق من المسلم (**المدوّنة**، ج 16 ص 291).

أفتضمّنه الدية ؟ قال: نعم، لورثة
القتيل. قلتُ: وتضمّنه السرقة، إن كان قد استهلكها ؟ قال: نعم. قلتُ أرأيت الأميرَ، يكون بالسواد على طسّوج،[374] أو
على رُسْتاق،[375] أو يكون على معونة، أو على خراج، فيؤتى بالسارق، ويَشهد عليه الشهودُ بالسرقة، وأثبتوها،
وزُكّوا، والسرقة تُساوي مالا عظيما، هل يَقطع يدَ السارق ؟ قال: لا، ليس يَقطعُ يد السارق، ولا يَحكُمُ في
الحدود. إنّما هذا إلى أمير الأمصار والمدائن العظام. قلتُ: فإن كان أميرَ مصرٍ، أو مدينة عظيمة، [وقد ولي أمرَها كلَّها]، واستعمل قاضيا، فأُتي قاضيه، بمثل هذا السارق، أيَقطعه ؟ قال: نعم. قلتُ: (فإن رُفع
ذلك إلى الأمير، أيقطعه: قال: نعم. قلتُ: والقاضي، والأمير، في هذا الموضع، كلّ واحد منهما يُقيم
الحدود، ويقضي في الأشياء كلّها، القِصاص، وفي غيره ؟)[376] قال: نعم. قلتُ: أرأيتَ الأميرَ يَستعمل على
الجيش أميرا لهم،[377] فيدخل أرض الحرب، غازيا، فيُؤْتى بسارق من جنده، قد سرق مالا، وقامت
عليه بيّنة، وزُكّوا، في السرّ والعلانية، ووصفوا السرقة، وأثبتوها، هل يقطعه ؟ قال: إذا كان أميرَ مصر من الأمصار، أو مدينة من المدائن، فغزا بجنده، فإنّه يُقيم الحدود، ويقطع هذا السارق، ويقضي في عسكره، كما
كان يقضي في مصره، أو في مدينة. وإذا كان ليس بأمير مصر، ولا مدينة، إنّما بَعَثه أميرُ المصر، أو أمير المدائن، في جيش، غازيا، فلا ينبغي لهذا أن يُقيم الحدود في عسكره.[378]
قلتُ: أرأيتَ قوما من أهل البَغْي، حاربوا المسلمين، وباينوهم، فكانوا في عسكر،

374 أي الناحية (معرّب)، واحد من طساسيج السواد (**لسان**، ج 4 ص 176 مادّة طَسَج).

375 الرُّستاق هو السواد (**لسان**، ج 3 ص 69، مادّة رستق). وهو أيضا وحدة إدارية.

376 هذه الجملة المطوّلة ملخّصة في **الأصل**، ج 7 ص 264، كما يلي: «فالقاضي والأمير في هذا الموضع سواء؟» ويقدّم هذا دليلا على بساطة مستوى اللغة في مخطوطنا، بخلاف ما هو عليه في كتاب **الأصل**، الذي عرف تهذيبا. وانظر الهامش الموالي.

377 في **الأصل**، ج 7 ص 264: «يُستعمل على الجيش الكبير».

378 لإقامة الحدود في دار الحرب، لا يشترط مالك أن يكون أميرُ الجيش، أميرَ مصر أو مدينة. فإقامة الحدود هناك، «أقوى له على الحقّ» (**المدوّنة**، ج 16 ص 291).

أو مدينة عظيمة، لهم إمام، وحُكمهم ظاهر على تلك المدينة، والبلاد،
والمسلمون وأهلُ العدل في عسكرٍ عظيم، معهم إمامهم، فأتي بسارق،
قد سرق من العسكر بين الجند، من أهل السواد، أو من أهل المدينة، عبدا
كان أو حرّا، فشهدت عليه الشّهودُ بالسرقة، ووصفوا السرقة، وأثبتوها،
وزُكّوا، في السرّ والعلانيّة، والسرقة تُساوي مالا عظيما، هل يقطعه ؟ قال: نعم.
قلتُ: ويُقيم في عسكره الحدود، ويقضي بالقِصاص، وفي الأشياء كلّها، كما
يقضي، إذا كان مقيما، في غير عسكره ؟ قال: نعم. قلتُ: وإذا استعمل قاضيا،
قضا[379] قاضيه في تلك الأشياء كلّها، كما يقضي في المصر على قضاء أهل المصر ؟[380] قال:
نعم. قلتُ: أرأيتَ إذا جاء رجل من أهل البَغْي (تائبا)، فأتاه بسارق، قد سرق[ه]
في عسكر أهل البَغْي، هل يقطعه ؟ قال: لا. قلتُ: لِمَ ؟ قال: لأنّه سرقه حيث
8 أ لا يجري [عليه] حكمُه. قلتُ: أرأيتَ لو كان قوم من أهل العدل تُجّار[381] في عسكر أهل البَغْي،
أو كانوا أسارى
في أيديهم، فسرق رجل منهم مَتاعا من رجل، فلمّا خرجوا إلى أهل العدل، أُخذ السارقُ،
فأُقيمت عليه البيّنة، هل يقطعه إمامُ أهل العدل ؟ قال: لا. قلتُ: لِم ؟ قال: لأنّه سرق في عسكر
لا
يجري عليه حكمُه. قلتُ: وكذلك لو كان هؤلاء التجّار، أو الأسارى في دار الحرب من أهل
الشرك ؟ قال: نعم. قُلتُ: وكذلك، لو أنّ رجلا من المسلمين، زنى في دار أهل الشرك، بامرأة
من المسلمين، أو من
أهل الشرك، أو شرب في دار أهل الشرك خمرا، أو فعل ذلك كلّه، في عسكر أهل البَغْي، ثمّ أُتي
به إمامَ أهل العدل، هل تقيمُ عليه
الحدَّ، في شيء من ذلك ؟ قال: لا. (قلتُ: لِمَ ؟ قال:) لأنّه فعل ذلك، في موضع لا يجري عليه
فيه حكمُه.[382] قلتُ: أرأيتَ
رجلا من أهل العدل أغار في عسكر أهل البَغْي، ليلا، فسرق، فجاء به صاحبُ المسروق منه، إلى
الإمام،

---

379 هكذا، والأوْلى قضى.

380 في **الأصل**، ج 7 ص 265: «كما يقضي إذا كان مقيما في غير عسكره».

381 هكذا، والأوْلى تجّارا.

382 **الأصل**، ج 7 ص 266. يقول مالك بإقامة الحدّ، لأنّه «لا يلتفت إلى اختلاف الدارين»، أي دار الحرب، ودار السلم (**المدوّنة**، ج 16 ص 291).

إمام أهل العدل، هل يقطعه في السرقة ؟ قال: لا. (قلتُ: لِمَ ؟) قال: لأنّه سرق في موضع لا يجري فيه حكمُه،
ولأنّ لأهل العدل، أن يأخذوا ما في عسكر أهل البَغْي، ليلا أو نهارا، على وجه السرقة، وغيرها، فيحبسوه[383] عندهم، حتّى يتوبوا، أو يقتل أهل البَغْي، فيُدفع إلى ورثتهم.[384] قلتُ: وكذلك لو أنّ رجلا من أهل البَغْي، أغار في عسكر أهل العدل، ليلا، فسَرق، ثمّ رجع إلى عسكره، ثمّ أُخذ بعد
ذلك، فأُتي به، إمامَ أهل العدل، هل تقطعه في تلك السرقة ؟ قال: لا. قلتُ: لِمَ ؟ قال: لأنّه محارب يستحلّ
هذا وشبهه، ولأنّه في عسكرٍ، لا يجري فيه حكمُ أهل العدل.[385] قلتُ: فلو أنّ رجلا من أهل دار العدل
سرق مالا [من آخر]،[386] وهو ممّن شهد على صاحبه بالكفر، ويستحلّ
ماله، ودمه، فسرق منه مالا، أكنتَ تقطعه فيه ؟ قال: نعم. قلتُ: ولا تدرأ عنه الحدّ [بالتأويل]؟ قال: لا. قلتُ: فأمرُ
هذا وذاك سواء عندك؟ قال: لا، ذاك مباين محارب، لا يجري عليه حكمُ أهل العدل، وهذا مُقيم في الدار يجري عليه حكم أهل العدل.[387] قلتُ: أرأيتَ قوما من أهل الحرب، مستأمنين في دار أهل الإسلام، فسرق بعضُهم من بعض، أو سرق منهم رجل من أهل الذمّة، أو من المسلمين، عبدا أو حُرّا، أو سواهم من المسلمين، أو من أهل الذمّة، سرقةً، يجب في
مثلها القطعُ، هل تقطع أحدًا[388] ممّن ذكرتُ لك ؟ قال: لا. قلتُ: ولِم لا تقطع المستأمن، إذا سرق
من المسلمين ؟ قال: لأنّه دخل علينا بأمان، ليس هو بمنزلة أهل الذمّة، ولا أقطعه للأمان الّذي أعطيتُه. (وقال أبو يوسُف: أقطعُه). وأمّا إذا سَرق المسلمون وأهل الذمّة منهم، فلا أقطعهم، لأنّهم سرقوا من أهل الحرب.[389]

---

383 المقصود أن يَحبسوا ما أُخذ من متاع في عسكر أهل البَغْي.

384 **الأصل**، ج 7 ص 266؛ **الكافي**، ج 1 ص 205 ب؛ **المبسوط**، ج 9 ص 181.

385 **الأصل**، ج 7 ص 266؛ **الكافي**، ج 1 ص 205 ب؛ **المبسوط**، ج 9 ص 181–182.

386 إضافة من **المبسوط**، ج 9 ص 182، بخلاف **الأصل**، ج 7 ص 266.

387 **الأصل**، ج 7 ص 266؛ **الكافي**، ج 1 ص 205 ب؛ **المبسوط**، ج 9 ص 182.

388 هكذا، والأولى أحدا.

389 إضافة من **الأصل**، ج 7 ص 267: «وهذا قول أبي حنيفة ومحمّد؛ وقال أبو يوسف: «أقطع المستأمن إذا سرق من المسلمين، أو من أهل الذمّة في دار الإسلام». ومباشرة بعد هذه الجملة، يبدأ في

[باب الإقرار]

قلتُ: أرأيت الرجلَ يُقرّ بالسرقة، هل
تسأله: ما سرق ؟ وكيف سرق ؟ قال: نعم، أسأله عن ذلك. قلتُ: فإن وصف ذلك، وأَثبتّه،
وجاء المسروقُ منه يدّعي السرقة، والسرقة تُساوي مالا عظيما، هل تقطعه
بإقراره مرّة واحدة ؟ قال: نعم.[390] قلتُ: ولِمَ تقطعه بإقراره مرّة واحدة ؟ قال: لو لم
أقطعْه، في هذه المرّة، وأخّرتُهُ، جعلتُ السرقة
دينًا عليه، فلم أكن لأقطعه في المرّة الثانية، بعدما أجعل السرقة دينا عليه،
أو لا تكون دينا، وتكون شيئا[391] قائما بعينه، فأدفعه إلى صاحبه في المرّة الأولى. قلتُ:
فإذا في الثانية أقرّ وليس بسارق، فلهذا قطعتُه، في المرّة الأولى، ولم أنتظره
المرّة الأخرى. قلتُ: أرأيتَ إذا أمرتَ به أن يُقطع في المرّة الأولى، فيرجع عن
الإقرار، قبل أن يُقطع، أتدرأ عنه الحدَّ ؟ قال: نعم. قلتُ: لِمَ ؟ قال: لأنّه قد رجع عن
إقراره، [وهو قول محمّد]، وقال أبو يوسف: لا أقطعه، حتّى يُقرّ مرّة أخرى. قلتُ: إذا أقرّ
بالسرقة،
وسألتَه بعد إقراره بها، إن كانت قائمة بعينها، أو إن كان قد استهلكها، أتُضمّنُه
قيمتها ؟ قال: نعم. قلتُ: أرأيت إن شهد شاهدان، على إقراره بالسرقة،
وهو يجحده، هل تقطعه ؟ قال: لا. قلتُ: لِمَ ؟ قال: لأنّه لو أقرّ بذلك
للإمام، وجحد بعد ذلك، فقال: لم أسرق ؟ قال: أدرأ عنه الحدّ، وكذلك إذا
كان هذا بشهادة الشهود.[392] قلتُ: أرأيت إذا جاء الشهودُ [على إقراره، فلم يكذّبهم،
ولم يصدّقهم] ؟[393] قال: لا أقطعه أيضا. قلتُ: أرأيتَ إن شهد

الأصل، ج 7 ص 267، «باب الإقرار»، وهو عنوان غائب في مخطوطنا.

390 هذا في قول أبي حنيفة ومحمّد، بخلاف أبي يوسف وابن أبي ليلى، فهما يقولان إنّه لا يُقطع المُقرّ حتّى يُقرّ مرّتين، وكذلك الاختلاف في الإقرار بشرب الخمر (**الكافي**، ج 1 ص 205 ب). ويبدو أنّ أبا يوسف رجع إلى قول أبي حنيفة (**المبسوط**، ج 9 ص 182).

391 في **الأصل**، ج 7 ص 267: «ويكون الشيء».

392 الصياغة في **الأصل**، ج 7 ص 268 مخالفة : «وجحد بعد ذلك، لم أقطعه، ودرأتُ عنه القطعَ، فلذلك رددتُ شهادة الشهود».

393 **الأصل**، ج 7 ص 268. وفي **الكافي**، ج 1 ص 205 ب، و**المبسوط**، ج 9 ص 182: وشهدوا «على إقراره، وهو يُنكر، أو وهو ساكت، لا يُقرّ ولا يُنكر، لم أقطعه».

شاهد، على [إقراره بالسرقة، وشهد شاهد على السرقة معاينة ؟ قال: لا] أقطعه،[394] فهذان مختلفان

8 ب في شهادتهما: الذي شهد على السرقة، شهد على عملٍ، والذي شهد على الإقرار، شهد على كلامٍ. فقد اختلفا، مع أنّ

الشهادة على الإقرار ليست بشيء. قلتُ: فهل تُضمّنه السرقة في هذا الباب ؟ قال: لا. قلتُ: فهل تُضمّنه السرقة، وقد شهدا

جميعا على إقراره، وقد استهلكها ؟ قال: نعم. قلتُ: فإذا كانت قائمة بعينها، أتقضي بها لصاحبها ؟ قال: نعم. قلتُ: أرأيتَ المرأة تُقرّ

بالسرقة، أو الرجل من أهل الذمّة يُقرّ بالسرقة، أهُما عندك بمنزلة الرجل المسلم ؟ قال: نعم. قلتُ: وكذلك العبد المأذون له في

التجارة، والمكاتَب، والعبد المحجور عليه ؟ قال: نعم.[395] قلتُ: ولِمَ، وإقرار العبد المحجور عليه لا يجوز؟ قال: إذا أقرّ بالسرقة، قطعتُه،

وأجزتُ إقراره.[396] قلتُ: وتُعطي السرقة للّذي أقرّ له بها ؟ قال: نعم، لأنّه اتّهمه[397] على نفسه في الإقرار بالسرقة، التي يجب عليه فيها

من القطع. قلتُ: وكذلك المدبَّر، وأمّ الولد، والعبد[398] يُعتق فيسعى في نصف قيمته ؟ قال:

---

394 **الأصل**، ج 7 ص 268.

395 نفس الرأي في **المدوّنة**، ج 16 ص 292. لم نلاحظ في **المدوّنة** تمييزا بين العبد المحجور والعبد المأذون له، في هذه المسألة.

396 **الكافي**، ج 1 ص 205 ب. في **المبسوط**، ج 9 ص 183 يميّز السرخسي بين المأذون له والمحجور، كما يربط الحكم بكون المال المسروق مستهلكا، أو قائما بعينه. ولزُفر موقف خرج به عن قول الثالوث الحنفي. من جهة أخرى، يرى محمّد أنّ إقرار المحجور عليه بالمال باطل «لأنّ كسبه ملك مولاه» (**مبسوط**، ج 9 ص 183).
هذه المسائل تمّ تقديمها في **المبسوط**، بينما وردت في آخر مخطوطنا مباشرة بعد مسألة ادّعاء المتّهم بغصب المال، وليس بسرقته.

397 هكذا، وفي **الأصل**، ج 7 ص 268: «لأنّي لا أتّهمه»، وهو الأصحّ.

398 ورد في **الكافي**، ج 1 ص 205 ب: إن «أقرّ العبد المحجور عليه، بسرقة، قطعتُه، ودفعتُ ذلك المال إلى المسروق منه». ويفصّل السرخسي أكثر، مع أنّه يميّز بين العبد المحجور والعبد المأذون له، ويذكر، مثْل الحاكم الشهيد، مواطن الاختلاف في هذا الشأن صلب الثالوث الحنفي، مع تعريف بموقف زُفر (**المبسوط**، ج 9 ص 183). بالنسبة إلى مالك، فهو يقول إنّ «العبيد والمكاتبين والمدبّرين وأمّهات الأولاد،» عندما يقرّون، «تُقطع أيديهم إذا عينوا» (**المدوّنة**، ج 16 ص 292).

نعم.[399] قلتُ: وكذلك الصّبيّ يُقرّ بالسرقة،
والصّبيّة ؟ قال: لا. إقرار هذين باطل، ولا يجري عليهما الحكمُ.[400] قلتُ: فلو كان الصّبيّ قد احتلم مثلُه، ولم يحتلم هو، والجارية قد
حاض مثلُها، ولم تحض هي ؟ قال: إن كانا بلغا الوقت الذي لا يبلغه أحد، إلّا [من] احتلم، وإلّا حاض، أجزتُ إقرارهما. وكانا في هذا بمنزلة الرجل،
والمرأة، وإن كانا لم يبلغا الوقت بعدُ، لم أجز إقرارهما. قلتُ: فهل عندك في هذا وقت ؟ قال: أستحسن في الغلام، تسع عشرة
سنة، وفي الجارية سبع عشرة سنة.[401] وقال أبو يوسف فيهما جميعا: خمسة عشر سنة. بلغنا نحو من ذلك، عن رسول الله
صلّى الله عليه وسلّم، [وهو قول محمّد]. قلتُ: أرأيتَ الرّجل يأخذ[402] سارقا، فيُقرّ بالسرقة عند العذاب، أو عند الضّرب، أو عند الوعيد، (أو
عند القيد)، أو عند وعيد السّلطان، هل تقطعه في هذا الحال ؟ قال: لا، الإقرار في هذا الوجه باطل. (بلغنا عن شريح
أنّه قال: القيدُ كَرْه، والوعيد كَرْه، والضّرب كَرْه).[403] قلتُ: فإن لم[404] يتهدّده السّلطان بشيء،

---

399 إضافة في **الأصل**، ج 7 ص 268–269 : «وهو قول أبي حنيفة. وقال أبو يوسف: إذا ادّعى المولى السرقة أنّها له، وعبده محجور عليه لم يجْر فيه عتق، قطعته، ودفعت السرقة إلى مولاه، ولم أصدقه عليها. وقال محمّد: إذا ادّعاها مولاه، دفعتها إليه، ودرأتُ الحدّ عن السارق، لأنّي قد حكمت بها لمولاه، وإن لم يدّع ذلك المولى، وكانت السرقة مستهلكة، قطعته في ذلك».

400 نفس الرأي لدى مالك (**المدوّنة**، ج 16 ص 275). لكنّ المسائل في مخطوطنا ترتبط بإقرار الصّبي والعبد، أمّا في **المدوّنة**، فهي تخصّ الشهادة عليهم.

401 وهو قول أبي حنيفة (**الكافي**، ج 1 ص 206 أ). ولمزيد التفاصيل، انظر **المبسوط**، ج 9 ص 184. بالنسبة إلى المالكية، انظر **المدوّنة** (ج 16 ص 292–293) حيث لم يقع تحديد السنّ، مع التذكير بأنّ مالكا قال إنّ الغلام «لا يُحدّ وإن أنبت، حتّى يحتلم».

402 في **الأصل**، ج 7 ص 269: «يؤخذ».

403 هذا الأثر غائب في **الأصل**، ج 7 ص 269، بخلاف **المبسوط**، ج 9 ص 184–185. ويذكر السرخسي أنّ «بعض المتأخّرين من مشايخنا رحمهم الله أفتوا بصحّة إقرار السّارق بالسرقة مع الإكراه. وقد أخذ بذلك الحسن بن زياد، ثمّ تراجع (**المبسوط**، ج 9 ص 185). ويجيز بعض المالكية، مثل سحنون بن سعيد، إكراه «أهل التّهم» على الإقرار (ابن أبي زيد القيرواني، **النّوادر**، ج 10 ص 298)، وانظر **المدوّنة**، ج 16 ص 293.

404 في **الأصل**، ج 7 ص 269: «فإن تهدّده السلطان بشيء».

ولم يوعده، حتّى أقرّ بالسرقة،
ووصف ذلك، وأثبته، ثمّ قال بعد ذلك: صاحبُها أمرني أن نأخذها،
أو قال: ابتعتهُ عينَها،[405] أو قال: المَتاع متاعي، وإنّما أخذتُه، لأنّه متاعي، أو قال: لي على هذا الرّجل دينْ، فأخذتُ هذا ليكون
رهنا مالي ؟[406] قال: [إن] ادّعى شيئا[407] ممّا ذكرتَ، درأتُ عنه الحدّ، لأنّ هذا شبهة.[408] قلتُ: كيف يكون شبهة، وقد أقرّ بالسرقة
على نفسه، ثمّ ادّعى هذا بعده ؟ [409] قال: أرأيتَ لو قال لصاحبه: احلف، ما هذا مَتاعي، أكنتَ تحلّفه ؟ قال: نعم. قال: فإن أبى أن يحلف،
أتجعل المَتاع له ؟ قال: نعم. قال: فإذا ادّعى هذه المنزلة، لم أقطعه، وإذا حلف أيضا، لم أقطع السارق، للشبهة التي
دخلت، والخصومة. قلت: أرأيتَ الرجل، إذا أُتي به الإمام، وقيل إنّ هذا سارق، هل يحسن للإمام أن يلقّنه، فيقول له: لا تُقرّ بالسرقة ؟
قال: نعم، أستحسن ذلك، وأراه.[410] وقد بلغنا عن رسول الله صلّى الله عليه وسلّم، أنّه أُتي به سارق،[411] فقال: ما إخاله سرق.[412]
وبلغنا عن أبي مسعود الأنصاري، أنّه أُتي بسارق،[413] فقال لها: أسرقت ؟ قولي: لا. فهذا حسن من الإمام، أن يلقّن السارق.[414] وبلغنا
عن أبي الدرداء، نحو من ذلك. قلتُ: أرأيتَ إن لم يلقّنه الإمام شيئا من هذا، حتّى أقرّ السارقُ بالسرقة، أيسأله الإمامُ: كيف

---

405 في **الأصل**، ج 7 ص 270: «استودعتها».
406 هكذا. وفي **الأصل**، ج 7 ص 270: «بمالي». وفي **المبسوط**، ج 9 ص 185: «أخذتُه رهنا بدين لي عليه».
407 في **الأصل**، ج 7 ص 270: «إذا ظُفر بشيء».
408 **الأصل**، ج 7 ص 270؛ **الكافي**، ج 1 ص 206 أ؛ **المبسوط**، ج 9 ص 185.
409 نلاحظ هنا وفيما يلي اضطرابا في ذكر «قلت»، و«قال».
410 **الكافي**، ج 1 ص 206 أ؛ **المبسوط**، ج 1 ص 185.
411 في **الأصل**، ج 7 ص 270 **والمبسوط**، ج 9 ص 185: بسارق، وهو الأصحّ.
412 لم يرد هذا الحديث في الصّحاح، ولا في **معجم** ونسنك. وانظر هذا المرجع، ج 2 ص 456.
413 هكذا، والأوْلى: سارقة.
414 في **المبسوط**، ج 9 ص 185: «هذا احتيال من الإمام لدرء الحدّ عنه، وهو مندوب إليه». وقد رفض ابن القاسم أن يقول الإمام للسّارق: «قل ما سرقتُ» (**المدوّنة**، ج 16 ص 293).

سرقتَ، وما سرقتَ ؟ قال: نعم، يسأله، فإذا أقرّ من ذلك بشيء، يجب في مثله القطعُ، أُمر به أن يُقطع. وإن أقرّ بشيء لا يجب في مثله
القطعُ، درأتُ عنه الحدَّ. قلتُ: أرأيتَ إن كان الشتاء الشديد الذي يُخوّف [فيه] على السارق، الموت إن قطعه، أو كان الحرّ
الشديد الذي يُخوّف عليه فيه، فقضى عليه بالقطع، أترى أن يحبسه، ويؤخّر، حتّى ينكسر الحرُّ، أو ينكسر البردُ ؟[415] قال: نعم.[416]
قلتُ: أرأيتَ إن كان لا يخوّف عليه الموت، إن قطعه، أترى له أن يؤخّره أيضا ؟ قال: لا.
قلتُ: أرأيتَ إن مات في السجن، قبل أن يُقطع، وقد قضى عليه القاضي بالقطع، أيُضمّنه قيمة السرقة، إن كان قد استهلكها ؟
قال: نعم.[417] قلتُ: أرأيتَ الرجل يُقرّ بالسرقة، عند الإمام، ويَثْبُت على ذلك، فقضى عليه الإمام بالقطع، ثمّ قامت عليه البيّنة،
أنّه قتل رجلا، متعمّدا، [فزكّوا وعُدّلوا]،[418] فقضى عليه الإمام بالقتل، بأيّ ذلك يبدأ؟ قال: يبدأ بالقتل، ويدرأ عنه القطعَ.[419]
قلتُ: فإن قُتل في القِصاص، وقد استهلك السرقة، أتجعل قيمتها، في ماله ؟ قال: نعم.[420] قلتُ: فإن لم يُقتل في القِصاص،
ولكنّ الوالي[421] صالحه، أو عفا عنه، حين قُضي له بالقِصاص، أيقطعه بالسرقة ؟ قال: نعم.[422]
قلتُ: فهل تُضمّنه السرقة، إذا
قطعته فيها ؟ قال: لا يجتمع الحدُّ والضمان. قلتُ: أرأيتَ الرجل يُقرّ عند الإمام بالسرقة، فيقول: سرقتُ

415 في **المبسوط**، ج 9 ص 185: «حتّى ينكشف الحرُّ والبردُ».

416 يعلّل السرخسي ذلك الرأي بما يلي: «لأنّ القطع يُستوفَى على وجهٍ يكون القطعُ زاجرا لا مُتلفا» (**المبسوط**، ج 9 ص 185). نفس الرّأي في **المدوّنة**، ج 16 ص 294.

417 «ضَمَان المسروق دين في تركته، لأنّه تعذّر استيفاءُ القطع» (**المبسوط**، ج 9 ص 185). في مسألة مشابهة، رأى ابن القاسم قطع سارقِ سلعةٍ، ورثها لاحقا (**المدوّنة**، ج 16 ص 295–296).

418 كلمتان غامضتان، تمّ توضيحهما بالاعتمادٍ على **الأصل**، ج 7 ص 271.

419 نفس الرأي عند مالك (**المدوّنة**، ج 16 ص 294).

420 في **الكافي**، ج 1 ص 206 أ: «وإذا اجتمع في يده قطع السرقة والقِصاص، بُدئ بالقِصاص، وأُضمّن السرقة». وانظر **المبسوط**، ج 1 ص 185.

421 هكذا، والأوْلى الولي

422 نفس الرأي لدى ابن القاسم (**المدوّنة**، ج 16 ص 294).

كذا وكذا من فلان بن فلان، فقضى عليه القاضي بالقطع، وقضى عليه بقطع يده اليمنى، في القِصاص، بأيّ ذلك
يبدأ ؟ قال: يبدأ بالقِصاص، ويدرأ عنه الحدّ.[423] قلتُ: وكذلك لو قضيتَ عليه بالقِصاص في يده اليُسرى ؟ قال:
نعم. قلتُ: وكذلك لو قضيتَ عليه بالقصاصِ في رجله اليسرى؟[424] قال: نعم. قلتُ: فإذا اقتصّ منه الذي قضيتَ
له عليه، ودرأتَ عنه حدّ السرقة، أتضمّنه السرقة، إن كان قد استهلكها ؟ قال: نعم. قلتُ: فإن عفا عنه الذي
قضيتَ له بالقِصاص، أو صالحه على ذلك، حين قضيتَ له، هل تقطعه، (بالسرقة) ؟ قال: نعم. قلتُ: أرأيتَ إن لم
يصالحه عند حضرة ذلك، ولكن أخذتَ منه كفيلا، وخلّيت بينه وبينه، ومكثا زمانا يتراوضان في الصلح.[425] ثمّ صالحه بعد
ذلك، ثمّ رُفع إليك في السرقة، أتقطعه فيها؟ قال: إذا كان هكذا، درأتُ الحدّ عنه، في السرقة. قلتُ: فإن قضيتَ
عليه بالقطع، بالسرقة، في يده اليُمنى، وقضيتَ عليه، في رجله اليُسرى، بالقطع في القِصاص، بِأيّهما تبدأ؟

9 أ [قال:] بالقِصاص. قلتُ: فإذا قطعتَ رجلَه اليُسرى، أتحبسه، حتّى يبرأ منها، ثمّ تقطعه في السرقة ؟ قال: نعم.[426] قلتُ: أرأيتَ إن لم تكن قضيتَ
عليه في رجله بشيء، ولكنّك قضيتَ بالقِصاص في شجّة في رأسه،[427] أو في عينه، أو في أذنيه، أهو مثل هذا أيضا ؟ قال: نعم. قلتُ: فما[لك
حين] اجتمع القتلُ والسرقة، درأتَ عنه القطع ؟ قال: لأنّه قد بلغنا عن عبد الله بن مسعود، أنّه قال: إذا اجتمع الحدُّ والقتلُ،

---

423 عند المالكية، يقع تقديم حدّ السرقة (وهو من حدود الله)، على القِصاص (وهو من حدود العباد)، **المدوّنة**، ج 16 ص 294، 295، وانظر أسفله.

424 في **الأصل**، ج 7 ص 271: «اليمنى».

425 **الأصل**، ج 7 ص 271. وفي **الكافي**، ج 1 ص 206 أ: يتراودان. وفي **المبسوط** (ج 9 ص 186): «حتّى مضى زمان، وهما يتراضيان فيه (القِصاص) على الصلح، ثمّ صالحه.»

426 قال مالك: «ذلك إلى الإمام على ما يرى» (**المدوّنة**، ج 16 ص 294).

427 كلمة غامضة قرأناها بالاعتماد على **الأصل**، ج 7 ص 272 و**المبسوط**، ج 9 ص 186.

فالقتلُ يأتي على ذلك كلّه. وبلغنا [نحو من ذلك] عن عبد الله بن عبّاس، وإبراهيم النخعي. قلتُ: أرأيتَ إذا أقرّ بالسرقة، فقطعتَ يده، اليُمنى، ثمّ أتاك بعد ذلك، وأقرّ بالسرقة، أتقطع رجله اليُسرى ؟ قال: نعم. قلتُ: فإن سرق بعد ذلك، هل تقطعه ؟ قال: لا. قلتُ: لِمَ ؟ قال: لأنّه بلغنا عن علي بن أبي طالب، (رحمة الله عليه)، أنّه قال في مثل هذا: إنّي لأستحي [من الله تعالى][428] ألّا أدع له يدًا يأكل بها، ويستنجِي بها، ورجْلا يمشي عليها.[429] وبلغنا عن قوم من أصحاب النبي محمّد أنّهم اختلفوا في ذلك، (رحمهم الله)، فقال بعضُهم مثل قول عليّ، وقال بعضُهم بقطعه، حتّى يأتي على يديه، ورجليه.[430] فكان قول علي، والذين وافقوه، الأحسن.[431] قلتُ: أرأيتَ إذا قضيتَ عليه بالقطع في السرقة، وقضيتَ عليه بالقطع في القِصاص، لِمَ تبدأ بالقِصاص، وتدرأ القطع عنه، في السرقة ؟ قال: لأنّ القِصاص حقّ من حقوق الناس، والسرقة حقّ من حقوق الله،[432] فلمّا دخلتْ هذه الشبهة، درأتُ الحدّ، لأنّه بلغنا عن عمر بن الخطّاب، أنّه قال: ادرأوا الحدود ما استطعتم، فإذا وجدتم المسلم[433] مخرجا، فادرأوا عنه. فإنّ الإمام يخطئ في العفو أيسر من أن يخطئ في العقوبة.[434] قلتُ: أرأيتَ الرّجل، إذا أقرّ بالسرقة، عند الإمام، فقال: سرقتُ من فلان كذا، فقال فلان: كذبتَ، لم تسرق (منّي) شيئا، هل تقطعه ؟ قال: لا.[435] قلتُ: لِمَ ؟ قال: لأنّ صاحب

---

428 إضافة من **المبسوط**، ج 9 ص 140.

429 تمّ التطرّق لهذه المسألة أعلاه.

430 وهو قول أبي بكر الصدّيق وعمر بن الخطّاب (**المبسوط**، ج 9 ص 140).

431 في **الأصل**، ج 7 ص 272: «أحبّ إليّ». وهو قول ابن مسعود أيضا. ويكتب السرخسي: «قال: هذا أحبّ إليّ، وبه أخذ علماؤنا، رحمهم الله، لأنّ القطع شُرّع زاجرا، لا متلفا. وفي تفويت منفعة الجنس، إتلاف حكمي» (**المبسوط**، ج 9 ص 140–141). وانظر **الكافي**، ج 1 ص 203 أ، حيث ذُكر قول علي بن أبي طالب مع حضور بعض الأخطاء في النصّ.

432 **الأصل**، ج 7 ص 273؛ **المبسوط**، ج 9 ص 185.

433 هكذا، والأوْلى «للمُسلم».

434 انظر روايات أخرى مشابهة في محمّد رواس قلعجي، **موسوعة فقه عمر**، ص 275–276.

435 يُقطع في رأي ابن القاسم (**المدوّنة**، ج 16 ص 295).

السرقة قد أبرأه. قلتُ: أرأيت إن قال صاحب
السرقة: هذا المَتاع، مَتاعك، ليس لي (فيه قليل ولا كثير)، أو قال: إنّي أَمَرْتُك
بذلك، أو قال: هو متاعي كان عندك
وديعة،[436] أو عارية، أو قال: متاعي كنتُ بعتُكه، وأنت بالخيار، أو أنا بالخيار،
أو قال: متاعي غصبتنيه غصبا، ولم تسرقه ؟ قال: إذا أقرّ صاحبُ المتاع بشيء ممّا ذكرتَ، درأتُ الحدّ عن السارق.[437]
قلتُ: فإن قال (صاحب، ربّ[438] المَتاع): هذا المتاع لأبيك، أيّها السارق، أو لأمّك، أو لأختك، أو لأهل فلان، أو لذي رحم محرّم
من السارق، وهو أمرك بهذا، هل تقطعه ؟ قال: لا. قلتُ: أرأيتَ إن قال السارق، في هذا كلّه: كذبتَ، بل سرقتُه ؟ قال:
لا أقطعه، وإن قال هذا، لأنّ ربّ المتاع، قد أبرأه من السرقة. [قلتُ]: فإن أقرّ السارق بالسرقة، وادّعى ذلك
ربُّ المَتاع، فقضى القاضي عليه بالقطع، قال ربُّ المَتاع، قبل أن يُقطع: لا، والله ما سرقه، ولكنّه مَتاعه، هل تدرأ عنه القطع ؟
قال: نعم.[439] قلتُ: لِمَ ؟ قال: لأنّه قد أبرأه من السرقة، وزعم أنّ المَتاع متاعه، فكيف أقطع رجلا في متاعة. قلتُ: فإن لم يَقُل
هذا، ولكنّه قال: قد عفوتُ عنه ؟ قال: عفوُه باطلٌ، وأُقيم الحدّ على السارق.[440] قلتُ: أرأيتَ لو كنتَ أمرتَ بقطعه
بشهود، فقال صاحب السرقة: قد عفوتُ عنه ؟ قال: لا ألتفتُ إلى قوله ذلك. قلتُ: لِمَ ؟ قال: إذا انتهى مِثلُ هذا إلى الإمام، لم يكن لصاحبه
فيه عفو.[441] بلغنا ذلك عن النبي صلّى الله عليه وسلّم.[442] قلتُ: أرأيتَ لو قال: شهدتْ شهودي

---

436 **الأصل**، ج 7 ص 273؛ **الكافي**، ج 1 ص 206 أ.

437 يُقطع في رأي مالك وابن القاسم، لأنّه مُقرّ بالسرقة (**المدوّنة**، ج 16 ص 295).

438 هكذا، والأوْلى حذف هذه الكلمة.

439 يذهب ابن القاسم إلى قطعه (**المدوّنة**، ج 16 ص 268).

440 **الأصل**، ج 7 ص 274؛ **الكافي**، ج 1 ص 206 أ؛ **المبسوط**، ج 9 ص 186–187. نفس الموقف لدى مالك (**المدوّنة**، ج 16 ص 267). وفي تناوله حدّ القذف، عند العفو، إثر بلوغ السّلطان، عرف موقفُ مالكٍ تطورا، وانتهى إلى عدم العفو (**المدوّنة**، ج 16 ص 270).

441 يذهب مالك إلى قطع السارق (**المدوّنة**، ج 16 ص 267).

442 يذكر السرخسي الحديث التالي: «تجافوا العقوبة بينكم، فإذا انتهى بها إلى الإمام، فلا عفا الله عنه،

بِزُور، أو قال: لم يسرق
[منّي] شيئا، أكنتَ تدرأ القطع عن السارق ؟ قال: نعم. قلتُ: لِمَ ؟ قال: لأنّه أكذب شهوده، وقد أبرأه من أن يكون سارقا،
وليس هذا كالذي يقول: هو سارق، ولكنّي أعفو عنه. قلتُ: أرأيتَ الرجل يُقرّ بالسرقة، (عند القاضي)، فيقول: سرقتُ
من فلان، وفلانٌ غائب، فيسأله القاضي (عن السرقة): ما هي، وكيف
سرق ؟ فأثبت ذلك، هل تقطعه، والرجل الذي أقرّ له بالسرقة، غائب ؟ قال: لا،[443] أستحسن أن أدرأ عنه، ولا أقطعه إلّا وذلك
حاضر. ألا ترى أنّ ذلك لو قال: لم يسرق منّي. لم أقطعه. [444] قلتُ: أرأيتَ الرجل يقول: قد سرقتُ أنا وابنُ[445] فلانٍ مِنْ فلان،
كذا وكذا، فأقرّ بذلك عند الإمام، ووصف السرقة، وأثبتها، والمسروقُ منه حاضر معه، عند الإمام،
والذي أقرّ أنّه سرق معه، غائب، هل تقطعه، وهو مال عظيم ؟ قال: لا أقطعه، وأدرأ الحدّ عنه، لغيبة الذي أقرّ به أنّه
كان معه. [قلتُ]: أرأيتَ لو جاء ذلك الرجلُ، فقال: إنّ المال مالي، والمَتاع متاعي، وأقام على ذلك البيّنة، وقال: استحلفْ
خصمي، فأبى أن يحلف، أكنتَ تقضي بالمَتاع له، وتدرأ القطع عنه ؟ قال: نعم. ثمّ رجع أبو حنيفة، رحه، عن
هذا، وقال: أقطع المُقرّ الحاضر، ولا ألتفت إلى غيبة الآخر، [وهو قول محمّد وقول أبي يوسف].[446]

إن عفا عنه» (**المبسوط**، ج 9 ص 186). هذا الحديث غير موجود في الصّحاح.

443 **الأصل**، ج 7 ص 274؛ **الكافي**، ج 1 ص 206 أ. «وفي القياس، يُقطع، وهو رواية أبي يوسف»...»وفي الاستحسان، لا يُقطع للشّبهة...» (**المبسوط**، ج 9 ص 188).

444 **الأصل**، ج 7 ص 274؛ **المبسوط**، ج 9 ص 142. «ويُجيز ابن أبي ليلى القطع دون حضور المسروق منه. أمّا الشافعي، فهو يقول: إذا أقرّ السارق بالسرقة، فلا حاجة إلى حضرة المسروق منه لقطعه. فأمّا إذا قامت البيّنة عليه بذلك، فلا بدّ من حضوره عند الشهادة، لأنّ الشهادة تنبني على الدّعوى في المال... وعندنا لابدّ من حضرة المسروق منه، في الإقرار والشهادة جميعا عند الأداء، وعند القطع (**المبسوط**، ج 9 ص 142). ويذهب مالك إلى قطع السارق، إن كان المسروق منه غائبا (**المدوّنة**، ج 16 ص 268).

445 عبارة «ابن» غائبة في **الأصل**، ج 7 ص 274.

446 **الأصل**، ج 7 ص 275؛ **الكافي**، ج 1 ص 206 أ.

قلتُ: أرأيتَ من أقرّ بالسرقة، عند الإمام، من ولد، أو والد،
أو جدّ، أو جدّة، أو من ذي رحم محرّم، هل تقطعه ؟ قال: لا.[447] قلتُ: لِم ؟ قال: أمّا الوالد،[448]
فإنّ بعض الفقهاء، يقولون: مالُه لأبيه،
وقد بلغنا عن النبي، عليه السلام، (أنّه قال لرجل: أنتَ ومالُك لأبيك). وأمّا ما سوى ذلك، من ذي رحم محرّم، فإنّي أُجبر بعضهم
على نفقة بعض، إذا كان ذا حاجة، زَمِنًا، أو صغيرا، أو امرأة، فكيف أقطعُه في شيء، أرى له فيه حقّا، على وجه من
الوجوه. (وقد بلغنا عن علي بن أبي طالب، أنّه أُتي برجل، سرق سرقة من المغنم، فدرأ عنه الحدّ، وقال: أرى له فيه حقّا).[449]
قلتُ: أرأيتَ العبد يُقرّ بالسرقة، من مولاه، أو من أبي مولاه، أو من ابن مولاه، أو من جدّ مولاه، أو من جدّته، أو من ذي رحم [محرّم لِ]مولاه،
أو من امرأة مولاه ؟ قال: لا أقطعه في شيء من ذلك. قلتُ: وكذلك المكاتَب، والمدبَّر، وأمّ 9 ب
الولد ؟ قال: نعم. قلتُ: وكذلك لو شهدت
عليهم به الشهودُ ؟ قال: نعم. قلتُ: لِمَ ؟ قال: لأنّي أدرأ القطع في هذا عن مولاه، لو كان هو السارق، وعبيدُه بمنزلته.[450] قلتُ:
أرأيت الرجل يُقرّ بالسرقة من مكاتَبه، أو من عبد له تاجر، عليه دين ؟ هل يُقطع ؟ قال: لا، هؤلاء في يده، وأموالُهم بمنزلة ماله.
قلتُ: وكذلك لو شهدت عليه، بهذا، الشهودُ ؟ قال: نعم. قلتُ: أرأيتَ الرجل المسلم، يُقرّ بأنّه سرق ألف درهم من بيت
المال، [هل تقطعه] ؟ قال: لا. قلتُ: وكذلك لو شهدت عليه الشهود بهذا ؟ قال: نعم. قلتُ: لِمَ ؟ قال: لأنّ له فيه نصيبا،[451] وقد بلغنا عن رسول الله

447 **الكافي**، ج 1 ص 206 أ، **المبسوط**، ج 9 ص 188. يذهب مالك إلى قطع الابن إن سرق من مال والده. أمّا إن سرق الوالد أو الوالدة من مال الابن، فهما لا يُقطعان (**المدوّنة**، ج 16 ص 276).

448 من الأوْلى القول: «الولد»، كما في **الأصل**، ج 7 ص 275.

449 ورد هذا الحديث في **الأصل**، ج 7 ص 275، بصفة مختصرة جدّا. وفي رأي مالك، يُقطع السارق من المغنم (**المدوّنة**، ج 16 ص 295).

450 نفس الرأي في **المدوّنة**، ج 16 ص 277، وانظر أسفله.

451 في **المبسوط**، ج 9 ص 188: «لأنّ له فيه شركة، أو شبهة شركة». وعند مالك، يُقطع (**المدوّنة**، ج 16 ص 295).

أنّ عبدا من الحبش، سرق من الخمس، فأُتي به النبي، فقال: [452] مال الله، سرق بعضه بعضا، لا قطع عليه.[453] قلتُ: وكذلك، لو شهد
عليه شاهدان ؟ قال: نعم. قلتُ: وكذلك لو سرق عبده منه، شيئا، أو مكاتَبُه، أو أمُّ ولده ؟ قال: نعم، لأنّ لهم فيه
نصيبا، فلا أقطعهم في سرقته. قلتُ: أرأيت الرجل يُقرّ بالسرقة، من امرأة أبيه، أو من زوج أمّه، أو من أبي امرأته، أو من
أبنها، أو من ابنتها، أو من أبي امرأته،[454] هل يقطع في شيء من هذا ؟ قال: لا.[455] قلتُ: لِمَ ؟ قال: لأنّي لا أقطعه بالسرقة، من امرأته، لأنّ بيتها [بيتُه]،
ومَتاعَها مَتاعُه، ومنزلَها منزلُه. وكذلك امرأة ابنه، وكذلك أمّ امرأة أبيه، وكذلك أمّ امرأته، وابنتها، وابنها. وقال
أبو يوسف: أنا أقطع في جميع ما ذكرتَ، غير امرأته، بعد أن سرق ذلك من غير منزل السارق، أو منزل أبيه، أو ابنه،[456] [وهو قول محمّد]. قلتُ:
أرأيتَ الرجل يُقرّ بالسرقة، فيقول: سرقتُ هذا، أنا وهذا الصّبي، هل يُقطع ؟ قال: لا.[457] قلتُ: لِمَ ؟ قال: لأنّه سرق معه صبيّ، فإذا
درأتُ الحدّ عن الصّبي، درأته عن الرجل، لأنّها سرقة واحدة. قلتُ: وكذلك لو أقرّ بالسرقة، مع إنسان أخرس لا ينطق، أو مع
معتوه (مغلوب)، لا يفيق. قال: نعم.[458] قلتُ: وكذلك لو شهدت عليه الشهود بالسرقة ؟ قال: نعم. قلتُ: هذا المجنون،

---

452 عوضا عن هذا الحديث، نجد في **الأصل**، ج 7 ص 275 : «وقد بلغنا عن علي بن أبي طالب أنّه أُتي برجل سرق سرقة من المغنم، فدرأ عنه الحدَّ، وقال إنّ له فيه نصيبا». ذُكر هذا الأثر في مخطوطنا أعلاه.

453 وعند المالكية، يُقطع (**المدوّنة**، ج 9 ص 295).

454 نلاحظ هنا تكرار «أبي امرأته»، بخلاف ما ورد في **الأصل**، ج 7 ص 276.

455 يضيف الحاكم الشهيد (**الكافي**، ج 1 ص 206 أ): «استحسانا»، وهو قول أبي حنيفة (**المبسوط**، ج 9 ص 188).

456 **الأصل**، ج 7 ص 276؛ **الكافي**، ج 1 ص 206 أ؛ **المبسوط**، ج 9 ص 188.

457 وعند المالكية، يُقطع (**المدوّنة**، ج 16 ص 277).

458 **الأصل**، ج 7 ص 276؛ **الكافي**، ج 1 ص 206 أ؛ **المبسوط**، ج 9 ص 189. وعن أبي يوسف، إن كان الصّبي هو الذي حمل المَتاع، لا يُقطعان. وإن كان الحامل هو البالغ، عليه القطع (**المبسوط**، ج 9 ص 189). وفي **المدوّنة**، ج 16 ص 277، يُقطع إن سرق البالغ مع مجنون.

والصّبِي، قد عرفتُ أنّ الحدَّ يُدرأ عنهما. أرأيت الأخرس لِمَ
درأتَ [عنه] الحدَّ ؟ قال: لأنّه أخرس، لا ينطق، فلا أدري لعلّ عنده حُجّة.[459] قلتُ: أرأيت
المجنونَ، الّذي يجنّ ويفيق، إذا أقرّ بالسرقة، في حال إفاقته،
فأقرّ منها شيئا، يجب في مثله الحدّ، هل يقطعه ؟ قال: نعم،[460] هو في إفاقته بمنزلة الصحيح. قلتُ:
أرأيتَ إن أقرّ، في حال إفاقته، فقال:
سرقتُ، وأنا مجنون، هل تقطعه ؟ قال: لا، لأنّه إنّما سرق في حال جنونه. قلتُ: وكذلك الرجل
يقول: سرقتُ وأنا صبيّ ؟ قال: نعم، لا يُقطع.[461]
قلتُ: فالإقرار في هذا، وشهادة الشهود عليهم بذلك، سواء ؟ قال: نعم. قلتُ: أرأيتَ الرجل
(المسلم)، يُقرّ بالسرقة، من رجل كافر،
والسرقة تساوي عشرة دراهم،[462] هل تقطعه ؟ قال: نعم. قلتُ: أرأيتَ إن كانت السرقة، خابية
من خمر، وظَرْفُها[463] يُساوي عشرة دراهم،
هل تقطعه ؟ قال: لا، لأنّ الخمر حرام، ولا أقطعه في شيء من الحرام،[464] ولأنّ الظَرْف، حجر
فخّار، فلا أقطعه في شيء من الفخّار. قلتُ: أرأيت
الرجل، والمرأة، أهُما سواء في الإقرار بالسرقة، وتُقطع المرأة كما يُقطع الرجلُ، في كلّ شيء من
السرقة ؟ قال: نعم.[465] قلتُ: أرأيت
الرجل، يُقرّ بالسرقة، ثمّ يُصالح صاحبَها، ويكتب عليه بقيمتها، ذكر حقّ، ثمّ رُفع إلى الإمام، هل
يقطعه ؟ قال: لا. قلتُ: لِم ؟ قال: لأنّها بذلك،
صارت دينْا، في عنقه، واصطلحا عليها. قلتُ: أرأيت الرجل، يغصبُ الرجلَ الشيءَ، فيجيء
لصٌّ، فيسرقه منه، ثمّ جاء اللّصّ، فأقرّ

---

459 عند مالك، يُقطع الأخرس، إن أقرّ بالسرقة، أو شهدت عليه الشهود بذلك (**المدوّنة**، ج 16 ص 295).

460 نفس الرأي لدى مالك (**المدوّنة**، ج 16 ص 275).

461 **الأصل**، ج 7 ص 276؛ **المبسوط**، ج 9 ص 184. نفس الرأي لدى مالك (**المدوّنة**، ج 16 ص 275).

462 في **الأصل**، ج 7 ص 277: «مالا عظيما».

463 الظَّرْف هو الوعاء (**المنجد**، ص 479 مادة ظرف).

464 «لو سرق خمرا في ظرف، وقيمة الظّرف نصاب، لا قطع عليه، لأنّ المقصود الخمر، وهي حرام» (**المبسوط**، ج 9 ص 189). ويذهب مالك إلى تغريم ثمن الخمر إن سرقه من ذمّي (**المدوّنة**، ج 16 ص 270، 278).

465 نفس الرّأي لدى مالك (**المدوّنة**، ج 16 ص 295).

بالسرقة، عند الإمام، أو شهدت عليه الشهودُ، فشهدوا على شيء، في مثله يجب الحدُّ، فقال السارقُ: هذا مالٌ ليس لهذا
الرجل، إنّما هو مال، غصبته من غيره، أو قال: هو ربًا كسبته، هل تنظر إلى قول السارق؟ قال: لا، ولكن أقطعه، ولا ألتفتُ إلى قوله.
قلتُ: أرأيت الرجل، يُقرّ بالسرقة، فيقطعه الإمام فيها، ولم يجدها بعينها عند السارقِ. ثمّ إنّ سارقا آخر، سرقها
منه، فأُتي به، الإمامَ، فأقرّ السرقة، وأقرّا جميعا، أنّ هذا هو المال، الذي قطعتَ هذا فيه ؟ قال: إذا كان هذا هكذا،
درأتُ عنه الحدّ،[466] وأردّ المتاع إلى صاحبه، وليس هذا كالغصب،
هذا قد قطعتُ فيه صاحبَه، الذي هو عنده، فلا أقطع فيه هذا الآخر. قلتُ: أرأيتَ الرجل، يُستَودع المتاع،
أو يستعيره، فيسرقه منه ابنه، أو أبوه، (أو أمّه)، أو ذي رحم[467] محرّم منه، أو سرقته امرأته، والمَتاع يساوي ألف درهم،[468] فيُقرّ
السارق بالسرقة، على هذا الوجه، أو يشهد عليه به الشهود، هل تقطعه ؟ قال: لا. قلتُ: لِمَ، والمَتاع لرجل غريب، ليس
للمسروق منه فيه شيء، وهو الخصم في هذا؟ قال: لأنّه ذو رحم محرّم منه، فلا يُقطع لذلك.[469]
قلتُ: أرأيت الرجل، يُطلّق امرأته،
واحدة بائنة، فتَنْقضي عِدّتها، ثمّ تعتزل امرأتُه في بيت، على حدة، وقد انقضت عدّتُها، في غير منزله، ثمّ إنّه سرق منها
السرقة، فأقرّ بذلك، أو شهدت عليه الشهود، والسرقة يجب في مثلها الحدُّ، هل تقطعه ؟ قال: نعم. قلتُ: لِمَ ؟ قال: لأنّها ليست
بامرأته.[470] قلتُ: وكذلك لو طلّقها ثلاثا؟ قال: نعم. قلتُ: وإن كانت معه في بيته، تعتدُّ منه،

466 في قول مالك، يُقطع السارق من السارق، «ولو كانوا سبعين» (**المدوّنة**، ج 16 ص 269).

467 هكذا، والأولى: ذو رحم.

468 في **الأصل**، ج 7 ص 277: «مالا عظيما».

469 **الأصل**، ج 7 ص277–278؛ **المبسوط**، ج 9 ص 188، 190، وستقع العودة أسفله إلى مسائل السرقة من ذوي الأرحام.

470 يوجد اختلاف في الإجابة عن هذه المسألة مقارنة بما ورد في **الأصل**، ج 7 ص 278: «قلت: أرأيت الرجل يطلّق امرأته واحدة بائنة، ولم تنقض عدّتُها، ثمّ تعتزل امرأته في بيت على حدة غير منزله، ثمّ إنّه سرق منها سرقة، فأقرّ بذلك، أو شهدت عليه الشهود، والسرقة يجب في مثلها القطع،

فسرق منها شيئا ؟ قال: لا يُقطع [أيضا] لأنّها
[معه] في بيته.[471] قلتُ: أرأيتَ الرجل يسرق، من المرأة، ولا ترفعه إلى الإمام، حتّى يتزوّجها،
فترفعه إلى الإمام، وهي امرأته، فأقرّ بالسرقة،
أو شهدت عليه الشهود، هل تقطعه ؟ قال: لا. قلتُ: لِمَ ؟ قال: لأنّها خاصمته، وهي امرأته، فلا
يُقطع.[472] ولو سرق منها، وهي
امرأته، ثمّ طلّقها، فبانت منه، ثمّ رافعته إلى الإمام، لم أقطعه. قلتُ: لِمَ ؟ قال: لأنّها لو خاصمته،
وهي امرأته، لا يُقطع.[473] قلت:
أرأيتَ الرجل، يسرق من بنت امرأته، أو من ابنها، أو أمّها، أو من أبيها، أما تقطعه ؟ قال: لا.
قلتُ: لِمَ ؟ قال: هؤلاء بمنزلة ذي
الرحم المحرّم منه كلّهم. قلتُ: وكذلك لو سرق من امرأة ابنه ؟[474] قال: نعم. وقال أبو يوسُف
[ومحمّد]: أرى عليه القطع، إلّا من امرأته.[475]
قلتُ: أرأيتَ الرجلَ يسرق من أمّه من الرضاعة، أو من أخيه من الرضاعة، أو من ذي رحم
من الرضاعة، فأقرّ بالسرقة منهم، أو شهد عليه به الشهود،
10 أ هل تقطعه، والسرقة يجب في مثلها الحدُّ ؟ قال: نعم. (وأمّا أنا، فإنّي أستحسنُ في هذا، إذا سرق
من أمه الّتي أرضعته، لا أرى
قطعه. وأمّا ما سوى ذلك، فإنّي أقطعه فيها، وليس الرضاعُ عندي كالنسب).[476] قلتُ: أرأيتَ
الرجل إذا نظر إلى فرج امرأة
من شهوة، أو لمسها، أو قبّلها، حتّى صارت أمُّها عليه حراما، أو ابنتها. ثمّ سرق، بعد ذلك، من
المرأة، أو أمّها، [أو ابنتها] سرقة،
يُقطع في مثلها، فأقرّ بذلك، أو شهدت عليه شهود، هل تقطعه ؟ قال: نعم. ألا ترى أنّ هذا عليه

هل نقطعه؟ قال: لا. قلت: لِمَ؟ قال: لأنّها بمنزلة امرأته».

471 **المبسوط**، ج 9 ص 190.

472 يذكر السرخسي: «أصلُ علمائنا، رحمهم الله تعالى، أنّ أحد الزوجين إذا سرق مال الآخر لم يُقطع» (**المبسوط**، ج 9 ص 188، 189، 190). ويذهب مالك إلى قطع الزوجة «إذا سرقت من مال الزوج في غير بيتها الذي تسكن فيه، وكذلك خادمها» (**المدوّنة**، ج 16 ص 276–277).

473 **الأصل**، ج 7 ص 278، مع تقديم وتأخير واختلاف جزئي في العبارات. وانظر **المبسوط**، ج 9 ص 190.

474 في **الأصل**، ج 7 ص 278: «أبيه».

475 في **الأصل**، ج 7 ص 278: «امرأة أبيه، لأنّ البيت بيت أبيه».

476 هذا الرأي هو لأبي يوسف (**المبسوط**، ج 9 ص 190–191).

حرام، بمنزلة الرّضاع،
فأقطعه في السرقة منها. فهذا بمنزلة الرضاع. قلتُ: فَمَالَكَ لا تقطعه في السرقة من أمّ امرأته، ولا من ابنتها ؟ قال:
أستحسن ذلك، لأنّها بمنزلة امرأته. قلتُ: أرأيتَ الرجل إذا طلّق امرأته ثلاثا، ثمّ سرق منها، بعد ما تنقضي عِدّتُها، أو من
أمّها، أو من ابنتها، أو من ابنها، أو سرق أبوه من واحد من هؤلاء، فأقرّ بالسرقة، أو شهدت عليه بذلك الشهودُ،
والسرقة يُقطع في مثلها، هل تقطعه ؟ قال: نعم. قلتُ: أرأيتَ الرجل، إذا أقرّ بالسرقة، فأمرتَ بقطعه، فهرب، هل تأمر بطلبه ؟
قال: لا، ولكنّي أدَعه. قلتُ: وكذلك لو شهدت عليه بذلك الشهود ؟ قال: نعم.[477] قلتُ: ولِم كان هذا هكذا عندك ؟ قال: لأنّه
بلغنا عن النّبي صلّى الله عليه وسلّم، أنّه حين أمر برجم ماعز بن مالك، ذكروا للنّبي أنّه كان بأرض قليلة الحجارة، فأبطأ عليه
الموتُ، فانطلق يسعى، إلى أرض غيرها، كثيرة الحجارة، فانطلق في أثره. فقال رسول الله، عليه السلام: هلّا خلّيتم سبيلَه.
قلتُ: أرأيتَ المسروق منه، إذا أتاك[478] بالسارق، بعد ذلك، والسرقة قائمة بعينها، هل تقضي له بها، وتردّها عليه ؟ قال: نعم. قلتُ:
فإن كان قد استهلكها، ضمّنتَه قيمتها، إن كنتَ لم تقطعه فيها ؟ قال: نعم.[479] قلتُ: أرأيت الرجل يُقرّ بالسرقة من الرّجل، فيقول:
سرقتُ من هذا مائة درهم، أَوْهَمْتُ، إنّما سرقتُ من هذا الآخر، هل تقطعه ؟ قال: لا. قلتُ: لِم ؟ قال: للشّبهة التي دخلت. ألا ترى
أن أقضي بالمائة الأولى للّذي أقرّ له بها، أوّل مرّة، فقد جعلتُها دينًا عليه،
فكيف أُقطعه فيها. قلتُ: أفلا تقضي لهذا الآخر بشيء ؟ قال: بلى نقضي عليه بمائة درهم، التي له. قلتُ: فلو [لم] يُقرّ بهذا،
ولكنّ الشهود شهدوا عليه، فقالوا: إنّه سرق من هذا مائة درهم. ثمّ قالوا، قبل أن يقضي: أوْهمنا،

---

477 في **الأصل**، ج 7 ص 279، وعوضا عن عبارة «نعم»، نجد «أمّا هذا، فإنّي أطلبه ما دام في فوره ذلك».

478 **المبسوط**، ج 9 ص 191.

479 **المبسوط**، ج 9 ص 191.

إنّما سرق من هذا الآخر؟
قال: لا أقطعه، ولا أقضي عليه بشيء من الدراهم، لواحد منهما، ولا أقبل شهادتهما للأوّل، لأنّهما قد رجعا [فأتّهمهم] على
الآخر.[480] قلتُ: فلو كان الشهودُ أربعة، فثبت اثنان، على الشهادة الأولى،[481] ورجع اثنان، فشهدا على هذا الآخر، هل تقطعه ؟ قال:
لا، للشّبهة التي دخلت. قلتُ: فهل تُضمّنه شيئا ؟ قال: نعم، أضمّنه للأوّل. قلتُ: لِمَ ؟ قال: لأنّ الشاهدين ثبتا على شهادتهما، فلا
أجيزُ شهادة الراجعين على الآخر، فلا أقطعه بشهادتهما.[482] وإذا ادّعى المسروق منه، فقال: إن الأوّل سرقني،
[وثبت شاهدان عدلان]، قطعتُ[483] الأوّل، ولم أنظر إلى شيء من أمر الآخر. قلتُ: أرأيتَ الرجل، يُقرّ أنّه سرق من رجل مائة درهم، وجاء آخر،
فقال: لم يسرقها هذا، ولكن أنا سرقتُها. فقال المسروق منه: كذبتَ وكذب الآخر، وقال الأوّلُ هو سرقها، هل تقطع
الأوّلَ، وقد وصف السرقة، وأثبتاها ؟[484] قال: نعم. قلتُ: فإن قال صاحب السرقة، (الذي قطع الأوّل): لم يسرقها الأوّلُ، قد علمتُ،
وذكرتُ أنّ هذا الآخر هو الذي سرقها، هل تقطع هذا الآخر ؟ قال: لا. قلتُ: لِمَ ؟ قال: لأنّ صاحب السرقة، قد ادّعى على الأوّل.
فدعواه على الأوّل، برّأتْ الآخر، فإذا ادّعى على الآخر، لم أقطعه في شيء قد أبرأه منه. قلتُ: فهل يُقطع الأوّل [إن كنتَ لم تقطعه] ؟ قال: لا، لأنّه
أبرأه، حين ادّعى على الآخر. قلتُ: فهل تُضمّن الأوّل، السرقةَ: قال: لا، لأنّ صاحبها قد أبرأه منها. قلتُ: أرأيت حين قال الآخر:
أنا سرقتُها. فقال له صاحب السرقة: كذبتَ، ثمّ قال له بعد ذلك: أنت سرقتها، هل تضمّنه شيئا ؟ قال: لا. قلتُ: لِمَ ؟ قال: لأنه قد

480 يعلّق السرخسي قائلا: «والرجوع عن الشهادة قبل القضاء، والتناقض فيها مانِعٌ من القضاء بالمال والحدّ جميعا» (**المبسوط**، ج 9 ص 191).

481 في **الأصل**، ج 7 ص 280: «للأوّل»، وهو الأصحّ.

482 **المبسوط**، ج 9 ص 191.

483 في **الأصل**، ج 7 ص 280: «ضمّنتُ».

484 هكذا، والأوْلى: وأثبتها.

أبرأه، فلا أضمّنه شيئا.[485] قلتُ: أرأيتَ إن لم يقُل له: كذبتَ، ولكنّ الأوّل
قال: أنا سرقتُها. فقال له: صدقتَ. ثمّ قال له الآخر: أنا سرقتُها. فقال له: صدقتَ. فكانت المقالة منه، و[486]منهما على ما
وصفتُ لك، هل تقطع واحدا منهما ؟ قال: لا. قلتُ: فهل يُضَمّن واحدٌ منهما السرقة، وهي مستهلكة ؟ قال: لا[487] أضمّن الآخرَ
السرقة، ولا أضمّن الأوّلَ، لأنّ الآخر قد أقرّ بها، [بعد البَراءة]، وصدّقه صاحبها. قلتُ: السرقة كان صاحبها أبرأه منها، حين ادّعى
على الأوّل ؟ قال: بلى، ولكنّ الآخر أقرّ بها، بعد البَراءة وصدّقه صاحبُها، فلذلك ضمّنتُه. قلتُ: فلِمَ لا تقطعه ؟ قال: للشّبهة الّتي
دخلت، والبراءة التي قد كان أبرأه. قلتُ: فلو شهد له شاهدان، على رجل بالسرقة، ادّعى ذلك عليه، ثمّ شهد له شاهدان
آخران، على رجل أنّه هو [الذي] سرق تلك السرقة، بعينها، فصدّقهما، وادّعى ذلك عليه، هل يُقطع واحد منهما ؟ قال: لا. (قلتُ: لِمَ ؟ قال:
لأنّه أبرأ الأوّل، حين ادّعى على الآخر، وأبرأ الآخر حين ادّعى على الأوّل، فلا أقطع واحد[488] منهما). قلتُ: فهل تضمّن واحد[489]
منهما شيئا ؟ قال: لا. قلتُ: فما بالُك قد ضمّنتَ في الثالث[490] الأوّل، السارقَ الآخر ؟ قال: لأنّ ذلك كان إقرارا من السارق الآخر،
وصدّقه الطالب. وهذا الباب، السارقُ منكر السرقة، فلا أقبل عليه البيّنة، لأنّ المدّعي هذا كذّبهم، حين ادّعى
على الأوّل. قلتُ: فلو أنّ سارقا أقرّ، فقال: سرقتُ من فلان كذا كذا من المَتاع، فقال له فلان: كذبتَ، لم تسرقها منّي، ولكنّك
غصبتنيه غصبا، وإنّما أردتَ بهذا أن تبرأ من الضمان ؟ قال: ينبغي في القياس، ألّا يكون عليه شيء، لأنّه قد أكذبه، ثمّ ادّعى

485 **المبسوط**، ج 9 ص 191.

486 هكذا، والأَوْلى حذف «منه و»، كما في **الأصل**، ج 7 ص 281.

487 هكذا، والأَوْلى حذف «لا»، كما في **الأصل**، ج 7 ص 281.

488 هكذا، والأَوْلى: واحدا. ويذهب مالك أيضا إلى نفس الرأي (**المدوّنة**، ج 16 ص 281).

489 هكذا، والأَوْلى: واحدا.

490 هكذا، والأَوْلى: الباب.

عليه بعد ذلك. قلتُ: أرأيتَ لو قال السارق: سرقتُ منك كذا وكذا. فقال: الطالبُ: غصبتنيه غصبا، وهو مستهلك، هل
يُضمَّن السارق قيمته ؟ قال: نعم، لأنّ هذا لا يبرئه من الضمان. قلتُ: فهل تقطعه في هذا الباب وفي الباب الأوّل ؟ قال: لا.
قلتُ: أرأيتَ الباب الأوّل، تأخذ فيه بالقياس، فتُبطل عنه الضمان، أو تأخذ بالاستحسان، فتضمّنه ؟ قال: [لا] أستحسن بأن
أضمّنه، لأنّه كلام متّصل، وأدَع القياس.[491] قلتُ: أرأيتَ الرجل يقول للرّجل: غصبتك كذا وكذا، فيقول الطالب:
10 ب [سرقته منّي سرقة]، هل عليه قطعٌ ؟ قال: لا، لأنّه لم يُقرّ بالسرقة. قلتُ: فهل تضمّنه قيمة ذلك الشيء، وقد هلك ؟ قال: نعم. قلتُ: وكلّ شيء ضمّنتَه قيمته، فالقول،
قوله ؟ (قال: نعم. قلتُ:) فإن ادّعى الطالبُ أكثر من قيمة ذلك، سألتَه البيّنة على ما ادّعى ؟ قال: نعم. قلتُ: فهل على المطلوب يمينٌ بالله، أنّ قيمة ذلك الشيء،
كذا وكذا ؟ قال: نعم. قلتُ: فإن حلف، لم يكن عليه شيء، إلّا ما قال ؟ قال: نعم. قلتُ: فإن ادّعى عليه الطالبُ، فقال: قيمة متاعي، كذا وكذا، (هل يحلف ؟ قال: نعم. قلتُ:)
فإن أبى أن يحلف، أتلزمه ما قال الطالبُ ؟ قال: نعم. قلتُ: أرأيتَ الرجلَ يقول: قد سرقتُ من فلان وفلان ثوبا، وأحدُ الرّجلين غائبٌ، والآخر شاهد يدّعي ذلك
الثّوب، ويُخاصم فيه، هل تقطع السارق فيه ؟ قال: لا. قلتُ لِمَ ؟ قال: لأنّ أحد الرجلين غائب، لا أدري، لعلّه سيكون منه كلام، أدرأ فيه عن هذا الحدّ. قلتُ: هل
تقضي له بنصف الثوب، إن كان قائما بعينه ؟ وإن كان مستهلكا، بنصف قيمة الثوب ؟ قال: نعم.[492] قلتُ: أرأيتَ لو كان الرجلان جميعا شاهدين، فقال السّارقُ:
سرقتُ منكما ثوبا، فقال أحدُهما: كذبتَ لم تسرقه، ولكنّك غصبْتَناه غصبا. أو قال: استَوْدعْناكَه وديعة،[493] أو قال: عرنكه[494] عارية، أو قال: هو
ثوبُك، لا حقّ لنا فيه ؟ قال: لا يُقطع في شيء ممّا ذكرتَ. قلتُ: وتقضي بنصف الثوب لهذا الذّي يدّعيه، أو بنصف قيمته، إن كان مستهلكا ؟ قال: نعم.[495] قلتُ:

491 **الأصل**، ج 7 ص 282؛ **المبسوط**، ج 9 ص 192.

492 **الكافي**، ج 1 ص 206 أ؛ **المبسوط**، ج 9 ص 193.

493 في قول مالك، يُقطع السارق، في هذه الحالة (**المدوّنة**، ج 16 ص 272).

494 هكذا، والأوْلى: أعرنا كه، كما في **الأصل**، ج 7 ص 282.

495 **الأصل**، ج 7 ص 283؛ **الكافي**، ج 1 ص 206 أ؛ **المبسوط**، ج 9 ص 193.

فإن قال: غصبْتُكُماه، قضيتَ به لهما جميعا ؟ قال: نعم.[496] قلتُ: وكذلك لو قامت البيّنة، أنّه سَرق من هذين الرجلين، ثوبا، وأحدُهما يقول هذه المقالة التي ذكرتَ، وأحدهما غائب، هل كنتَ تقطعه في شيء من هذا ؟ قال: لا. قلتُ: فهل تقضي للّذي يدّعي السرقة بنصف الثوب، أو بنصف قيمته، إن كان مُستهلكا ؟ قال: نعم. قلتُ: والغائبُ، إذا جاء، فادّعى السرقة، قضيتَ له بمثل ذلك ؟ قال: نعم. قلتُ: ولِم لا تقطع السارق، وقد شهدت الشهودُ على السرقة، واجتمع رجلان على الدعوى ؟ قال: لأنّي قضيتُ بنصف ثوب الأوّل،[497] ودرأتُ عنه الحدّ، لغيبة الغائب، وإذ جعلتُ أمرَه، وأمرَ شريكه، أمرا واحدا، لم أقطع هذا السّارق. قلتُ: فإذا كان حاضرا، وقال: الثّوبُ وديعةٌ عندي، أو عارية، هل تقضي له بشيء ؟ قال: لا. قلتُ: فهل تقطع الرجلَ ؟ قال: لا، لأنّ شهود[ه] شهدوا بالسرقة، وأكذبهم حين ادّعى خلاف ما شهدوا به.
قلتُ: فهل تقضي لصاحبه بشيء، وقد ادّعى بمثل ما شهدتْ به الشهود ؟ قال: نعم، أقضي له بنصف الثّوب، إن كان قائما بعينه، وإن كان مُستهلكا، فبنصف قيمته. قلتُ: فإن خاصمه شريكُه، الّذي أبطلت حصّته، هل لشريكه نصيبٌ فيما أخذ؟[498] قال: نعم، [لا أبطل حقّه بإكذابه البيّنة]، لأنّه ثوب بينهما، فما وصل إليه، للشّريك نصفُه. قلتُ: فلو أنّ سارقا أقرّ بسرقة من رجلين، وهما حاضران، يدّعيان ذلك، والسرقة يجب في مثلها القطعُ، أكنتَ تقطعه ؟ قال: نعم. قلتُ: فلو أمرتَ بقطعه، فقال أحدُهما: لم يسرق منّا شيئا، أكنتَ تدرأ عنه القطعَ ؟ قال: نعم. قلتُ: فتُضمّنه السرقة، وهي مُستهلَكة ؟ قال: أمّا الذي أبرأه، فلا أُضمّنه له شيئا، وأمّا الذي لم يبْرئه، فإنّي أُضمّنه له قيمة حصّته.[499] قلتُ: فهل يُشرك فيها شريكَه ؟
قال: لا. (قلتُ: لِم ؟) قال: لأنّه قد قال: لم يسرق منّي شيئا، فهو يُقرّ أنّه لا حقّ له فيما أخذ صاحبُه. قلتُ: وكذلك لو شهدت عليه الشّهودُ، بالسرقة ؟ قال: نعم. قلتُ: أرأيتَ الرّجلين يُقرّان جميعا بالسرقة، فيقولان: سرقنا من فلان، هذا

496 لا يُقطع الغاصب، بل إنّه يُرجع المغصوبَ إلى صاحبه (**المدوّنة**، ج 16 ص 272).
497 هكذا، والأولى: «للأوّل»، كما في **الأصل**، ج 7 ص 283.
498 في **الأصل**، ج 7 ص 283 : «هل يشركه فيها أحدٌ؟»
499 **الأصل**، ج 7 ص 283؛ **الكافي**، ج 1 ص 206 ب.

الثوب، والثوبُ يُساوي مائة درهم، وفلان
يدّعي ذلك. فلمّا أمرتَ بقطعهما، قال أحدُهما: الثوب ثوبنا، لم نسرقه، هل تقطعهما ؟ قال: لا.
قُلتُ: لِمَ ؟ قال: لأنّ الحدَّ
قد وجب عليهما في شيء واحد جميعا معا، فلمّا جاء بشبهة، درأتُ بها عن أحدهما، درأتُ عن الآخر. قلتُ: فلو أنّ أحدهما قال:
سرقنا هذا الثوب، من هذا الرجل، وقال الآخر: كذبتَ لم نسرقه، ولكنّه لفلان. فكانت هذه مقالتهما فيه، أكنتَ تقطع الذي أقرّ بالسرقة، والثوبُ
قائم بعينه ؟ قال: نعم أقطعه. فأمّا صاحبُه، فلا أقطعه، لأنّه لم يُقرَّ بمثل ما أقرّ به صاحبُه هذا.[500] [وهذا قول أبي حنيفة ومحمّد. وقال أبو يوسف:] وأمّا أنا فأَحَبُّ إليّ ألّا أقطع واحدا
منهما.[501] قلتُ: أرأيت إذا أقرّ[502] بالسرقة، جميعا، ثمّ قال أحدُهما، بعد ذلك: لم نسرقه، ولكنّه ثوبُنا، أيُدرأ عنهما القطع جميعا،[503]
قال: نعم، لأنّها سرقة واحدة، فإذا درأتُ الحدّ عن أحدهما، درأتُه عن الآخر. قلتُ: أرأيتَ إن قال أحدُهما: سرقناه. وقال الآخر: لم
أسرق معك شيئا، ولا أعرفك، ولا أعرف هذا الثوب،[504] (الّذي أُقرّ به أنّك سرقتَه). أتقطع الذي أقرّ بالسرقة ؟ قال: نعم، (وأمّا أنا،[505] فلا أرى
القطع على واحد منهما، إذا درأتُ الحدَّ عن واحد منهما، درأتُه عن الآخر، بأيّ وجه كان).
قلتُ: أرأيت الرجل إذا ادّعى السرقة،
على الرجل، فقال: قد سرق هذا منّي مَتاعا يُساوي مائة درهم، فَاسْتَحْلِفْه، هل أستحلفه على ذلك ؟ قال: نعم. قلتُ: فإن أبى أن يحلف، هل
تقطعه ؟ قال: لا، [ولكنّي أضمّنه المال]. قلتُ: لِمَ، أليس هذا والإقرار سواء ؟ قال: ليسا سواء في الحدّ. الحدُّ يُدرأ بالشبهة. قلتُ: فهل تُضمّنه دعوى المُدّعي ؟ قال:
نعم. قلتُ: أرأيتَ إذا ادّعى عليه، فقال: سرق هذا مَتاعا لي يُساوي ألف درهم، فقال المُدّعى

---

500 **الأصل**، ج 7 ص 284؛ **الكافي**، ج 1 ص 207 أ؛ **المبسوط**، ج 9 ص 194.

501 **الأصل**، ج 7 ص 284؛ **الكافي**، ج 1 ص 207 أ.

502 هكذا، والأَوْلى: أقرّا.

503 **الأصل**، ج 7 ص 284؛ **الكافي**، ج 1 ص 207 أ؛ **المبسوط**، ج 9 ص 193–194.

504 مباشرة بعد هذه العبارة، ذكر السرخسي (**المبسوط**، ج 9 ص 194): «فهو على الخلاف، وقد كان أبو يوسف، رحه، أوّلا يقول كقول أبي حنيفة ومحمّد، رحمهما الله، ثمّ رجع وجه قول أبي يوسف، رحه، أنّ المقرّ منهما أقرّ بسرقة شيء واحد، وقد تعذّر إيجاب القطع على واحد منهما لإنكاره...»

505 **الكافي**، ج 1 ص 203 ب؛ **المبسوط**، ج 9 ص 194.

عليه: صدق، سرقتُ مَتاعه
هذا،[506] ثمّ جحد، بعد ذلك، فقال: لم أَقُل هذه المقالة. ولم أُقِرّ بشيء، هل يقطعه الإمام ؟ قال:
لا. قلتُ: لِمَ ؟ قال: لأنّه قد رجع عن إقراره،
وعن شهادته، فلا أقطعه. قلتُ: فهل تُضمّنه ما أقرّ به ؟ قال: نعم. قلتُ: ولِم ضمّنتَه، وأخذتَه
بإقراره، في ضمان ما سرق، ولم
تأخذه بالحدّ ؟ قال: لأنّ الحدّ قد يُدرأ بالشبهة، فرجوعه عن الإقرار شبهة، ولا يُقبل منه رجوعُه
في المَتاع الذي سرق، لأنّه حقّ
للنّاس. وإنّما يُقبل رجوع المُقرّ بما كان لله خاصّة، دون الناس. أمّا ما كان للنّاس، فإنّه لا يُقبل
رجوعُه فيه، ويُؤخذُ بإقراره مرّة
واحدة.[507] **خاتمة كتاب السرقة وقطع الطريق، والحمد لله ربّ العالمين.**

محمّد بن الحسن، عن السري، عن الحسن، قال: قال رسول الله صلّى الله عليه وسلّم: لا قطع في
طعام. [508] ابن جُريج عن سُليمان بن موسى، قال: قال
عثمان، قال: لا يُقطع السارقُ حتّى يَخرُجَ بالمَتاع.

506 يوضّح سحنون أنّ هذا الإقرار أتى «بغير محنة ولا شيء». ويتّفق مالك مع الحنفية في الحكم، أي أنّ السارق يُقال من القطع، ويَدفع الألف (**المدوّنة**، ج 16 ص 297).

507 ينتهي هذا الباب بهذه المسألة الخاصّة بالجحود بعد الإقرار. ونفس الشيء نلاحظه في **المدوّنة**، إذ أنّ هذه المسألة تأتي في **المدوّنة** في آخر باب السّرقة. إلّا أنّ سحنون يلخّصها كما يلي: «قلتُ: أرأيتَ لو أنّ رجلا أقرّ أنّه سرق من رجل ألف درهم، بغير محنة ولا شيء، ثمّ جحده بعد ذلك، والمسروق منه يدّعي ذلك ؟ قال: يُقال في ذلك، ولا يُقطع، ويُقضى عليه بالألف درهم. قلتُ: وهذا قول مالك ؟ قال: نعم».
فطريقة اختصار سحنون لصفحة كاملة تقريبا، في ثلاثة أسطر، تُعبّر عن دقّة وبراعة.
وبعد كتاب السرقة، في **المدوّنة**، يأتي كتاب المحاربين، وهو أمر يتّفق فيه مع **الأصل** (ج 7 ص 285) **والكافي والمبسوط**، حيث نجد باب قطع الطريق. في حين أنّ مخطوطنا يبدأ بهذا الباب، ويليه كتاب السرقة. وبعد كلّ هذه الأبواب، يأتي كتاب الإكراه (في **الأصل**، ج 7 ص 298).

508 لم يرد هذا الحديث في الصّحاح على هذه الصيغة. وقد ورد أعلاه بصيغة مشابهة.

[مسألة محمّد بن الحسن الشيباني (في أصول الفقه)][1]

11 أ بسم الله الرحمن الرحيم قال محمّد بن الحسن، إن ما أتى عن النبي، في كتاب الله،
فينبغي للمسلمين ألّا يتعدّوه
إلى غيره، وأن يقيسوا به، بما أشبهه، ممّا ابتلوا به ممّا ليس في كتاب الله، ولا سنّة. وإذا جاء الشيءُ
ممّن ليس في كتاب الله، ولكنّه في سنّة رسول الله صلى الله
عليه وسلّم، ممّا جاء به الفقهاء، وأجمعوا عليه، فليس للنّاس أن يخالفوه. ولكن يأخذون به،
دون... ويقيسون عليه مهما... بما ليس في كتاب الله،
ولا سنّة...[2]

---

1 عنوان أضفناه.

2 يتواصل النصّ على كامل الصفحة. وبعد ذلك، تأتي الصفحة المواليه، وبها تمزيق. ثمّ تأتي الورقة 12 أ، وهي الأخيرة، يستحيل قراءتُها، لأنّ الكتابة فيها ممحوة، ربّما لكونها قامت بدور غلاف واقٍ للكتاب. على أنّنا سنعود إلى هذه المسألة، وسنحقّقها في عمل لاحق.

 | DOI:10.1163/9789004546646_009

قائمة المصادر والمراجع

المصادر

ابن البزاز الكردري، محمد، **مناقب الإمام الأعظم**، على هامش **مناقب الإمام الأعظم أبي حنيفة** للموفّق المكّي، حيدراباد 1321/1903.

حاجي خليفة، **كشف الظنون عن أسامي الكتب والفنون**، دار الفكر بيروت 1410/1990، وهي إعادة طبع لطبعة اسطنبول 1947.

الحاكم الشهيد، **الكافي في الفقه**، مخطوط رقم 922، المكتبة العمومية (Millet Genel Kutuphanesi)، اسطنبول تركيا، ج 1، نسخة من الأنترنات.

ابن حبيب، عبد الملك، **كتاب الواضحة**، قطع مستخرجة من كتاب منتخب الحكّام تأليف ابن أبي زمنين (ت. 399/1008)، تقديم وتحقيق وترجمة ماريا أركاس كامبوري Maria Arcas Campoy، المجلس الأعلى للأبحاث العلمية مدريد 2002.

ابن حجر العسقلاني، **لسان الميزان**، بيروت 1390/1971، ط. 2.

الخشني، **طبقات علماء إفريقية**، تحقيق محمد بن أبي شنب، الجزائر 1332/1914.

ابن خلدون، **المقدّمة**، تحقيق درويش الجويدي، المكتبة العصرية – صيدا بيروت 1431/2010.

ابن خلّكان، **وفيات الأعيان**، تحقيق إحسان عبّاس، بيروت د. ت.

ابن أبي زيد القيرواني، **النوادر والزيادات**، تحقيق جماعي، دار الغرب الإسلامي – بيروت 1999، ط. 1.

سحنون بن سعيد، **المدوّنة الكبرى**، نشر محمّد ساسي المغربي التونسي، مطبعة السعادة مصر 1323/1905.

السَرَخْسي، **المبسوط**، دار المعرفة – بيروت 1414/1993، 31 ج.

الطّالبي محمّد، **تراجم أغلبية مستخرجة من مدارك القاضي عياض**، تحقيق محمد الطالبي، نشر الجامعة التونسية – تونس، 1968.

الشيباني، محمّد بن الحسن، **كتاب الأصل**، المعروف بالمبسوط، تصحيح وتعليق أبو الوفا الأفغاني، عالم الكتب – بيروت 1410/1990، ط 1.

الشيباني، محمّد بن الحسن، **كتاب الأصل**، نشر محمّد بوينوكالن، وزارة الأوقاف – قطر 2012.

ابن عبد البرّ، **الانتقاء في فضائل الثلاثة الأئمّة الفقهاء**، القاهرة 1350/1931.

ابن عذاري المرّاكشي، **البيان المُغرب في أخبار الأندلس والمغرب**، تحقيق ج. س. كولان وإ. ليفي بروفنسال، الدار العربية للكتّاب – تونس ليبيا 1983، ط 3.

 | DOI:10.1163/9789004546646_010

أبو العرب، **طبقات علماء إفريقية وتونس**، تحقيق علي الشابّي ونعيم حسن اليافي، الدار التونسية للنّشر - تونس 1968.

(القاضي) عياض، **ترتيب المدارك وتقريب المسالك لمعرفة أعلام مالك**، تحقيق أحمد بكير محمود، بيروت - طرابلس، 1387/1967.

ابن العماد الحنبلي، **شذرات الذهب**، بيروت د. ت.

ابن فرحون، **الديباج المذهّب في معرفة أعيان علماء المذهب**، تحقيق مأمون بن محيي الدين الجنّان، دار الكتب العلمية - بيروت 1417/1996، ط 1.

الفيروزآبادي، مجد الدّين، **القاموس المحيط**، دار الجيل بيروت د. ت.، نسخة من طبعة مكتبة ومطبعة مصطفى البابي الحلبي - مصر 1371/1952.

المالكي، أبوبكر، **كتاب رياض النفوس**، تحقيق البشير البكوش، بيروت دار الغرب الإسلامي، 1983.

مخلوف، محمّد، **شجرة النور الزكية**، دار الفكر د. ت.

ابن منظور، **لسان العرب**، دار صادر - بيروت 1997، ط 1.

ابن ناجي، **معالم الإيمان في معرفة أهل القيروان**، تحقيق محمد الأحمدي أبو النور ومحمد ماضور، المكتبة العتيقة - تونس 1413/1993، ط 2.

هيثم بن سليمان القيسي، أبو المهلّب، **كتاب أدب القاضي والقضاء**، تحقيق فرحات الدشراوي، الشركة التونسية للتوزيع - تونس د. ت.

المراجع

بروكلمان كارل، **تاريخ الأدب العربي**، تعريب عبد الحليم النجّار، القاهرة دار المعارف 1977، ج 3.

سيزكين، فؤاد، **تاريخ التراث العربي**، نقله إلى العربية محمود فهمي حجازي، المملكة العربية السعودية 1403/1983.

الشرنوبي، عبد المجيد، **تقريب المعاني على متن الرسالة لابن أبي زيد القيرواني**، دار الفكر - بيروت 1401/1981

الشكعة، مصطفى، **الأئمّة الأربعة**، القاهرة 1411/1991، ط 3.

شلبي هند، **القراءات بإفريقية من الفتح إلى منتصف القرن الخامس الهجري**، الدار العربية للكتّاب - تونس - ليبيا 1983.

الطالبي محمّد، **الدولة الأغلبية**، نقله إلى العربية المنجي الصيادي، بيروت، دار الغرب الإسلامي، 1985.

عبد الجواد لطفي، الفهرس العامّ للنقائش العربية القيروانية، تونس 2020 (غير منشور).

عبد الوهاب، حسن حسني، **كتاب العمر**، مراجعة وإكمال محمد العروسي المطوي وبشير البكّوش، الدار العربية للكتّاب - تونس ليبيا 2001.

غراب سعد، **ابن عرفة والمذهب المالكي بإفريقية في القرن 8هـ/14م**، ترجمة نجم الدين الهنتاتي، معهد

تونس للترجمة – تونس 2022.

قلعجي، محمّد رواس، **موسوعة فقه عمر بن الخطّاب**، مكتبة الفلاح – الكويت 1401/1981.

المنجد في اللغة والأعلام، دار المشرق – بيروت 1998، ط 37.

ميكلوش موراني، **المكتبة العتيقة بالقيروان**، نقله إلى العربية محمّد فؤاد نعناع، مكتبة نظام يعقوبي الخاصّة – البحرين، 1439/2018، ط. 1.

ميكلوش موراني، **دراسات في مصادر الفقه المالكي**، نقله عن الألمانية جماعة من الأساتذة، دار الغرب الإسلامي – بيروت 1988.

ميكلوش موراني، «رواية كتب أهل المشرق بالقيروان في القرن الثالث للهجرة»، **محاضرات ملتقى القيروان مركز علمي مالكي بين المشرق والمغرب حتّى نهاية القرن الخامس للهجرة**، مركز الدراسات الإسلامية بالقيروان – القيروان 1995، ط 1.

النيّال، محمد البهلي، **المكتبة الأثرية بالقيروان**، تونس منشورات دار الثقافة 1963.

هفننك، «الشيباني»، في **دائرة المعارف الإسلامية**، نقلها إلى العربية محمد ثابت الفندي وآخرون، ج 13 ص 450–451.

الهنتاتي، نجم الدين، **المذهب المالكي بالغرب الإسلامي إلى منتصف القرن 5 هـ/11 م**، تبر الزّمان تونس 2004.

الهنتاتي، نجم الدين، «من الأسدية إلى المختلطة فالمدوّنة»، ضمن **دراسات حضارية حول القيروان**، جمع النصوص وأعدّها للنشر نجم الدين الهنتاتي، تونس 2015، ط 2، ص 39–52.

هنتس، فالتر، **المكاييل والأوزان الإسلامية وما يعادلها في النظام المتري**، ترجمة كامل العسلي، منشورات الجامعة الأردنية – عمّان 1970.

ونسنك، أ. ي. **المعجم المفهرس لألفاظ الحديث النبوي**، دار الدعوة – اسطنبول، دار سحنون – تونس، 1987، ط. جديدة.

Sources

Brockopp, Jonathan, *Early Maliki Law: Ibn Abd al-Hakam and his Major Compendium of Jurisprudence*, Leiden 2000

Brockopp, Jonathan, "Asad b. al-Furāt", dans *EI*, THREE, 2009, 1: 169–171

Bongianino Umberto, *The origin and development of Maghribi round scripts, Arabic palaeography in the islamic West (4th/10th-6th/12th centuries)*, Thesis for the degree of philosophy in Oriental Studies, Oxford 2017, 2 vols.

Calder, Norman, *Studies in early muslim jurisprudence*, Oxford 1993

Chaumont, E., "Al-Shaybani", dans *EI*², IX, pp. 405–407

Déroche, F., "Deux fragments maghrébins anciens au musée des arts turcs et islamiques d'Istanbul", *Revue des études islamiques*, vol. 59, 1991, pp. 229–235

Ghrab, Saad, *Ibn Arafa et le malikisme en Ifriqiya au VIII*ᵉ*/XIV*ᵉ *siècles*, Publications de la Faculté des Lettres de la Manouba 1992, T 1

Muranyi Miklos, *Beiträge zur Geschichte*, Wiesbaden 1997

Rammah, Mourad, "Quelques remarques sur la genèse de l'écriture maghrébine", dans *Campagnes et archéologie rurale au Maghreb et en Méditerranée, Actes du 6*ème *colloque international du département d'archéologie F.L.S.H.*, Kairouan 2017, pp. 269–280

Salah, Clément, "Le madhhab hanafite d'Ifriqiya (IIᵉ–IVᵉ/VIIIᵉ–Xᵉ siècle) : Asad b. al-Furat (m. 213/828) et la transmission du Kitab al-Asl d'al-Shaybani (m. 189/805)", *Etudes Asiatiques* (ASIA) 2022 : 76 (4), 853–921

Schacht, J., *Introduction au droit musulman*, trad. Paul Kempf et Abdel Magid Turki, Paris 1983

Talbi, M., "Kairouan et le malikisme espagnol", dans *Etudes d'histoire ifriqiyenne et de civilisation musulmane médiévale*, Publications de l'université de Tunis 1982, pp. 295–318.

الفهرس

فهرس الآيات القرآنية

فهرس الأحاديث

فهرس الآثار

فهرس الأعلام

فهرس الأماكن والبلدان

فهرس القبائل والشّعوب

فهرس الكتب المذكورة

فهرس المتفرّقات

فهرس الوثائق

this suggestion to be fact. Not only does this text by Asad never cite Ibn al-Qāsim – far and away the most common source of information in Saḥnūn's *Mudawwana* – it also does not follow the order of discussion in the *Mudawwana*.

Abū ʿAbdallāh Asad b. al-Furāt b. Sinān is without question one of the most important figures in Kairouani history, and the three manuscript fragments of works attributed to him are finally available for wider study, thanks to the work of Dr. Nejmeddine Hentati. Asad's name also appears in Qayrawān as a transmitter of a *Kitāb al-aqḍiyāʾ* by the Ḥanafī scholar Yaḥyā b. Zakariyyāʾ b. Abī Zāʾida (d. 182/798). In turn, one fragment of Asad's book was transmitted by Sulaymān b. Imrān (d. 270/883–4), the Ḥanafī judge of Bāja. Asad may have also transmitted al-Shaybānī's *Siyar*.[8] Altogether, these direct witnesses to Asad's intellectual activity in Kairouan suggest that he was the local conduit to Ḥanafī jurisprudence, but because of the North African historians' prejudice against Ḥanafism, we know little about Asad's students, though several famous Mālikī students were also said to have studied with him and his works were known through the fourth/tenth century in both Andalusia and North Africa.

As mentioned above, the Aghlabid Amir Ziyādāt Allāh appointed Asad as commander and Qāḍī of a raid on Sicily in 212/827. This was the first step in the Aghlabid conquest of Sicily, finally completed in 289/902. While the raid was opposed by many of Qayrawān's notables, great numbers turned out for Asad's farewell. Al-Qāḍī ʿIyād b. Mūsā records Asad's speech, in which he is said to have proclaimed: "I have only reached what you see by scholarship. So strive yourselves and persevere in the laying down of knowledge; by it, you will gain both this world and the next."[9] These words have certainly been taken to heart by Dr. Hentati, and we are all the beneficiaries of his scholarly efforts.

Jonathan E. Brockopp

8 Jonathan Brockopp (2009), "Asad b. al-Furāt", *Encyclopedia of Islam, Third Edition,* Leiden: E.J. Brill, 1:169–171.

9 ʿIyāḍ b. Mūsā (1982), *Tartīb al-madārik*, 8 vols., ʿAbd al-Qādir al-Ṣaḥrāwī et al. (eds), Rabat: Wizārat al-Awqāf, 3:305–6.

beautiful ancient Qur'ān manuscripts. According to a 2022 report by chief conservator Saleh al-Mahdi ben Hammouda, the NLPCPM contains more than 44,000 disbound leaves from Qur'anic manuscripts, of which 40,000 are on parchment; more than 48,000 disbound leaves from non-Qur'anic manuscripts, 11,000 on parchment; about 2,200 paper manuscript codices; and 381 documents as well as hundreds of old bindings.[3]

It was Muḥammad al-Buhlī al-Nayyāl who first noted the existence of Asad's text in this manuscript collection,[4] and Joseph Schacht described it more fully in 1967, noting its Ḥanafī contents.[5] Nonetheless, it has been confused with the *Asadiyya*, and as such has been attached to a significant debate about the origins of the *Mudawwana*, an important book of Mālikī jurisprudence, written by Asad's contemporary and rival, Saḥnūn b. Saʿīd. The story, as first passed down by the Shāfiʿī scholar Abū Isḥāq al-Shīrāzī (d. 476/1083),[6] begins in Egypt, where Asad is said to have written a 60-volume book called the Asadiyya based on questions he had developed while in Iraq and then asked of several Egyptian scholars; only Ibn al-Qāsim (d. 191/806) agreed to give answers and on this basis Asad compiled his book.

Upon Asad's return to Kairouan in 181/797, Saḥnūn b. Saʿīd is supposed to have made a copy taking it with him to Egypt. Saḥnūn then read this to Ibn al-Qāsim, who insisted on corrections and additions, and so the *Asadiyya* is thereby said to be the foundation of Saḥnūn's masterwork, the *Mudawwana*. Asad refused to correct his own text, whereupon Ibn al-Qāsim denounced and cursed the *Asadiyya*, thereby helping to explain why it was forgotten while the *Mudawwana* flourished. Historians also tell us that ʿAbd al-Raḥmān b. Abī l-Ghumr (d. 234/848) is said to have transmitted the *Asadiyya* in Egypt and also produced a *mukhtaṣar* (compendium) based on it.

However this may be, Miklos Muranyi suggested many years ago that the fragments of Asad's writing in Kairouan were not this *Asadiyya* but rather Asad's transmission of al-Shaybānī's *Kitāb al-Aṣl* that he had copied while on his travels to the East.[7] Through careful study, Dr. Hentati has definitively proven

3 Saleh al-Mahdi ben Hammouda (2022), 'The Kairouan Manuscripts: Developing a New Inventory,' unpublished paper presented to the workshop, 'Legal Texts and Scholarly Communities as Reflected in the Raqqada Collection,' at Universität Hamburg on 17 June 2022.

4 Muḥammad al-Buhlī al-Nayyāl (1963), *al-Maktaba al-athariyya bi-l-Qayrawān*, Tunis, 31.

5 Joseph Schacht (1967), "On Some Manuscripts in the Libraries of Kairouan and Tunis," *Arabica* 14: 225–58.

6 As noted by Miklos Muranyi (1997), *Beiträge zur Geschichte der Ḥadīt und Rechtsgelehrsamkeit der Mālikiyya in Nordafrika bis zum 5. Jh. d.H.*, Wiesbaden: Harrassowitz, 42.

7 Muranyi, *Beiträge*, 22–24 and 42–43.

Foreword

The text presented in this volume is among the best-known works of early Islamic law, but now it has an important new history. The author, Muḥammad b. al-Ḥasan al-Shaybānī (d. 189/804–5) was the most prolific writer of the early Ḥanafī school, and the *Kitāb al-Aṣl* was his *magnum opus*.[1] But the transmitter of the manuscripts presented here, Asad b. al-Furāt (d. 213/828), was a North African scholar, and one of the manuscripts on which this edition is based was written before 278/891. Not only was it written down a mere sixty-five years after the death of its transmitter, it represents the earliest preserved example of Ḥanafī jurisprudence known.

It may seem strange that our earliest dated example of Ḥanafī jurisprudence is to be found in Kairouan, Tunisia, now known as a center for the study of Mālikī law. Yet during Asad's lifetime, the Aghlabid Amirs were following their Abbasid overlords in many things, including their preferences for Ḥanafī jurisprudence and Muʿtazilite theology. In fact, the Aghlabids devoted much of their wealth to supporting a court life and public works that rivaled the cities of Fuṣṭāṭ and Baghdad. Physicians and philosophers flocked to the House of Wisdom, and the legal courts were presided over by both Ḥanafī and Mālikī qāḍīs. Asad b. al-Furāt himself was chosen to be the special qāḍī of the army that was sent to invade Sicily, and it was there that he died.

The three manuscript fragments edited here by Dr. Nejmeddine Hentati were preserved for centuries in the *maqṣūra*, an enclosed space near the front of the Sīdī ʿUqba b. Nāfiʿ mosque, in Kairouan, then the capital of the province of *Ifrīqiyya*. This collection of manuscripts is now kept at the National Laboratory for the Preservation and Conservation of Parchment and Manuscripts (NLPCPM) in Raqqada, Kairouan. To the best of my knowledge, the NLPCPM holds the oldest near-intact collection of Islamic manuscripts in the world, containing twenty-three of only thirty Islamic literary manuscripts worldwide that can be confidently dated to 900 CE or earlier.[2] These include a fragment of the *Mudawwana* by Saḥnūn b. Saʿīd (d. 240/854) that was studied with the master himself in the year AH 235 (849–850 CE). There are also two dated fragments on paper, centuries before this material was used in Europe, and many

1 See the 2012 edition by Mehmet Boynukalın. It is both published in print (Beirut: Dār Ibn Ḥazm) and available from the Ministry of Endowments in Qatar at http://waqfeya.com/book.php?bid=9376

2 See Jonathan Brockopp (2017), *Muhammad's Heirs: The Rise of Muslim Scholarly Communities, 622–950*, Cambridge: Cambridge University Press, 199–209.

Cover illustration: Title page of Muḥammad b. al-Ḥasan al-Shaybānī's *Kitāb al-Sariqa wa-Qatʿ al-Ṭarīq* "The Book of Theft and Brigandage". Kairouan, Raqqada Library, MS 264, fol. 1a.

Typeface for the Latin, Greek, and Cyrillic scripts: "Brill". See and download: brill.com/brill-typeface.

ISBN 978-90-04-54663-9 (hardback)
ISBN 978-90-04-54664-6 (e-book)
DOI 10.1163/9789004546646

This book is printed on acid-free paper and produced in a sustainable manner.

Ḥanafī Law in Ifrīqiya in the 3rd/9th Century

Asad b. al-Furāt's Transmission of the *Kitāb al-Aṣl* by Muḥammad b. al-Ḥasan al-Shaybānī

*Three Manuscripts from the Ancient Library of Raqqada-Kairouan Attributed to **Al-Asadiyya**:*
Book of Prayer
Book of Manumission
Book of Theft and Brigandage

Study and Edition by
Nejmeddine Hentati

With a Foreword by
Jonathan E. Brockopp

BRILL

LEIDEN | BOSTON

Ḥanafī Law in Ifrīqiya in the 3rd/9th Century
Asad b. al-Furāt's Transmission of the *Kitāb al-Aṣl* by Muḥammad b. al-Ḥasan al-Shaybānī